उत्तराखण्ड नेचर हैंडबुक

प्रकृतिविदों, पर्यटकों और विद्यार्थियों के लिये मार्गदर्शिका

"प्रकृतिरूपी पुस्तक का न तो कोई आदि है और न ही अंत।
इस पुस्तक को आप जहां कहीं भी और
जीवन के किसी भी मोड़ पर खोलें और यदि आप के अंदर ज्ञान जिज्ञासा है
तो आप इसे सदैव अत्यंत रुचिकर पायेंगे।
आप चाहे कितने भी लंबी अवधि तक तथा कितनी भी
तल्लीनता से इसके पृष्ठों को क्यों न पढ़ रहे हों,
आपकी रुचि इसमें कभी समाप्त नहीं होगी क्योंकि प्रकृति अंतहीन है।"

जिम कार्बेट द्वारा रचित "जंगल लोर" पुस्तक से उद्धृत।

यह पुस्तक सन् 2012 में अंग्रेजी में छपी "उत्तराखण्ड नेचर हैंडबुक" का हिन्दी रूपान्तरण हैं।

ISBN: 978-81-211-0878-2

पहला रिप्रिन्ट 2020

पुस्तक संकल्पना – राजीव भरतरी

परियोजना संपादन – संजय सोंधी, अंचल सोंधी, तितली ट्रस्ट देहरादून।
समन्वय – अमिताभ जोशी, इकोटूरिज्म विंग, वन विभाग, देहरादून।

लेखक
अमित तथा नेहा वर्मा – पक्षी
अंचल सोंधी – वृक्ष
डॉ0 जे0ए0 जॉनसन – मछलियां
डॉ0 पराग एम0 धकाते – स्तनपायी जीव
संजय सोंधी – जल–थलचर जीव या एंफीबियन, आर्थ्रोपोड्स, छिपकलियां, तितलियां और पतंगे
डॉ0 सत्य प्रिय गौतम भल्ला – सर्प, टर्टल्स एवं घड़ियाल

पृष्ठ भाग का आर्टवर्क एवं आवरण – शबनम सैफी

श्री अभिमन्यु गहलौत द्वारा मै0 बिशन सिंह महेंद्रपाल सिंह, 23–ए, न्यू कनॉट प्लेस देहरादून, इण्डिया एवं उत्तराखण्ड वन विभाग, देहरादून, इण्डिया के लिये प्रकाशित। मुद्रक शिवा ऑफसेट प्रेस 14, ओल्ड कनॉट प्लेस, देहरादून, इण्डिया।

उत्तराखण्ड नेचर हैंडबुक

प्रकृतिविदों, पर्यटकों और विद्यार्थियों के लिये मार्गदर्शिका

संपादन

संजय सोंधी

अंचल सोंधी

उत्तराखण्ड वन विभाग
की इकोटूरिज्म इकाई की पहल

मै0 बिशन सिंह महेन्द्र पाल सिंह
23, न्यू कनाट प्लेस, देहरादून–248001 (भारत)

2020

हमिंगबर्ड हॉक मॉथ (Hummingbird Hawk Moth) *Macroglossum* spp.

प्राक्कथन

उत्तराखण्ड अनूठी जैव विविधता का धनी है। इस जैव विविधता को संरक्षित रखने के लिए राज्य के 14 प्रतिशत से अधिक भौगोलिक क्षेत्र में संरक्षित क्षेत्र स्थापित हैं। राज्य में 6 राष्ट्रीय उद्यान, 7 वन्यजीव विहार व 4 संरक्षण आरक्षिति हैं। इसके अतिरिक्त नंदा देवी बायोस्फेयर रिजर्व (Nanda Devi Biosphere Reserve) के अंतर्गत नंदा देवी राष्ट्रीय उद्यान व फूलों की घाटी राष्ट्रीय उद्यान यूनेस्को द्वारा विश्व धरोहर घोषित है। संरक्षित क्षेत्रों के बाहर स्थित वन क्षेत्र भी पक्षियों व वन्य जीवों में उतने ही धनी है। किन्तु विकास के साथ–साथ भूमि उपयोग में व्यापक परिवर्तन, जलवायु परिवर्तन व बाहरी जातियों जैसे लैन्टाना के दबाव के कारण इस जैव विविधता को भावी पीढ़ियो के लिए बचाये रखना एक बडी चुनौती है।

उत्तराखण्ड वन विभाग जैव विविधता संरक्षण हेतु ईको–टूरिज्म को प्रोत्साहित कर रहा है जिससे राज्य के दूर दराज क्षेत्रों में नवयुवकों को रोजगार के साधन उपलब्ध हों व उजड़ते हुए गाँव से पलायन रूके। विभाग द्वारा वन विश्राम भवनों के अतिरिक्त ईको पार्क व ग्रामीण पर्यटन परियोजनाए संचालित की जा रही है। ईको–टूरिज्म व सामान्य पर्यटन में एक प्रमुख अंतर है–ज्ञान व इंटरप्रिटेशन पर जोर। वन विभाग द्वारा जैव विविधता संरक्षण एवं कौशल विकास के लिए अनेक प्रशिक्षण कार्यक्रम आयोजित किये जा रहे है। ग्रामीण युवको को नेचर गाईड के रूप में प्रशिक्षित किया जा रहा है, जिससे वे पर्यटकों का मार्गदर्शन कर सके।

"उत्तराखण्ड नेचर हैण्डबुक" में राज्य की ऐसी वनस्पतियों और प्राणियों की 325 प्रजातियों का वर्णन किया गया है जो पर्यटको के लिए रूचि की संभावना रखती है। पुस्तक का अंग्रेजी संस्करण अक्टूबर 2012 में प्रकाशित किया गया था व काफी लोकप्रिय रहा। पुस्तक का हिन्दी संस्करण ग्रामीण पर्यटन से जुड़े उद्यमियों व छात्र–छात्राओं के लिए बहुमूल्य साबित होगा। विभाग द्वारा राज्य में नेचर गाईडिंग के स्तर को ऊपर उठाने में यह संस्करण सहायक होग।। मैं तितली ट्रस्ट व इस महत्वाकांक्षी प्रोजेक्ट से जुड़े सभी अन्य को इस बहुउपयोगी कार्य के लिए हार्दिक बधाई देना चाहूँगा। आशा है कि वानिकी से जुडे संस्थान, विद्यालय व महाविद्यालय इस पुस्तक का भरपूर उपयोग करेंगे।

एस0एस0 शर्मा
प्रमुख वन संरक्षक उत्तराखण्ड
देहरादून, जून 2015

कॉमन किंगफिशर (Common Kingfisher) *Alcedo atthis*

आभार कथन

सबसे पहले उत्तराखण्ड के पेड़ पौधों एवं वन्यजीवों के विषय में पुस्तक लिखने का विचार श्री राजीव भरतरी, मुख्य वन संरक्षक इकोटूरिज्म से आया। उन्होंने न केवल पुस्तक की अवधारणा पर विचार किया बल्कि पुस्तक के लिखे जाने तक वह सतत् अपना सहयोग भी प्रदान करते रहे। उनके सहयोग और प्रोत्साहन के बिना इस पुस्तक का लिखा जाना असंभव था। इस पुस्तक के विभिन्न खंडों के लिये कई लेखकों ने अपना योगदान दिया। हम श्री अमित और श्रीमती नेहा वर्मा, श्रीमती अंचल सोंधी, डॉ0 जे0ए0 जॉनसन, डॉ0 पराग एम0 धकाते और डॉ0 सत्य प्रिय गौतम भल्ला के अमूल्य योगदान के लिये उनके आभारी हैं।

इस पुस्तक के लिये कई लोगों ने फोटोग्राफ के माध्यम से भी योगदान दिया। हम श्री अमित वर्मा, श्री अनूप शाह, सुश्री अपराजिता दत्ता, श्री अतुल धमानकर, श्री आशीष कोठारी, डॉ0 बिवाश पांडव, श्री चंदन जानी, डॉ0 धनंजय मोहन, श्री धर्मेंद्र कंडाल, श्री ईशान अग्रवाल, डॉ0 जे0ए0 जॉनसन, डॉ0 कार्तिक वासुदेवन, डॉ0 के0 रमेश, डॉ0 मनोज नायर, श्री मर्विन फर्नांडिस, श्री मोहन चंद्रन, श्री नानक ढींगरा, श्री ऑट्टो फिस्टर, श्री पंकज कुमार, श्री प्रत्यूष महापात्रा, श्री राका सिंह, श्री रोहन पंडित, श्री सचिन राय सैली पलांदे, श्री सतीश फड़के, डॉ0 सत्य प्रिय गौतम भल्ला, सुश्री सुजाता पद्मनाभन, श्री टी0आर0ए0 अरंथावसेलवन, श्री यश सोंधी और सुश्री विद्या अत्रेया के उनके फोटोग्राफ के योगदान के लिये आभारी हैं। हम पर्यावरणीय शिक्षा केंद्र के भी उनके वन्यजीवों के रेखाचित्रों के लिये और कल्पवृक्ष, पुणे के उनके पक्षियों के रेखाचित्रों के लिये आभारी हैं।

हम डॉ0 रमन कुमार और सुश्री नीमा पाठक को किताब पढ़ने के लिए धन्यवाद देना चाहते है। हम डॉ0 बिवाश पांडव, डॉ0 धनंजय मोहन, डॉ0 कार्तिक वासुदेवन, डॉ0 मनोज चंद्रन, डॉ0 वी0पी0 उनियाल और डॉ0 वाइ0 झाला के भी आभारी हैं कि उन्होंने पुस्तिका के विभिन्न खंडो की समीक्षा की और हमें अपने बहुमूल्य सुझाव भी दिये।

हग Arch i टीग की डिजाइन टीम के, विशेषकर श्री एना फींस्त्रा, श्री अनाम सैनी और श्री कुशल लछवानी के उनके विशिष्ट योगदान के लिये आभारी हैं। हम सुश्री शबनम सैफी को भी पुस्तिका का अत्यंत सुंदर मुखपृष्ठ बनाने के लिये धन्यवाद देना चाहते हैं।

हमें पुस्तिका के आकार और प्रिंटिंग से संबंधित तकनीकी मुद्दों पर श्री अभिमन्यु गहलौत ने अपने सुझाव दिये।

हम आशा करते हैं कि हमारी पूरी टीम के प्रयास इस पुस्तक के रूप में सामने आये हैं जिसका उपयोग उत्तराखण्ड के वनों में किया जायेगा और हमेशा याद रखा जायेगा।

संजय और अंचल सोंधी
तितली ट्रस्ट

हॉकमॉथ कैटरपिलर (Hawk Moth) Caterpillar

1. टाईगर (Tiger) — *Panthera tigris tigris*

लंबाईः 3.1 मी + पूंछ — **बाघ, शेर**

प्लेट । 1 — अनुसूची ।

बंगाल टाइगर कहा जाने वाला बाघ, बिल्ली परिवार (Felidae) का सबसे बड़ा सदस्य है। बाघ से सम्बधित नौ प्रजातियों में से अब मात्र पांच ही बची हुई हैं। बाघ भारत का राष्ट्रीय पशु है। नर और मादा बाघ लगभग एक से ही दिखाई देते हैं। दोनों के ही लाल–नारंगी रोंयेदार शरीर पर गहरे रंग की खड़ी धारियां होती हैं और शरीर का अंदरूनी भाग कुछ हल्के रंग का होता है। इनके दांत अत्यंत मजबूत होते हैं और बिल्ली परिवार के पशुओं में उनके श्वदंत (Canine) सबसे लंबे होते हैं। बाघ अपनी ही सीमाओं या क्षेत्र विशेष में रहना पसंद करते हैं। सामान्यतः ये एकाकी होते हैं और इनको रहने के लिये लंबे चौड़े क्षेत्र की आवश्यकता पड़ती है जिससे इन्हें शिकार करने में आसानी हो। ये बड़े स्तनपायी पशुओं जैसे सांभर, चीतल, बारासिंघा, जंगली सुअर और नीलगाय का शिकार करते हैं। इन बाघों को उनके वास स्थल के ह्रास का या शिकार न मिलने का खतरा बना रहता है जिससे उन्हें मनुष्यों से व अवैध शिकारियों आदि से संघर्ष झेलना पड़ सकता है।

आज इनकी संख्या दस वर्ष पूर्व के 4,000 बाघों से घटकर मात्र 2,226 ही रह गई है (वर्ष 2014 में किये गये सर्वेक्षण के अनुसार)। उत्तराखण्ड में बाघों की संख्या लगभग 340 है जो काफी अच्छी है और इनमें से अधिकांश कॉर्बेट राष्ट्रीय पार्क या उसके आस पास के जुड़े जंगलों में ही पाये जाते हैं।

2. लैपर्ड (Leopard) — *Panthera pardus*

लंबाईः 2.0 मी + पूंछ — **तेंदुआ, चीता**

प्लेट । 1 — अनुसूची ।

तेंदुआ बिल्ली परिवार (Felidae) का ही एक सदस्य है। इसकी पीले रंग की खाल पर गुलाब के आकार के गहरे रंग के धब्बे पाये जाते हैं। कुछ तेंदुए एकदम काले रंग के होते हैं और इन्हें काला तेंदुआ कहा जाता है। ये केवल मेलानिस्टिक (Melanistic) जानवर हैं। मेलेनिन के अत्यधिक उत्पादन से इनके शरीर के ऊतक गहरे रंग के हो जाते हैं। तेंदुए वर्षा वनों से लेकर, पहाड़ी जंगलों, रेगिस्तानों व झाड़ झंकाड़ वाले जंगलों में पाये जाते हैं। ये स्वयं को परिस्थिति के अनुकूल बहुत अच्छी तरह से ढाल लेते हैं और विभिन्न प्रकार के स्थानों पर भली भांति रह लेते हैं क्योंकि इन्हें वहां पर अनेक प्रकार का शिकार उपलब्ध हो जाता हैं। तेंदुए कई प्रकार के जानवरों को खाते हैं जैसे हिरन आदि खुर वाले जानवर (Ungulates) और वानर (Primates) व अनेक प्रकार के अन्य जानवर जैसे सरीसृप, मेंढ़क या जल–थलचर, कृन्तक (Rodent) और पक्षी। ये एकाकी, घात लगाकर हमला करने वाले और अधिकांशतया रात्रि में विचरण करने वाले होते हैं। ये बहुत अच्छे तैराक

होते हैं और पेड़ों पर भी तेजी से चढ़ जाते हैं। वे कुत्तों और मवेशियों का भी शिकार करते हैं और परिणामस्वरूप मनुष्यों के साथ उनका संघर्ष हो जाता है। इनको, इनके वास स्थालों के ह्रास से शिकार न मिलने से, मनुष्यों से संघर्ष और अवैध शिकारियों आदि से खतरा बना रहता है। तेंदुए उत्तराखण्ड में तराई भाभर से लेकर हिमालय के ऊंचे क्षेत्रों तक में पाये जाते हैं।

3. स्नो-लैपर्ड या हिम तेंदुआ (Snow Leopard) *Uncia uncia*

लंबाई: 1.15 मी + पूंछ **बर्फानी चीता, थूरिया**

प्लेट । 1 अनुसूची ।

हिम तेंदुआ मध्यम आकार, बिल्ली परिवार का सदस्य है जो हिमालयी क्षेत्र में 3,350 से 6,700 मी की ऊंचाई तक की पर्वत शिलाओं पर निवास करता हैं। इसके बाल लंबे व घने होते हैं और इसका रंग धुंये जैसे स्लेटी से गहरे पीले रंग का होता है। शरीर का निचला भाग हल्के सफेद रंग का होता है। इसके शरीर पर काले या गहरे स्लेटी गुलाब के आकार के धब्बे भी पाये जाते हैं। हिम तेंदुआ दहाड़ नहीं सकता है लेकिन वह फुफकारना, म्यांऊ म्यांऊ, गुर्राने और विलाप करने जैसी तरह–तरह की आवाजें निकाल सकता है। वे भरल, हिमालयन थार और घोरल जैसे अंग्यूलेट्स व प्रायमेट्स के शिकार के साथ–साथ पक्षियों, कृन्तक (Rodent) और इसी प्रकार के छोटे जानवरों का भी शिकार करते हैं। जिन इलाकों में ये तेंदुये मुख्यरूप से शिकार करते हैं वहीं पर चरवाहे भी अपने मवेशियों के साथ आते हैं। मवेशियों की वजह से अनेक घास खाने वाले जंगली जानवरों को पर्याप्त मात्रा में भोजन उपलब्ध नहीं हो पाता। इसके फलस्वरूप हिम तेंदुओं को चरागाहों के दोहन के कारण शिकार नहीं मिल पाता जिससे उन्हें मनुष्यों व अवैध शिकारियों से संघर्षरत रहना पड़ता है।

4. लैपर्ड कैट (Leopard Cat) *Prionailurus bengalensis*

लंबाई: 0.5 मी + पूंछ **चीता बिल्ली**

प्लेट । 1 अनुसूची ।

चीता बिल्ली घरेलू बिल्लियों के आकार की होती हैं। इनकी खाल धब्बेदार भूरे रंग की होती है। इनके शरीर का निचला अगला भाग व पेट सफेद रंग का होता है।

क्या आपको पता है ?

हिम तेंदुआ अन्य बड़ी बिल्लियों की तरह से दहाड़ नहीं सकता क्यों कि इनके वोकल कोर्ड्स (Vocal chords), समुचित रूप से विकसित नहीं होते।

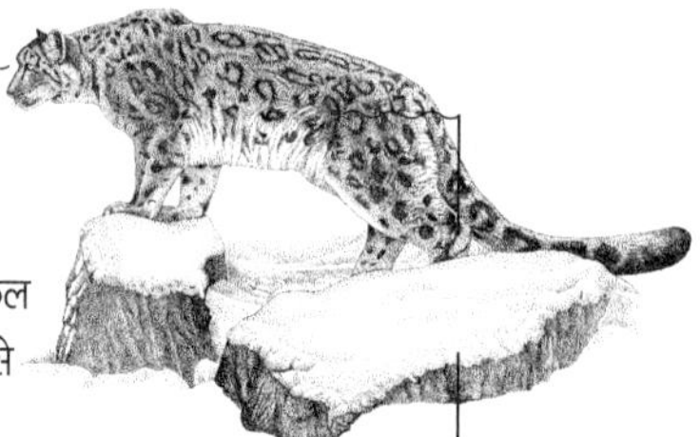

इनके शरीर पर काले रंग के धब्बे गुलदार के शरीर के धब्बों की तरह से होते हैं। ये हिमालय की पहाड़ियों के उपोष्णकटिबन्धी पर्णपाती और शंकूधारी वनों और चीड़ के जंगलों में 3,000 मी तक की ऊंचाई पर पाये जाते हैं। लैपर्ड बिल्लियां सीमित क्षेत्र में विचरण करने वाली और एकाकी होती हैं। वे अधिकांश रात्रि के समय काफी सक्रिय हो जाती हैं पर कभी कभी ये दिन के समय भी दिखाई दे सकती हैं। ये भूमि पर व वृक्षों पर समान रूप से देखी जा सकती हैं। चूंकि ये रात के समय दिखाई देती हैं इसका अर्थ है कि ये कम दिखाई पड़ती है। इनको मुख्य खतरा, वास स्थलों के ह्रास और अवैध शिकार से होता है।

5. रस्टी-स्पॉटेड कैट (Rusty-spotted Cat) *Prionailurus rubiginosus*

लंबाई: 0.4 मी + पूंछ **बिटारी बिल्ली**

प्लेट। 1 अनुसूची।

रस्टी–स्पॉटेड कैट, बिल्ली परिवार की सबसे छोटी सदस्य होती है और केवल भारत व श्रीलंका में पाई जाती है। ये बिल्लियां मुख्यतः आर्द्र व शुष्क पर्णपाती जंगलों, झाड़ झंकाड़ व घास युक्त स्थानों में रहती हैं। पहले ऐसा माना जाता था कि ये बिल्लियां केवल भारत के प्रायद्वीप हिस्से (peninsular region) में पाई जाती हैं पर कुछ कैमरा ट्रैप (camera trap) में इनकी उपस्थिति कुछ अन्य क्षेत्रों जैसे कॉर्बेट टाइगर रिजर्व में भी पाई गई है। इनके बाल छोटे व अधिकतर स्लेटी रंग के होते हैं। उनकी पीठ और शरीर के दोनों ओर भूरे–लाल रंग (rusty) के धब्बे होते हैं। उनके शरीर के दोनों ओर गहरे रंग की धारियां होती हैं जो उनके गालों व माथे तक जाती हैं। रस्टी–स्पॉटेड कैट रात्रि में व सीमित क्षेत्र में विचरण करने वाली होती हैं व आंशिक रूप से पेड़ों पर भी रहती है। ये दिन के समय घने व छायादार स्थानों में समय बिताती हैं। यह कृन्तक व पक्षियों का शिकार करती है।

6. फिशिंग कैट (Fishing Cat) *Prionailurus viverrinus*

लंबाई: 0.7 मी + पूंछ **खुप्या बाघ**

प्लेट। 1 अनुसूची।

फिशिंग कैट मध्यम आकार की जंगली बिल्ली है जो नदियों व जल धाराओं के किनारे और क्षेत्र के दलदलों के आस पास पाई जाती है। इनको तलहटी से हिमालय क्षेत्र में 1,525 मी तक देखा गया है। इन बिल्लियों के बाल जैतूनी स्लेटी रंग के होते हैं जिस पर गहरे रंग के धब्बे, धारियों के रूप में उनके शरीर की लंबाई में दिखाई देते हैं। उनके गले के चारों ओर एक जोड़ी गहरे रंग की धारियां व पूंछ पर कई काले रंग की धारियां दिखाई पड़ती हैं। अकेले या एकाकी रहने वाली ये बिल्लियां मूल रूप से रात्रि में एक निश्चित क्षेत्र में ही भ्रमण करती हैं। जैसा कि इनके नाम से ही पता चलता है मछलियां ही इनका मुख्य शिकार हैं लेकिन इसके साथ ही ये पक्षियों, कीड़े मकौड़ों और छोटे चूहों इत्यादि का शिकार भी करती हैं। इनकी संख्या

भी इनके वास स्थलों के ह्रास, शिकार मिलने में कमी, अवैध रूप से इनका शिकार व मछलियों के पकड़ने की गतिविधियों के कारण कम होती जा रही है।

7. जंगल कैट (Jungle Cat) *Felis chaus*
लंबाई: 0.6 मी + पूंछ **जंगली बिल्ली**
प्लेट । 1 अनुसूची ॥

जंगली बिल्ली पूरे भारत में पायी जाती हैं। इनके बालों का रंग पीले स्लेटी से लाल भूरा और इनके शरीर पर धब्बे नहीं होते है। इनके पैरो पर हल्की लकीर होती है। जंगली बिल्लियों का सबसे बड़ी विशेषता है उनके अगले व पिछले पैरों में समान आकार के पंजे होना जिससे ये पेड़ों से आसानी से उतर और चढ़ भी सकती हैं। जंगली बिल्लियां घास वाले स्थानों, पर्णपाती या डेसिडुअस व सदाबहार जंगलों में रहती हैं। ये नदियों के किनारे, तलहटी क्षेत्र से हिमालय के 2,500 मी की ऊंचाई वाले क्षेत्रों की झीलों में भी देखी जाती हैं। ये स्वभाव से एकाकी और एक सीमित क्षेत्र में विचरण करती हैं। इनका शिकार मुख्यतः कृन्तक (Rodent), मेंढ़क, पक्षी, चूहे, गिलहरियां व कछुए और सांप सहित विभिन्न सरीसृप वर्ग के जीव हैं।

8. हनीबैजर या रतेल (Honey Badger or Ratel) *Mellivora capensis*
लंबाई: 0.65 मी + पूंछ **बिज्जू , बजरा**
प्लेट । 2 अनुसूची ।

हनी बैजर या रतेल Mustelid है। (उसी फैमिली की बिल्लियां हैं जिनमें इस पुस्तिका में आगे वर्णित उदबिलाव Martens और Weasels आते हैं)। हनी बैजर बाह्यरूप से देखने में छोटे भालू की तरह दिखाई देता हैं और इसका थूथन छोटा होता है। इसके शरीर में एक रूपहली स्लेटी रंग की चौड़ी पट्टी होती है जो पूंछ के सिरे तक होती है। चेहरे सहित शरीर की निचली ओर इसका रंग काला होता है। इसके पैर व पूंछ छोटे होते है। प्रजनन काल के अलावा यह मुख्यतः अकेले ही रहते हैं। ये प्राणी दिन व रात दोनों समय ही सक्रिय रहते हैं। वैसे तो यह छोटे जानवरों का शिकार करती है पर अपने भोजन में यह शहद, फल और सब्जियां भी खाती हैं। इसको हनीबैजर इसलिये कहा जाता है क्योंकि अफ्रीका में इसे हनीगाइड नाम की चिड़िया शहद के छत्ते तक ले जाती है। यह जंगलों से लेकर शुष्क पहाड़ी ढलानों आदि विभिन्न प्रकार के क्षेत्रों में पाई जाती है। यह अफ्रीका, दक्षिण पश्चिमी एशिया और भारतीय उपमहाद्वीप में बहुतायत से पाई जाती है। अभी हाल ही में इसकी उपस्थिति उत्तराखण्ड के कॉर्बेट टाइगर रिजर्व में भी दर्ज की गई है।

इस मार्गदर्शिका में सुधार लाने के लिये आपके सभी सुझावों का स्वागत है। कृपया अपनी टिप्पणियां मुख्य वन संरक्षक, इकोटूरिज्म, 85 राजपुर रोड, देहरादून–248001, उत्तराखण्ड को भेजें अथवा उन्हें श्री संजय सोंधी के ई–मेल sanjay.sondhi1@gmail.com पर भेजें।

उत्तराखण्ड के संरक्षित क्षेत्र

उत्तराखण्ड को वर्ष 2000 में उत्तर प्रदेश से अलग करके भारत के 27वें राज्य के रूप में गठित किया गया। यह पर्वतीय राज्य प्रचुर मात्रा में वन और प्राकृतिक सौंदर्य से संपन्न है। प्रदेश के 53,484 वर्ग किमी क्षेत्र (65% क्षेत्र) में विभिन्न श्रेणी के वन हैं। राज्य में विभिन्न प्रकार के वन्यप्राणियों के आवास स्थान हैं जिनमें मैदानी क्षेत्रों से लेकर छोटे पहाड़ी क्षेत्र और अत्यधिक ऊंचाई वाले ग्लेशियर वाले क्षेत्र भी हैं। उत्तराखण्ड से तीन मुख्य नदियां निकलती हैं। ये नदियां हैं गंगा, यमुना और शारदा जिनमें हिमालयी ग्लेशियरों से पानी आता है। रामगंगा व सरयू नदी में वर्षा जल से भराव होता है। इन मुख्य नदियों का जल न केवल पर्वतीय क्षेत्रों के लोगों के लिये वरदान है बल्कि मैदानी क्षेत्र के लोगों की जल सुरक्षा के लिये भी यह अत्यंत निर्णायक है।

उत्तराखण्ड के वनीय वास स्थलों को 7897.61 वर्ग किमी के संरक्षित क्षेत्र के नेटवर्क से संरक्षित किया गया है जो प्रदेश के क्षेत्रफल का लगभग 15 प्रतिशत है और यह राष्ट्रीय औसत से तीन गुना अधिक है। उत्तराखण्ड के 17 संरक्षित क्षेत्रों के अंतर्गत 6 राष्ट्रीय उद्यान, 7 अभयारण्य और 4 संरक्षण आरक्षिति हैं। इन संरक्षित क्षेत्रों की सूची संलग्न मानचित्र में दी गई है।

इन संरक्षित क्षेत्रों में कई प्रकार की जैव विविधता है। उत्तराखण्ड में स्तनपायी वन्यजीवों की 60, पक्षियों की 710, जल–थलचरों की 22, सर्पों की 56, मछलियों की 20, तितलियों की 500 एवं पतंगों व कीटों के अन्य प्रजातियां मौजूद हैं। इनमें से जैसे *Amolops chakrataenis* और *Amolops jaunsari* मूल रूप से उत्तराखण्ड में ही पाये जाते हैं जबकि कुछ अन्य जैसे छिपकलियां, *Japalura kumaonensis* छिटपुट रूप से नेपाल व उत्तराखण्ड में पाये जाते हैं।

ऐसी आशा की जाती है कि इन संरक्षित क्षेत्रों व इनके बाहर रहने वाले इन सुंदर वन्यजीवों के अवलोकन से न केवल पर्यटक उत्तराखण्ड की प्राकृतिक विरासत को सराहेंगे बल्कि स्थानीय समुदायों को भी वन्यजीव संरक्षण में योगदान देने के लिये प्रेरणा मिलेगी।

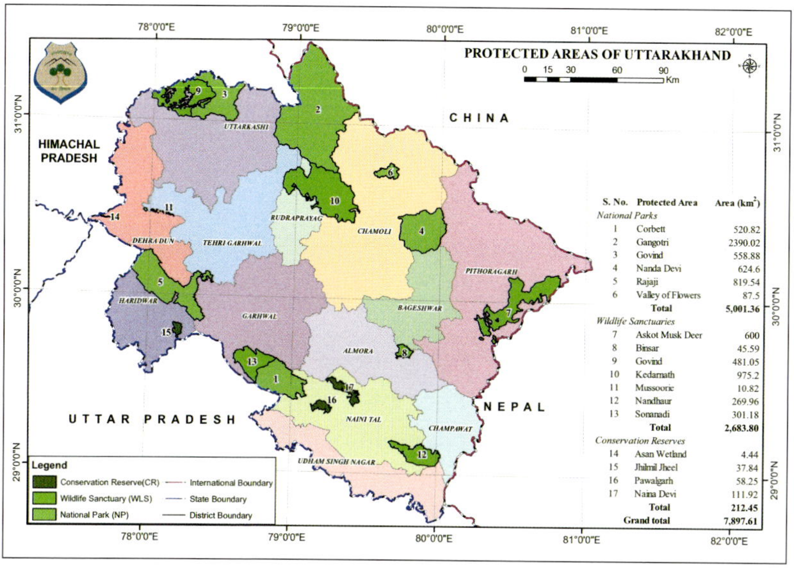

S. No.	Protected Area	Area (km²)
National Parks		
1	Corbett	520.82
2	Gangotri	2390.02
3	Govind	558.88
4	Nanda Devi	624.6
5	Rajaji	819.54
6	Valley of Flowers	87.5
	Total	**5,001.36**
Wildlife Sanctuaries		
7	Askot Musk Deer	600
8	Binsar	45.59
9	Govind	481.05
10	Kedarnath	975.2
11	Mussoorie	10.82
12	Nandhaur	269.96
13	Sonanadi	301.18
	Total	**2,683.80**
Conservation Reserves		
14	Asan Wetland	4.44
15	Jhilmil Jheel	37.84
16	Pawalgarh	58.25
17	Naina Devi	111.92
	Total	**212.45**
	Grand total	**7,897.61**

उत्तराखण्ड के संरक्षित क्षेत्रों का मानचित्र

उत्तराखण्ड के राज्य वन्यजीव

राज्य पुष्प: ब्रह्मकमल

राज्य वृक्ष: बुरांस

राज्य पक्षी: हिमालयन मोनाल

राज्य पशु: हिमालयन मस्क डियर

क्या करें और क्या न करें ....

हिमालयी पारिस्थितिकी या इकोसिस्टम खतरे में है...

एक समय अत्यंत शांत व पवित्र, पर्वत और इनके अंदर की प्रत्येक वस्तु आज बढ़ती हुई मानवीय गतिविधियों और जलवायु परिवर्तन के कारण अपने अस्तित्व (Survival) के लिये संघर्ष कर रही हैं। इस क्षेत्र के ऊंचे नमक्षेत्र (वैटलैंड) आज मानव द्वारा फैलाये हुये प्रदूषण के कारण अपनी जीवनदाता होने की पहचान खोते जा रहे हैं। स्तनपायी व पक्षियों की प्रजातियां भी आज खतरे में हैं और पहले की भांति न तो ये प्रजनन कर पाने में और न ही फलने–फूलने में सक्षम हैं।

ग्रीन हाइकर

ग्रीन हाइकर अभियान हिमालयी क्षेत्रों में पर्यटकों एवं पर्यटन संचालकों के लिये चिरंतर एवं उत्तरदायी पर्यटन को बढ़ावा देने के लिये विश्व प्रकृति निधि द्वारा शुरू की गई एक पहल है। इसका उद्देश्य, लगभग पूरे हिमालयी क्षेत्र को देखते हुये पर्यटन से होने वाले कचरे का भार कम करना है और साथ ही हिमालय के पूर्ववत् सुंदर स्वरूप का आनंद उठाने के लिये अधिक से अधिक पर्यटकों को आमंत्रित करने का भी है।

प्रकृति आप पर अपनी छाप छोड़ती है पर आप वहां अपनी छाप छोड़कर न जायें
उत्तराखण्ड की यात्रा करते समय आप भी ग्रीन हाइकर बनें।

लंबी पैदल यात्रा

- यात्रा मार्ग के बीचों बीच चलें ताकि मार्ग की कच्ची ओर की मिट्टी का क्षरण न हो।
- वनों के बीच से यात्रा करते समय कम से कम शोरगुल करें।
- जहां तक संभव हो सके वाहनों का प्रयोग कम से कम करें।

कैंपिंग या शिविर लगाना

- जहां तक संभव हो ठहरने के लिये होम स्टे या समुदाय द्वारा संचालित शिविर स्थलों को चुनाव करें।
- झीलों व जल प्रपातों या धाराओं से अपने शिविर की दूरी कम से कम 30 मी रखें।
- पर्यटकों द्वारा कचरा फेंके जाने के लिये एक अस्थाई कचरे का डिब्बा लगायें। सुनिश्चित करें कि लौटते हुये आप इसे साथ ले जायें।

आग

- कभी भी जलती हुई आग छोड़कर न जायें इससे विनाशकारी वनाग्नि के फैलने का खतरा कम हो जायेगा।
- जलाने के लिये जंगल की लकड़ी का उपयोग न करके कैरोसिन या ईंधन से जलने वाले स्टोव का प्रयोग करें।
- प्लास्टिक या अन्य विषाक्त पदार्थों को न जलायें।

खाना पकाना

- अपने साथ ऐसा खाना ले जायें जो जल्दी व सरलता से पकता हो ताकि कम से कम ईंधन की खपत हो।
- एक छोटा सौर चूल्हा वातावरण को स्वच्छ रखने के लिये अत्यंत उपयोगी है।

जल

- जलाशयों में कूड़ा कचरा न फेंके।
- बरतन या कपड़े धोने के लिये पानी को झील से 30 मी दूर ले जायें।
- सफाई के लिये जैविक साबुन का उपयोग करें जो प्रदूषण को कम करने में सहायक होते हैं।

वन्यजीव

- जंगली जीवों को मनुष्यों का भोजन खाने को न दें क्योंकि इससे उन्हें नुकसान पंहुच सकता है।
- फोटो लेने के लिये फ्लैश का प्रयोग न करें। वन्यजीवों के चित्र दूर से लें।
- वन्य जीवों को दूर से ही देखें विशेषकर संवेदनशील अवसरों पर जैसे मेटिंग करते समय, उनके बच्चों की देखभाल करते समय या घोंसलों में बच्चों के साथ बैठते समय।

कचरा

- पैदल यात्रा करते समय या कैंप करते समय कभी भी अपने पीछे कूड़ा कचरा न छोड़ें। इसके स्थान पर कचरे को अपने बैग में या कचरे के थैले में रखकर अपने साथ ले जायें।
- आधार शिविर (base camp) में ही अपने कचरे को जैविक और अजैविक कचरे के रूप में अलग – अलग कर लें। सुनिश्चित कर लें कि कचरे के थैले का मुंह कस कर बांधा गया हो। इससे न तो कचरा फैलेगा और न ही इससे दुर्गंध आयेगी।

- जहां पर शौचालय की सुविधा हो उनका उपयोग अवश्य करें, लेकिन जहां इस प्रकार की सुविधा उपलब्ध न हो वहां पर मानव मल मूत्र के निस्तारण के लिये जलाशय, कैंप साइट या पैदल मार्ग से 30 मी दूर जमीन में एक 15 सेमी का छिद्र खोदें और उसका प्रयोग करें। बाद में उसे मिट्टी से बंद कर दें।
- प्लास्टिक या स्टाइरोफोम के बरतनों के स्थान पर हल्के और न टूटने वाले बर्तनों का प्रयोग करें।

स्थानीय लोग

- स्थानीय लोगों का, उनके रीति–रिवाजों और संस्कृति का सम्मान करें।
- स्थानीय गाइडों को चुनें और होम स्टे का चुनाव करें ताकि स्थानीय लोगों को आर्थिक लाभ भी मिल सके।
- अपने मार्गदर्शक/कुलियों को भी इन नियमों का पालन करना सिखायें। ऐसा करने से वे इन्हें भविष्य में भी याद रखेंगे और इनका पालन भी करेंगे।

स्रोतः ग्रीन हाइकर अभियान

प्रजातियों का विवरण

इस पुस्तक में उत्तराखण्ड में पाये जाने वाले वन्यजीवों तथा वृक्षों की 325 प्रजातियों का वर्णन है। ऊष्ण रक्तधारी रीढ़ की हड्डी वाले प्राणियों में से 53 स्तनपाईयों और 106 पक्षी प्रजातियों का उल्लेख है। शीत रक्तधारी रीढ़ की हड्डी वाली प्रजातियों (Vertebrates) में मछली की 10 प्रजातियां, सरीसृपों की 32 प्रजातियां तथा उभयचरों की 12 प्रजातियों का वर्णन किया गया है। बिना मेरूदंडधारी (Invertebrates) में से तितलियों की 50 प्रजातियां, पंतगों की 20 प्रजातियों, के साथ ही एक दर्जन से अधिक आथ्रोपोड्स का उल्लेख किया गया है। वृक्षों की 25 प्रजातियों का वर्णन करके वनस्पति जगत को समझाने का प्रयास किया गया है।

उपरोक्त सभी प्रजातियों में से प्रत्येक का विवरण पुस्तक में दिया गया है। प्रत्येक समूह के विवरण के बाद उन प्रजातियों के रंगीन चित्र व स्कैच प्लेट्स में व्यवस्थित किये गये हैं जिनका पुस्तक में वर्णन किया गया है। इनमें से प्रत्येक प्रजाति की फील्ड में पहचान किये जाने से सम्बन्धित जानकारी दी गई है। यह भी ध्यान में रखना चाहिए कि इन प्रजातियों में स्तनपाइयों की पहचान करना आसान है जबकि ऐसे जीव जिनके बारे में जानकारी कम है जैसे साँप व मेढ़कों को देखकर व उनके चित्र से पहचानना अत्यन्त मुश्किल है। किन्तु फिर भी इस पुस्तक में दी गई जानकारी तथा प्लेट्स में दिये गये चित्रों के आधार पर इन जीवों की पहचान के बारे में, बिना विज्ञान की सहायता से किसी निश्चित निष्कर्ष पर पहुँचना सम्भव है।

अधिकांश प्रजातियों के विवरण में उनके आकार का भी उल्लेख किया गया है। कई विवरणों में प्रजातियों को वन्यजीव सुरक्षा अधिनियम–1972 के अन्तर्गत दिए जाने वाले संरक्षण का भी उल्लेख किया गया है। वन्यजीवों के व्यवहार, मौसम जिसमें वे दिखाई देते हैं व उत्तराखण्ड में उनके पाये जाने के स्थानों से सम्बन्धित जानकारी को भी सम्मिलित किया गया है।

यह पुस्तक प्रकृति के विषय में जानकारी रखने के इच्छुक पाठकों में प्रेरणा जागृत करती है। प्रकृति के बारे में गहन जानकारी रखने के इच्छुक पाठकों हेतु पुस्तकों की सूची अंत में दी गई. है।

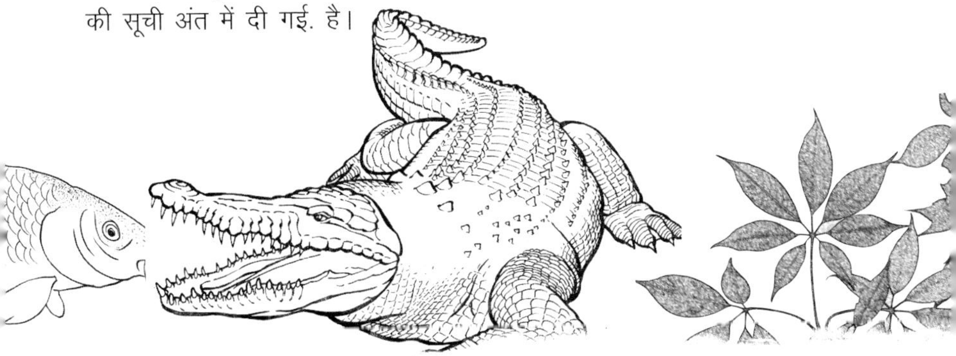

स्तनपायी या स्तनधारी जीव

ओरियंटल स्मूथ–कोटेड ऑटर (Oriental Smooth-coated Otter)
Lutrogale perspicillata mitalis

स्तनपायी या स्तनधारी जीव

डॉ० पराग एम० धकाते

स्तनपायी जीव अनेक प्रकार की विविधता लिये रीढ़ की हड्डी वाले जीव होते हैं। ये जीव, पर्वतों से लेकर रेगिस्तान, घास वाले स्थानों यहां तक कि महासागरों जैसे अनेक स्थानों में पाये जाते हैं। इनमें से अधिकांश भूमि पर रहते हैं जबकि अन्य पानी में भी पाये जाते हैं। इस पुस्तक में उत्तराखण्ड में पायी जाने वाली 53 स्तनपायी जातियों को शामिल किया गया है।

स्तनपायी जीव कई प्रकार की विविधता लिये गर्म रक्त वाले, रीढ़ की हड्डी वाले प्राणी होते हैं जो सूखे मरूस्थलों से लेकर तालाबों, जल धाराओं और महासागरों तक में पाये जाते हैं। ये जीव मुख्यतः या तो विशुद्ध शाकाहारी या विशुद्ध मांसाहारी होते हैं। कई जीव शाकाहारी और मांसाहारी दोनो होते हैं। इन सभी स्तनपायी जीवों का क्रमिक विकास, 7 से 20 करोड़ वर्ष पहले की ऐज ऑफ रेप्टाइल्स मीसोजोइक जियोलौजिकल एरा की गरम व नम जलवायु में रहने वाले कुछ छोटे जीवों से हुयी। गर्मी या सर्दी से सुरक्षा के लिए बाल और शरीर के तापमान को समान रखने की क्षमता के क्रमिक विकास से इन जंतुओं को कई स्थानों व जलवायु में रहने के लिये अवसर दिये जो उस काल में अत्यन्त ठंडे वातावरण में जीवन यापन के लिए उपयुक्त थे। उनके प्रतिद्वंद्वी सरीसृप यानि रेंगने वाले प्राणी, शीतरक्त वाले थे। अतः वे केवल गर्म जलवायु में सक्रिय हो सकते थे जिसमें उनके शरीर प्रभावशाली ढंग से कार्य कर सकते थे। अंततः बड़े आकार के सरीसृपों की संख्या कम होती चली गई और ये प्राचीन स्तनपायी, विविधता प्राप्त कर बढ़ते गये। ये स्तनपायी तीव्र गति से प्रजनन करते थे और प्रभावशाली ढंग से भोजन भी प्राप्त कर लेते थे। इन्होंने अपने समय की जलवायु और इकोसिस्टम में जीवित रहना सीख लिया और इस सीमा तक विविधता प्राप्त कर ली कि जीवाश्म वैज्ञानिकों ने सीनोजोइक युग को स्तनपायी जीवों के युग की परिभाषा दी।

स्तनपायी जीवों की सबसे बड़ी विशेषता उनके शरीर पर बाल और अपने शिशुओं को दूध पिलाना है। उनके बाल उनकी त्वचा पर उगते हैं जो सर्दी में उनकी सुरक्षा करते हैं और उनका सुरक्षात्मक रंग भी निर्धारित करते हैं। मां का दूध नवजात शिशुओं के लिये अत्यंत लाभकारी होता है और उन्हें पोषक तत्व एवं रोगों से लड़ने की क्षमता भी प्रदान करता है जिससे नवजात शिशु संक्रमण से बचे रहते हैं। इन जीवों के दांत भी भिन्न–भिन्न प्रकार के होते हैं जिनसे वे विविध प्रकार का भोजन (मांसाहारी व शाकाहारी) खा सकते हैं।

इस पुस्तिका में उत्तराखण्ड राज्य के मैदानी एवं हिमालय के ऊंचे पहाड़ी क्षेत्रों में पाये जाने वाले स्तनपायी जीवों की 53 प्रजातियों को शामिल किया गया है। वैसे यह उत्तराखण्ड में देखे जाने वाले स्तनपायी जीवों की पूरी सूची नहीं है बल्कि यह यहां पाये जाने वाले स्तनपायी जीवों के परिवार का प्रतिनिधित्व करती है। नीचे दिये गये पुस्तक के अंश में इस प्रजाति के सामान्य नाम, वैज्ञानिक नाम और स्थानीय नाम दिये गये हैं। यहां दिये हुये आकार में सबसे बड़े नर और मादा पशु उसकी औसत लंबाई (बिना पूंछ के) ली गई है। कुछ प्राणियों जैसे हाथी या हिरन के मामले में लंबाई की

अपेक्षा उनके कंधो तक उनकी ऊंचाई का विवरण दिया गया है। अधिकांश स्तनपायी जीवों का फोटो या उनका रेखाचित्र पुस्तिका में शामिल किया गया है और जिस प्लेट पर उनका फोटो व रेखाचित्र दिया गया है उसकी संख्या का विवरण भी दिया गया है। साथ ही इन स्तनपायी जीवों को 1972 वन्यजीव सुरक्षा अधिनियम के अंतर्गत दी जाने वाली सुरक्षा की अनुसूची का भी विवरण दिया गया है।

जंगल में स्तनपायी जीवों का अवलोकन

- जंगल में स्तनपायी जीवों को ढूंढ पाना इतना आसान नहीं होता लेकिन थोड़े से धैर्य एवं व्यवस्थित तरीके से आप काफी स्तनपायी जीवों को उनके नैसर्गिक या प्राकृतिक वास्स्थल में देख सकते हैं।
- उनके वास स्थल में प्रवेश करते समय स्थानीय जानकारी ले लें। जानवर प्रायः जाने पहचाने रास्ते से ही आते जाते हैं या वे जाने पहचाने जल स्रोतों पर ही पानी पीने जाते हैं। यदि आपको जानवरों द्वारा छोड़े हुये कोई निशान दिखाई दें तो आप आश्वस्त हो जाय कि जानवर कहीं आस पास ही होगा। इस मामले में राष्ट्रीय उद्यान या स्थानीय समुदाय आपके पूछने पर आपको पूरी जानकारी दे सकते हैं।
- जंगल में जिन प्रजातियों को आप देख सकते हैं उनके विषय में पहले से ही अच्छी तरह से पढ़कर जानकारी ले लें। आपको एक या दो क्षणों में जानवरों की झलक भी मिल सकती है। यदि आप सुनिश्चित करना चाहते हैं कि आपने किस जानवर को देखा है तो आपको मालूम होना चाहिये कि आपके द्वारा देखे गये जानवर में इसकी प्रजाति की कौन–कौन सी विशेषतायें हैं।
- हल्के भूरे या हरे रंग के कपड़े पहनकर ही जंगल में जायें। किसी प्रकार का इत्र न लगायें और कम से कम शोरगुल करें।
- कैमरे के फ्लैश का उपयोग न करें ताकि इसकी चमक से जानवर विचलित न हों।
- हमेशा जानवरों के विचरण क्षेत्र और उनकी निजता (space) का सम्मान करें। तथा उनसे दूरी बनाये रखें क्योंकि वे जंगली जानवर हैं और वे कभी–कभी खतरनाक भी हो सकते हैं। ध्यान रहे कि आप जानवरों की सीमा में प्रवेश कर रहे हैं। अतः आपको ही उनको सम्मान या महत्व देना होगा। उनको देखने की उत्सुकता में कृपया न उन्हें परेशान करें और न ही उनके वास स्थल से छेड़–छाड़ करें।
- जंगल में प्रवेश करते समय अपने साथ एक बाइनोक्युलर (दूरबीन), फील्ड गाइड और खाली नोट बुक अवश्य ले जायें। फील्ड में देखे गये जानवरों का विवरण उनके व्यवहार और रहने के स्थान के विषय में अपने नोट्स बनायें। इससे आपको उन्हें पहचानने में या चिन्हित करने में सहायता मिलेगी। इस प्रकार इन वन्यजीवों को देखने का पूरा आनंद उठायें।

विषयवस्तु

प्रस्तावना

उत्तराखण्ड उत्तराखण्ड की जैव विविधता अदभुत है। राज्य की प्राकृतिक धरोहर में पक्षियों की प्रजातियां, तित्तलियों की प्रजातियां, स्तनधारी प्रजातियों की लगभग प्रजातियों के साथ–साथ अनगिनत रंग–बिरंगे पुष्पधारी पौधे, अनगिनत कीट–पतंगे सम्मिलित हैं। इस प्राकृतिक धरोहर को आने वाली पीढियों के लिये संरक्षित रखा जाना आवश्यक है। इसे प्रकृति आधारित ईको–प्रर्यटन के माध्यम से स्थानीय समुदाय को सस्टेनेबल लाभ भी प्रदान किये जा सकते हैं।

स्थानीय समुदायों को प्रकृति को मूल्य समझने व पर्यटकों का मार्गदर्शन करने के लिये कोई सरल गाईड बुक उपलब्ध नहीं थी। वर्ष 2011 में जब मैं उत्तराखण्ड वन विभाग के ई–को टूरिज्म विंग में कार्यरत था, उत्तराखण्ड नेचर हैंडबुक की कल्पना इसी उद्देश्य से की गयी थी।

मुझे यह जानकर हार्दिक प्रश्नता है कि उत्तराखण्ड नेचर हैंडबुक के अंग्रेजी संस्करण का द्वितीय रिप्रिन्ट व हिन्दी संस्करण का प्रथम रिप्रिन्ट किया जा रहा है। उत्तराखण्ड नेचर हैंडबुक का अंग्रेजी में सर्वप्रथम 2012 में प्रकाशन किया गया था और यह काफी सफल रहा था। इसका 2013 में पहला रिप्रिन्ट व 2015 में हिन्दी में अनुवाद कर प्रकाशित किया गया था।

उत्तराखण्ड नेचर हैंडबुक के हिन्दी व अंग्रेजी के प्रकाशन की मांग यह दर्शाती है कि यह पुस्तक उस कमी को पूर्ण करने में सफल रही है जिसके लिये इसे तैयार किया गया था। आशा है कि इस पुस्तक के द्वारा ग्रामीण युवक युवतियों, छात्रों और पर्यटकों को प्रकृति की पहचान करने में सहायता मिली होगी व स्थानीय समुदाय इससे आर्थिक लाभ प्राप्त करते होंगे।

मुझे आशा है कि इस पुस्तक का वन विभाग के कर्मचारियों, प्रकृति प्रेमियों को शोधकर्ताओं द्वारा भी उपयोग किया जायेगा। मेरी कामना है कि इस पुस्तक की सहायता से उत्तराखण्ड की प्राकृतिक धरोहर में लोगों की रूचि बढ़ेगी और वे इसके संरक्षण के लिये प्रेरित होंगे।

इस पुस्तक के प्रकाशन से जुडी टीम बधाई की पात्र हैं। मैं लेखकों को अपनी ज्ञान एवं मेहनत से किये गये शोध को बांटने, डिजाईनर को एक आर्कषक प्रकाशन बनाने व प्रकाशकों को इस प्रयास को समर्थन प्रदान करने के लिये धन्यवाद देना चाहूंगा। यह एक छोटा सा परन्तु टीम एर्फट है जिससे संरक्षण की नींव को मजबूती मिलेगी।

राजीव भरतरी

पुस्तक के विषय में

यह पुस्तक संरक्षित क्षेत्रों में व ग्रामीण पर्यटन को संचालित करने वाले नेचर गाइड के लिये, पर्यटकों, प्रकृति अवलोकनकर्ता, विद्यार्थियों व शिक्षकों और उन सभी के लिये एक मार्गदर्शिका अथवा गाइडबुक है जो प्रकृति से प्रेम करते हैं।

इस पुस्तक को सरल भाषा में लिखा गया हैं (मूलतः यह पुस्तिका सरल अंग्रेजी में लिखी गई थी)। पुस्तिका में तकनीकी शब्दों के कम से कम प्रयोग का प्रयास किया गया है। वन्यजीवों की पहचान के लिये उनका सरल विवरण, आकार एवं उनकी मुख्य विशेषताओं का विस्तार से विवरण दिया गया है। वन्यजीवों की सरलता से पहचान के लिये उनके चित्रों को प्लेटों में व्यवस्थित किया गया है। पुस्तक में इन वन्यजीवों की आदतों व उनके वासस्थल को भी स्थान दिया गया है। आशा की जाती है कि इससे पाठकों की प्लेटों के इतर इन वन्यजीवों के नैसर्गिक इतिहास को जानने में भी रूचि बढ़ेगी। वर्ष 1972 के वन्यजीव सुरक्षा अधिनियम के अंतर्गत विभिन्न वन्यजीवों को दिये जाने वाले कानूनी संरक्षण की जानकारी भी दी गई है ताकि विभिन्न वन्यजीवों के कानूनी स्तर के विषय में भी जागरूकता बढ़ाई जा सके।

इस पुस्तिका में उत्तराखण्ड में पाये जाने वाले उष्ण रक्तधारी प्राणियों में 53 स्तनपायी प्रजातियों व 106 पक्षियों की प्रजातियों का उल्लेख भी किया गया है। शीतरक्तधारी प्राणियों में मछलियों की 10, सर्पों की 32 और उभयचर (Amphibians) प्राणियों की 12 प्रजातियों का वर्णन किया गया है। पुस्तक में अपनी नैसर्गिक सुंदरता एवं पर्यटकों की इनमें संभावित रूचि के कारण तितलियों की 50 और पतंगों की 20 प्रजातियों का उल्लेख भी किया गया है। कुछ अन्य कीटों, बिच्छुओं, मकड़ियों और कुछ अन्य रेंगने वाली प्रजातियों के जीवों का वर्णन भी इस पुस्तक में दिया गया है। अंत में हमें इस पुस्तक में वृक्षों की 25 प्रजातियों को सम्मिलित करना भी आवश्यक लगा क्योंकि ये वृक्ष ऊपर वर्णित कई जीवों के आवास स्थल भी हैं। पाठकों के लिये पुस्तक में कई रोचक तथ्य भी सम्मिलित किये गये हैं। इसके अतिरिक्त पुस्तक के प्रत्येक खंड या भाग में कुछ प्रश्न भी पूछे गये हैं। पाठकों को पुस्तक के अंत में दिये गये इन प्रश्नों के उत्तर ढूंढने की अपेक्षा पहले इन प्रश्नों के उत्तर स्वयं ही देने का प्रयास करना चाहिये। पुस्तक के अंत में फील्ड नोट्स के लिये खाली पृष्ठ भी दिये गये हैं। जब फील्ड में हों तो कृपया अपने पर्यवेक्षणों को इन पृष्ठों पर ही अंकित करें। लिखित पर्यवेक्षण एवं फील्ड नोट एक अच्छे प्रकृतिविद् बनने में पहले निर्णायक कदम होते हैं।

9. भारतीय जंगली कुत्ता (Indian Wild Dog) *Cuon alpinus*

लंबाई: 0.9 मी + पूंछ **ढोल**

प्लेट I 2 अनुसूची II

भारतीय जंगली कुत्ता, जिसे ढोल भी कहते हैं। यह श्वान प्रजाति (Canidae) का प्राणी है। इसका रंग अधिकांशतः लाल भूरा होता है। ढोल प्राथमिक रूप से दिन में क्रियाशील होते हैं और ये अत्यधिक सामाजिक होते हैं। यह बड़े झुंडों में रहते हैं और बहुधा ये शिकार के लिये छोटे छोटे समूह बना लेते हैं। इनके समुदाय में 5 से 15 कुत्ते होते हैं। ये मुख्यरूप से मध्यम आकार के जानवरों जैसे कि हिरन आदि का शिकार करते हैं। इनका शिकार ये उनका पीछा करते हुये उन्हें थका–थका कर करते हैं और अंततः उनका पेट फाड़कर मार गिराते हैं। भारतीय ढोल अक्टूबर से लेकर जनवरी माह में प्रजनन करते हैं। इनकी मांद या रहने के स्थान झाड़ झंकाड़ वाले स्थानों पर या सूखी नदियों के किनारे या फिर छोटी धाराओं के किनारे होते है। ढोल के लिये इनके वास स्थल का ह्रास, शिकार मिलने में कठिनाई और मनुष्यों के साथ संघर्ष से खतरा बना रहता है। यद्यपि इनकी उपस्थिति उत्तराखण्ड में दर्ज कराई गई थी परंतु अब ये काफी कम दिखाई पड़ते हैं।

10. बंगाल या इण्डियन फॉक्स (Bengal or Indian Fox) *Vulpes bengalensis*

लंबाई: 0.5 मी + पूंछ **लोमड़ी**

प्लेट I 2 अनुसूची II

लोमड़ी भारतीय उपमहाद्वीप में ही पायी जाती हैं। ये लोमड़ियां अन्य लोमड़ियों की अपेक्षा छोटी और लंबी थूथन, नुकीले कान और झबरैली पूंछ वाली होती हैं। इनका रंग अधिकांशतः स्लेटी सा होता है और शरीर का निचला हिस्सा कुछ हल्का रंग लिये होता है। ये लोमड़ियां खुले घास वाले स्थानों में, झाड़–झंकाड़ वाली जगह या कंटीले जंगलों में रहना पसंद करती हैं। ये शाम के झुटपुटे में रहना पसंद करती हैं। इनकी मांद बड़ी कई प्रकोष्ट वाली और जटिल होती हैं जिनमें बाहर निकलने के कई मार्ग होते हैं। लोमड़ियां रोडेंट्स या कुतरने वाले जानवरों, सरीसृप वर्ग के प्राणियों, केकड़ों, कीटों, छोटी लोमड़ियां और फलों को खाना पसंद करती हैं। लोमड़ियां कई प्रकार की आवाजें निकाल सकती हैं जैसे वे गुर्राने, पिनपिनाने, रिरियाने व भौंकने

क्या आपको पता है ?

क्या आप जानते हैं कि श्वान परिवार के सदस्यों और बिल्ली परिवार के सदस्यों में एक मुख्य अंतर यह है कि श्वान परिवार के सदस्य अपने पंजों को सिकोड़ नहीं पाते हैं जबकि बिल्लियां अपने पंजों को अंदर सिकोड़ सकती हैं। ऐसा उनके पंजों के निशानों से भी देखा जा सकता है।

की आवाजें निकालती हैं। वे आजीवन एक ही साथी के साथ रहती हैं। इनके लिये भी अन्य जंगली जानवरों की तरह वास स्थल का ह्रास और शिकार की कमी मुख्य खतरा बनते जा रहे हैं।

11. रेड फॉक्स (Red Fox) *Vulpes vulpes*
लंबाई: 0.6 मी + पूंछ **लाल लोमड़ी**
प्लेट I 2 अनुसूची II

रेड फॉक्स पूरे विश्व में उत्तरी अर्धवृत के कई हिस्सों में बहुतायत से पाई जाती है। भारत में यह हिमालय के पर्वतीय क्षेत्रों में खासकर हिमालयी नगरों में देखी जाती है। इसके शरीर का रंग उनके वास स्थल के अनुसार कई प्रकार का हो सकता है। इस प्रकार यह हल्के भूरे से लाल भूरे रंग तक की हो सकती है। भारतीय लोमड़ी की तुलना में इसकी पूछं सफेद किनारे वाली होती है और कान के पीछे काले धब्बे होते हैं। रेड फॉक्स पारिवारिक समूहों में साझा रिहायशी क्षेत्रों में रहती हैं। ये लोमड़ियां सामाजिक होती हैं और ये जटिलता से बनायी गई मांदों में रहती है। एक दूसरे से संवाद स्थापित करने के लिये ये कई प्रकार की आवाजें निकाल सकती हैं और विभिन्न प्रकार की भंगिमाओं वाला व्यवहार (behavioral posture) कर सकती हैं। ये फलों से लेकर मारे गये शिकार तक सभी कुछ खा लेती हैं।

12. इण्डियन वुल्फ (Indian Wolf) *Canis lupus pallipes*
लंबाई: 1.0 मी + पूंछ **भेड़िया**
प्लेट I 2 अनुसूची I

इण्डियन वुल्फ स्लेटी भेड़ियों की उपप्रजाति है जो यूरोपियन भेड़ियों से छोटे होते हैं। इसका रंग अधिकतर स्लेटी होता है और इसके काले सिरे वाले बाल होते है। इसकी थूथन लंबी और नुकीली होती है और इसकी पूंछ का सिरा काला होता है। इण्डियन वुल्फ बड़े झुंडों में नहीं, बल्कि 6 से 8 सदस्यों वाले एकल परिवारों में रहते हैं। भेड़ियों के झुंड में जो भी जोड़ा सबसे प्रभावशाली होता है वही प्रजनन का कार्य करता है। यह जोड़ा एक समय में एक ही साथी के साथ रहता है। हालंकि उनके साथी की मृत्यु के उपरांत वे किसी दूसरे भेड़िये को अपना साथी चुन सकते हैं। वैसे तो इण्डियन वुल्फ हिरन आदि खुरों वाले जानवरों, कुतरने वाले प्राणियों और खरगोशों का शिकार करते हैं, लेकिन वे घरेलू बकरियों का शिकार भी कर सकते हैं और इस कारण मनुष्यों से उनके संघर्ष की शुरूआत हो जाती है। भारत में भेड़ियों की जनसंख्या लगभग 3,000 है और यह इनके वास स्थलों के ह्रास व शिकार की कमी के कारण दिनों–दिन घटती जा रही है।

13. जेकॉल (Jackal) *Canis aureus indicus*
लंबाई: 0.6 मी + पूंछ **गीदड़**
प्लेट । 2 अनुसूची ॥

जेकॉल या गीदड़ श्वान परिवार का सदस्य होता है। यह पतले छरहरे कुत्ते जैसे दिखाई देते हैं लेकिन इनकी थूथन नुकीली होती है और पूंछ का सिरा काले रंग का होता है। इसकी खाल भूरे स्लेटी रंग का होता है। पूरे भारत में जेकॉल झाड़–झंकाड़ वाले जंगलों के आस पास रहते हैं। यह मुख्य रूप से सड़ा गला मांस खाते हैं और इनको अधिकांशतया कस्बों और गांवों के बाहर कूड़े कचरे के ढेरों पर अक्सर खाना खाते हुये पाये जाते हैं। जेकॉल छोटे रोडेंट्स या कुतरने वाले जंतुओं, पक्षियों, सरीसृप और उनके अंडों को भी खाते हैं। दूर दराज के क्षेत्रों में इनके जोर जोर से चिल्लाने की आवाज सुनी जा सकती है। जेकॉल को हमेशा से ही चालाक जानवर माना जाता है। आपने पंचतंत्र में नीले भेड़ियो की कहानी अवश्य पढ़ी होगी जिसमें एक भेड़िया नीले रंग की बाल्टी में गिर जाता है और सब को मूर्ख बनाते हुये कहता है कि अब वही सारे जंगल के जीव जंतुओं का राजा है।

14. स्ट्राइप्ड हाइना (Striped Hyena) *Hyaena hyaena*
लंबाई: 1.5 मी + पूंछ **लकड़ बग्घा**
प्लेट । 2 अनुसूची ॥।

स्ट्राइप्ड हाइना एक कुरूप जानवर है जिसकी पीठ झुकी हुई होती है। यह अधिकांशतः गंदले स्लेटी भूरे रंग का होता है और इसके शरीर के दोनों और पूंछ पर काली धारियां होती हैं। यह बहुधा सड़ी गली चीजें और दूसरे बड़े व शिकारी जानवरों द्वारा छोड़ा गया मांस खाता है। यह रात्रि में विचरण करने वाला प्राणी है जो सुबह होते ही अपनी मांद में वापस चला जाता है। हाइना को कायर जानवर माना जाता है क्योंकि जब यह खतरे में होता है तो मरा हुआ होने का नाटक करता है। फिर भी यह अपने भोजन को बचाने के लिये काफी उग्रता दिखाता है। इसकी आवाज काफी तेज, हंसने जैसी और अंत में मुर्गी की आवाज की तरह कुड़कुड़ाहट वाली हो जाती है। नर और मादा लकड़बग्घा एक ही साथी के साथ रहते हुये अपने बच्चों का पालन पोषण करते हैं। उत्तराखण्ड में लकड़बग्घे राजाजी राष्ट्रीय उद्यान, लैंसडाउन और हल्द्वानी वन प्रभाग के जंगलों में पाये जाते हैं।

15. एशियन एलीफेन्ट (Asian Elephant) *Elephas maximus indicus*
ऊंचाई: 2.7 मी **हाथी**
प्लेट । 3 अनुसूची ।

भारत की राष्ट्रीय विरासत एशियन एलीफेन्ट जमीनी प्राणियों में सबसे बड़ा मेरूदंडधारी प्राणी है। आज सामान्यतया यह तराई भाभर और उत्तराखण्ड की शिवालिक पहाड़ियों

पर पाया जाता है। औसतन हाथी 50 से 70 वर्ष तक जीवित रहते हैं। मजबूत कद काठी वाले वयस्क हाथियों पर कोई पशु आक्रमण नहीं कर सकता यद्यपि बाघ कमजोर और शिशु हाथियों को अपना शिकार बना सकते हैं। हाथियों को रहने के लिये घने दूर जक फैले जंगल और घास के मैदानी क्षेत्र बहुत पसंद आते हैं जहां उन्हें विविध प्रकार का भोजन उपलब्ध हो पाता है। हाथी मौसम के अनुसार भोजन के लिये लंबी दूरी तय करते हैं। हालांकि बढ़ते हुये विकास के साथ, वास स्थल में ह्रास और भोजन की कमी के कारण मनुष्यों और हाथियों के बीच संघर्ष बढ़ता जा रहा है। बहुधा हाथी फसलों को रौंद डालते हैं और फसलों को बहुत नुकसान पहुंचाते हैं। अक्सर हाथी जंगल के उन गलियारों से गुजर कर आते जाते हैं जिनको वे दशकों से प्रयोग करते आ रहे हैं परंतु अब मनुष्यों ने विकास के लिये इन स्थानों में प्रवेश करना प्रारंभ कर दिया है। उत्तराखण्ड राज्य ने अपने दक्षिणी सीमा से लगे 5404 वर्ग किलोमीटर के क्षेत्र को शिवालिक एलीफेन्ट रिजर्व क्षेत्र के रूप में घोषित कर दिया है ताकि हाथियों को बचाया जा सके। हाथियों की जरूरतों और विकास के बीच एक संतुलन बनाये जाने की जरूरत है ताकि इस शानदार जानवर को जीवित रखा जा सके।

16. सांभर (Sambar) *Rusa unicolor*
ऊंचाईः 2.0 मी **सांभर**
प्लेट । 3 अनुसूची III

सांभर लंबे, घने बालों वाला खुर वाला (Ungulates) प्राणी है जिसके गले के बाल या अयाल (Mane) छोटे परंतु घने होते हैं जो नर सांबर में अधिक स्पष्ट होते है। हिरन की पूंछ अपेक्षतया लंबी होती है और ऊपर की ओर काले रंग की जबकि पूंछ का अंदरूनी हिस्सा सफेद रंग लिये होता है। इसके बड़े खुरदुरे सींग काफी कुछ हिरन की तरह के होते हैं और नुकीले होते हैं। अधिकांश हिरनों की तरह केवल नर सांभर के ही सींग होते हैं। सांभर प्रत्येक परिस्थिति में भली भांति रहने वाला जानवर है जो समुद्रतल से हिमालय की 3,500 मी तक की ऊंचाई वाली पहाड़ियों पर पाया जाता है। सामान्यतः सांभर रात्रि में विचरण करने वाला प्राणी है। सांभर अपने वास स्थल के आस–पास मिलने वाली कई प्रकार की वनस्पतियों को खाता है जिसमें घास, पत्तियां, फल और जलीय पौधे आदि शामिल हैं। सांभर बाघों का पसंदीदा शिकार हैं।

17. स्पॉटेड डियर (Spotted Deer) *Axis axis*

ऊंचाई: 0.9 मी **चीतल**

प्लेट | 3 अनुसूची III

चीतल का रंग हल्का पीला भूरा होता है जिन पर सफेद चित्तियां या चकत्ते होते हैं। नर चीतल के सींग त्रिशूल की तरह तीन भागों वाले होते हैं जो प्रतिवर्ष झड़ जाते हैं। चीतल सामान्यतया 10 से 50 नर या मादा के झुंड में घने पर्णपाती या अर्ध सदाबहार जंगलों या खुले घास के मैदानों में पाये जाते हैं। ये जानवर मूलतः घास चरने वाले होते हैं जो घास, पत्तियों व फलों को खाते हैं। चीतल अपने झड़े हुये सींगों को खनिज व पोषक तत्वों की कमी को पूरा करने के लिये खाते हैं। ये पानी वाले स्थानों में रहना पसंद करते हैं और गरम मौसम में सुबह और शाम को पानी पीते हैं। चीतल और लंगूरों के बीच का एक अनोखा संबंध देखा गया है। हिरन, लंगूरों द्वारा पेड़ से फेंके गये आधे खाये गये फलों को खाते हैं जिसके बदले में हिरन लंगूरों को धरती पर रहने वाले मांसभक्षी जैसे बाघों के आने की चेतावनी देते हैं। दोनों ही प्रजातियों लंगूर व हिरन की संकट के समय चेतावनी देने के लिये निकाली गई आवाजों से पता लगाया जा सकता है कि कोई शेर या तेंदुआ आस पास ही छुपा बैठा है। इनको सामान्यतया कॉर्बेट और राजाजी पार्क के जंगलों में देखा जा सकता है।

18. हॉग डियर (Hog Deer) *Hyelaphus porcinus*

ऊंचाई: 0.6 मी **पाड़ा**

प्लेट | 3 अनुसूची III

पाड़ा (Hog Deer) को यह नाम उनके सूअर जैसे भागने के तरीके के कारण मिला है। संकट के समय यह अधिकांश मृगों की तरह अपने शत्रु के ऊपर से छलांग लगाकर नहीं भागता है परन्तु अपना सिर नीचे झुका लेता है और झाड़ियो के बीचों बीच भाग जाते हैं। इनकी कद काठी काफी मजबूत होती है। इनका शरीर लंबा परंतु पैर काफी छोटे होते हैं। पाड़ा के तीन सींग होते है। इनके शरीर के बाल घने और रंग भूरा या लाल–भूरा होता है। इनको कार्बेट टाईगर रिज़र्व में ढिखाला क्षेत्र में देखा जा सकता है।

19. स्वॉम्प डियर (Swamp Deer) *Rucervus duvaucelii*

ऊंचाई: 1.1 मी **बारासिंघा**

प्लेट | 3 अनुसूची I

बारासिंघा (Swamp Deer) दलदलों में रहने वाला एक बड़ा हिरन है। इसके बारह सींग होने के कारण ही इसे यह नाम दिया गया हैं। तराई में ये मुख्यतः घास वाले स्थानों, दलदलों या कीचड़ वाली जगहों (swamps and marshland) में रहते हैं।

उनके झुंड में 8–20 तक सदस्य हो सकते हैं जिसमें मादा पशुओं की संख्या नर सदस्यों से लगभग दोगुनी होती है। ये निशाचर या रात्रिचर होते हैं और सुबह या शाम दोनों समय भोजन करते हैं। लंबी घास न केवल इनका भोजन है बल्कि यह इनके शावकों या बच्चों को प्रजनन काल में सुरक्षा भी प्रदान करती है। बारासिंघा को हरिद्वार के पास झिलमिल झील कंज़रवेशन रिजर्व में बहुतायत से देखा जा सकता है।

20. बार्किंग डियर या इण्डियन मुंटजैक (Barking Deer) *Muntiacus muntjak*
ऊंचाई: 0.6 मी **काकड़**
प्लेट । 3 अनुसूची III

काकड़ (Barking Deer) बाह्य हिमालयी तलहटी क्षेत्र व हिमालय की पहाड़ियों में पाया जाता है। किसी भी शिकारी जानवर को देखते ही यह कुत्ते के भौंकने जैसी आवाज निकालता है इसीलिये इसको बार्किंग डियर का नाम दिया गया। बार्किंग डियर के रोंये छोटे लेकिन कोमल और घने होते हैं। मौसम के अनुसार इनके बालों के रंग में गहरे भूरे रंग से लेकर पीले और स्लेटी भूरे रंग का बदलाव होता है। नर काकड़ के सींग छोटे होते हैं। ये एकाकी व एक क्षेत्र विशेष में रहने वाले प्राणी होते हैं और ये अपना भोजन सुबह व शाम दोनों समय करते हैं। इनको अक्सर शहरों व गांवो के बाहरी भागों में घूमते हुये देखा जा सकता है। इनका भोजन मुख्यतः फल, तने, बीज और पत्तियां होता है। ये उत्तराखण्ड के जंगलों में बहुतायत में पाये जाते हैं।

21. मस्क डियर (Musk Deer) *Moschus chrysogaster*
ऊंचाई: 0.5 मी **कस्तूरा**
प्लेट । 3 अनुसूची I

कस्तूरी हिरन (Musk Deer) उत्तराखंड का राज्य प्राणी है। इनको यह नाम इसलिये दिया गया है कि इस प्रजाति के नर में बहुचर्चित कस्तूरी ग्रंथियां या मस्क पायी जाती हैं। मस्क डियर हिमालय के जंगलों में और एल्पाइन झाड़ियों में रहते है। ये भूरे स्लेटी रंग के बिना सींगों वाले हिरन होते हैं। इस प्रजाति के नरों में

क्या आपको पता है ?

क्या आप जानते हैं कि हाथी के पद्चिन्हों से उसकी ऊंचाई का पता लगाया जा सकता है? हाथी की ऊंचाई उसके पीछे के पद्चिन्हों की परिधि का लगभग दो गुणा होता है।

दाँत (Canines) मुँह से बाहर की ओर निकले रहते है। ये मुख्यतः वनस्पतियों जैसे पत्तियों, फूलों और घासों को खाते हैं। इसके अलावा ये कुछ प्रकार की काईयों व शैवाक (Lichen) खाते हैं। ये एकाकी रहने वाले प्राणी होते हैं और ये अपनी ग्रंथियों से निकले सुगंधित पदार्थ से चिन्हित कर निश्चित सीमा में ही विचरण करते हैं। मस्क डियर बहुत शर्मीले होते हैं और संध्याकाल में ही विचरण करते हैं। मस्क डियर का अवैध शिकार कस्तूरी के लिये किया जाता है जिसका इत्र उद्योग में बहुतायत से प्रयोग किया जाता है। साथ ही इसको कामोत्तेजक दवाओं के रुप में भी प्रयोग किया जाता है। इनकी जनसंख्या अवैध शिकार और इनके वास स्थलों के ह्रास के कारण दिन प्रति दिन कम होती जा रही है। केदारनाथ वन्यजीव अभयारण्य में इन्हें काफी मात्रा में देखा जा सकता है।

22. ब्ल्यू बुल (Blue Bull) *Boselaphus tragocamelus*

नीलगाय

ऊंचाई: 1.3 मी

प्लेट । 3

अनुसूची III

ब्ल्यू बुल या नीलगाय भारत का सबसे बड़ा ऐंटीलोप (antelope) प्राणी है। नीलगाय हिरन प्रजाति की अपेक्षा घोड़े की तरह अधिक दिखती है। नर नीलगाय के सींग बहुत छोटे होते हैं। नर व मादा दोनों के गर्दन सफेद होती है। नीलगाय खुले जंगलों, झाड़–झंकाड़ वाले, घास के मैदानों व खेतिहर भूमि के समीप रहते हैं। ये रात व दिन दोनों समय भोजन करते हैं। कई बार ये फसलों को भी बहुत नुकसान पंहुचाते हैं। इनके गाय की प्रजाति का होने के कारण इन्हें पूरे भारत में बहुत आदर के भाव से देखा जाता है। इनको सामान्यतया राजाजी राष्ट्रीय पार्क और कॉर्बेट के तलहटी क्षेत्र में देखा जा सकता है।

23. हिमालयन थार (Himalayan Tahr) *Hemitragus jemlahicus*

थार

ऊंचाई: 1.0 मी

प्लेट । 4

अनुसूची I

हिमालयन थार जंगली बकरी जैसा खुर वाला बड़ा प्राणी है। इसका प्राकृतिक वासस्थल हिमालय की ढलवां पहाड़ियां व पेड़ों से आच्छादित घने वन हैं। इसका सिर छोटा, आंखे बड़ी, छोटे नुकीले कान और गालों पर लाल वृत बने होते हैं। इसकी घनी रोंयेदार खाल लाल रंग से भूरे रंग की होती है। इसके शरीर के निचले हिस्से पर भी घने बाल होते हैं। इसके सींग ऊपर की ओर मुड़ कर पीछे की ओर जाते हैं और फिर अंदर की ओर मुड़ जाते हैं। नर थार के सींग मादा से बड़े होते हैं। ये शाकाहारी होते हैं और घास, झाड़ियां और पत्तियां खाते हैं। ये सबुह व शाम सक्रिय हो जाते है। ये अत्यंत शर्मीले व सतर्क होते हैं और इनके पास़ जाना बहुत मुश्किल होता है। इनको केदारनाथ वन्यजीव अभयारण्य के शो खर्क में आसानी से देखा जा सकता है।

24. हिमालयन घोरल (Himalayan Goral) *Naemorhedus goral*

ऊंचाई: 0.7 मी
घुरड़
प्लेट I 4
अनुसूची III

हिमालयन घुरड़ को ग्रे घोरल भी कहा जाता है। यह छोटे व खुरदुरे बालों वाला और वृत्ताकार सींगों वाला बकरी–ऐंटीलोप है। मूलतः हिमालय का बाशिंदा यह घोरल 1000 से 4.000 मी तक की ऊंचाई पर पाया जाता हैं। इसका रंग स्लेटी या स्लेटी भूरा और पैरों का रंग तांबई होता है। इसका गला सफेद रंग का होता हैं। इसकी रीढ़ की हड्डी के ऊपर एक गहरे रंग की धारी बनी होती है। नर की अयाल (गर्दन के पीछे वाले बाल) छोटी होती है। नर व मादा दोनों के ही सींग पीछे की ओर मुड़े हुये होते हैं। घोरल सुबह के समय और देर शाम के समय काफी सक्रिय होते हैं। ये हरी पत्तियों, पौधों और घास के मुलायम भाग को खाना बहुत पसंद करते हैं। ये बहुत फुर्तीले होते है और तेजी से दौड़ते हैं। खतरे के समय ये फुफकारने और छींकने जैसी आवाजें निकालते हैं। तेंदुए, भेड़िये, चितराला (marten) और अन्य बड़े मांसभक्षी पशु इनका शिकार करते हैं। इनको सामन्यतया कॉर्बेट व राजाजी राष्ट्रीय अभयारण्य व उत्तराखण्ड के अन्य संरक्षित क्षेत्रों में देखा जा सकता है।

25. हिमालयन सराव (Himalayan Serow) *Capricornis thar*

ऊंचाई: 1.0 मी
सराव
प्लेट I 4
अनुसूची I

हिमालयी सराव बकरी की तरह दिखने वाल एक खुर वाला जानवर है (goat antelope) जो हिमालय की दक्षिणी ढलानों में पाया जाता है। सराव नमी वाले स्थानों और 1500 से 4500 मी स्थित गहरी खाइयों में स्थित घने जंगलों में रहना पसंद करता हैं। यह प्रकृति से शाकाहारी है तथा घास, तनों और पत्तियों को खाता है। सराव अपनी ग्रंथियों (pre-orbital glands) से एक प्रकार की गंध छोड़ता है। ऊपरी ओर इनके बालों का रंग गहरा काला अथवा गहरा स्लेटी होता है जबकि गर्दन, छाती, शरीर के दोनों ओर व पैरों के ऊपरी भाग में जंग लगे लाल रंग जैसा होता है। कई बार इसके शरीर के ऊपरी ओर गहरे काले रंग की एक धारी स्पष्ट रूप से दिखाई देती है। इसके शरीर का निचला हिस्सा और पैरों का निचला भाग गंदले सफेद रंग का होता है। इसके शरीर का रंग इनकी नस्ल, वास स्थल और जानवर के व्यक्तिगत रंग पर निर्भर करता है। नर व मादा दोनों ही की दाढ़ी होती है। इनके सींग अक्सर उनके कानों से भी छोटे होते हैं। इनको उत्तराखण्ड के संरक्षित क्षेत्रों जैसे केदारनाथ वन्यजीव अभयारण्य और गंगोत्री राष्ट्रीय उद्यान में बहुतायत मे देखा जाता है।

26. ब्ल्यू शीप (Blue Sheep) *Pseudois nayaur*
ऊंचाई: 0.8 मी **भरल**
प्लेट I 4 अनुसूची I

ब्ल्यू शीप या भरल हिमालय क्षेत्र के खुले घास के मैदानों या ऊंची खड़ी चट्टानों पर 2,500 मी से लेकर 5,500 मी तक की पहाड़ी ढलानों पर पाया जाता हैं। भरल के सींग ऊपर की ओर जाकर वक्राकार होते हुए पीछे मुड़ जाते हैं। इसकी खाल के छोटे बालों का रंग स्लेटी और कई बार नीली सी चमक लिये हुये होता है। भरल का निचला भाग और पैर सफेद रंग के होते हैं जबकि छाती और पैरों का सामने वाला भाग काला होता है। ये जानवर अकेले रहना पसंद करते हैं या पूरी तरह से एक ही लिंग के 20 सदस्यों से कम वाले छोटे समूहों में रहना पसंद करते हैं। ये मुख्यतः घास चरते हैं और छोटी झाड़ियां, लाईकेन, कठोर पौधों और कई प्रकार की काई को खाते हैं। भरल हिम तेंदुए का मुख्य भोजन है। भरल को उत्तराखण्ड के ऊंचाई वाले स्थानों के संरक्षित क्षेत्रों जैसे गोविंद पशु विहार, गंगोत्री और नंदा देवी में बहुतायत देखा जा सकता है।

27. रीसस मकाक (Rhesus Macaque) *Macaca mulata*
ऊंचाई: 0.5 मी **बंदर**
प्लेट I 4 अनुसूची II

रीसस मकाक को साधारण भाषा में बंदर कहा जाता है और यह उत्तराखण्ड में पाय जाने वाले वानरों में सबसे अधिक पायी जाने वाली प्रजाति है। यह अनेक प्रकार के स्थानों जैसे घास वाले मैदानों व सूखे स्थानों, जंगलों वाले क्षेत्रों में और आबादी वाले क्षेत्रों वाले स्थानों के आस पास भी रह सकता है। यह मुख्यतः शाकाहारी होता हैं जो मुख्यरूप से फल, बीज, जड़ें, फूलों की कलियां, पेड़ों की छाल और अनाज खाता हैं। रीसस मकाक का रंग भूरा व स्लेटी होता है और इसका चेहरा लाल रंग का होता है। यह सामाजिक प्राणी होता है और इनके झुंड में नर व मादा दोनों साथ साथ रहते हैं। रीसस मकाक कई प्रकार की भाव भंगिमाओं से, तरह तरह की आवाजें निकाल कर या शरीर की अनेक प्रकार की मुद्राओं से आपसी मेल–जोल बढ़ाते हैं। मनुष्यों के शरीर के रक्त के रीसस फैक्टर का नाम इसी बंदर से आया है। हिमालयी क्षेत्र में इन बंदरों के द्वारा फसलों को नुकसान पंहुचाने की घटनायें बढ़ती जा रही हैं।

28. हनुमान लंगूर (Hanuman Langur) *Semnopithecus entellus*
ऊंचाई: 0.65 मी **लंगूर**
प्लेट I 4 अनुसूची II

हनुमान लंगूर वानर परिवार के स्लेटी रंग के बड़े प्राइमेट (primate) होते हैं जिनका मुंह काला होता है। ये रीसस बंदरों की अपेक्षा जंगलों में ज्यादा रहते हैं लेकिन

इनको शहरी और ग्रामीण क्षेत्रों में भी देखा जा सकता है। यह अपने चारों पैरों पर चलते है और अपना आधा समय जमीन पर और बाकी का आधा समय पेड़ों पर बिताते हैं। लंगूर मूलतः शाकाहारी होते हैं और पेड़ों की पत्तियां, जड़ी बूटियां व कोमल पौधे, फल, घास और कुछ अन्य प्रकार का शाकाहारी भोजन करते हैं। अभी हाल ही में प्रस्ताव रखा गया कि भारत में अनुवांशिक विश्लेषण और भौगोलिक आधार पर हनुमान लंगूर की सात प्रजातियां हैं हालांकि इस मत को अभी अधिक स्वीकृति नहीं मिल पाई है।

29. वाइल्ड बोर (Wild Boar) *Sus scrofa*
ऊंचाई: 0.6 मी **जंगली सुअर**
प्लेट । 4 अनुसूची III

जंगली सुअर घरेलू सुअर का जंगली पूर्वज है। जंगली सुअर का शरीर काफी गठीला, सिर बड़ा और पैर अपेक्षाकृत छोटे होते हैं। इसके बाल कठोर होते हैं और इसके शरीर के महीन रोंये या बाल गहरे स्लेटी से काले या भूरे रंग के होते हैं। वयस्क नर के दांत बड़े होते हैं जो भोजन को ढूंढने और सुरक्षा के लिये होते हैं। मादा सुअर के दांत भी तेज होते हैं लेकिन उनके दांत नर के दांतों की तरह बाहर निकले हुये नहीं होते। जंगली सुअर रात्रि में विचरण करते हैं और सामने आया हुआ सभी प्रकार का सड़ा गला शाकाहारी व मांसाहारी भोजन खा लेते हैं जिसमें घास, जड़ें, कंद, कीट और छोटे सरीसृप शामिल हैं। जंगली सुअर तेंदुओं, भेड़ियों, बाघों और यहां तक कि मगरमच्छों का पसंदीदा भोजन होते हैं। जंगली सुअर फसलों को बहुत नुकसान पंहुचाते हैं। चूंकि यह रात को ही बाहर निकलते हैं अतः फसलों को इनसे बचाना काफी कठिन होता है। ये उत्तराखण्ड के सभी वनों वाले क्षेत्रों में पाये जाते हैं।

30. स्लॉथ बेअर् (Sloth Bear) *Melursus ursinus*
ऊंचाई: 1.4 मी **भालू**
प्लेट । 4 अनुसूची I

स्लॉथ बेअर् लंबा व छरहरा होता है जिसका शरीर लंबा व खाल में रोयेंदार बाल होते हैं। इनके पंजे लंबे, नीचे की ओर मुड़े हुये, हंसिये के आकार के होते हैं। इनकी छाती पर सफेद रंग के अर्द्धचंद्राकार (Y) के आकार के निशान को छोड़कर इनके बाल बिल्कुल काले (कुछ प्रजातियों में जंग के रंग के) होते हैं। भालू परिवार के सदस्यों में इनकी पूंछ सबसे लंबी होती है। मादा भालू नर भालू से छोटी होती है। स्लॉथ बेअर् वैसे तो चारों पैरों पर चलते हैं पर खतरे के समय ये अपने पीछे के पैरों पर खड़े हो जाते हैं। यह बेहतरीन तरीके से पेडों पर चढ़ते हैं और बहुत अच्छे तैराक होते हैं। ये सभी प्रकार का भोजन खा लेते हैं। यह दीमक, शहद और फलों को चाव के साथ खाते हैं। स्लॉथ बेअर् विभिन्न प्रकार के स्थानों जैसे पर्णपाती वनों से लेकर हरे भरे जंगलों, झाड़ियों व घास वाले स्थानों में रह सकते हैं। इन्हें उत्तराखण्ड के

अधिकांश निचले भागों के जंगलों जैसे राजाजी, कॉर्बेट, लैंसडाउन, रामनगर और हल्द्वानी के जंगलों में देखा जा सकता है। वास स्थलों का ह्रास और मनुष्यों से संघर्ष इनके लिये खतरा बनते जा रहे हैं। बहुधा भालू के बच्चों को शहरों व गांवों में करतब दिखाने के लिये पकड़ लिया जाता है।

31. हिमालयन ब्लैक बेअर् (Himalayan Black Bear) *Ursus thibetanus*
ऊंचाई: 1.5 मी **रीछ**
प्लेट । 5 अनुसूची ।

यह बहुत बड़ा काला भालू है जिसकी छाती पर सफेद (Y) निशान होता है। यह जंगलों में रहने वाला भालू 1,500 से 4,300 मी की ऊंचाई वाले जंगलों में रहता हैं। यद्यपि यह कम ऊंचाई वाले स्थानों पर भी उतर सकता है। यह जमीन पर चलने वाला प्राणी है परंतु यह पेड़ों पर भी चढ़ जाता है। यह मुख्यतः कोमल तनों, फल और सूखे फलों को खाता है लेकिन कूड़े के ढेरों पर पड़ी सड़ी गली चीजें भी खा लेता है। कई बार यह मांस भी खाता है। यद्यपि इसे गोविंद पशु विहार और केदारनाथ के संरक्षित क्षेत्रों के शीतोष्ण वनों में देखा जाता है परंतु यह पर्वतीय नगरों में भी देखा जा सकता है जहां यह कूड़े के ढेरों पर अपना खाना ढूंढता है। उत्तराखण्ड उन कुछ राज्यों में से एक है जहां राजाजी और कॉर्बेट के जंगलों में स्लॉथ बेअर् और ब्लैक बेअर् दोनों साथ साथ रहते हैं।

32. हिमालयन मारमॉट (Himalayan Marmot) *Marmota himalayana*
लंबाई: 0.5 मी + पूंछ
प्लेट । 5 अनुसूची ॥

हिमालयन मारमॉट हिमालयी क्षेत्र की 3,000 से 4,500 मी तक की ऊंचाई पर पाया जाता हैं। इसका रंग गहरे चॉकलेटी भूरे रंग का होता है और इसके चेहरे व छाती पर पीले रंग के चकत्ते हो सकते हैं। यह प्रजाति एल्पाइन बुग्यालों, घास के मैदानों और रेगिस्तानी परिस्थितियों के क्षेत्रों में रहने में सक्षम हैं, जहां वर्षा अत्यंत कम होती है। यह खासकर झाड़ियों से भरपूर ढलानों में और कम ढाल वाले इलाकों में रहते हैं जहां की मिट्टी को आसानी से खोदा जा सके। ये बड़ी घरेलू बिल्ली के आकार के होते हैं और छोटे समूहों में रहते हैं जिन्हें कॉलोनी कहते हैं। इस कॉलोनी में एक वयस्क नर, कुछ वयस्क मादा, कुछ अल्प–वयस्क और छोटे छोटे बच्चे रहते हैं। ये पेचीदा या जटिल बिलों में रहते हैं जिनमें आराम करने का स्थान, शीतकाल में सोने (hibernation) के लिये कक्ष और एक 'गुसलखाना' भी होता है। मारमॉट के आगे के दांत बहुत बड़े होते हैं ताकि वे वनस्पतियों को अपने दांतो से काट सकें। ये घास व फूल वाले पौधों को खाते हैं। मारमॉट शरीरिक स्पर्श द्वारा और सीटी जैसी आवाज निकालकर आपस में संवाद स्थापित करते हैं।

33. इण्डियन क्रेस्टेड पोरक्यूपाइन (Indian Crested Porcupine) *Hystrix indica*
लंबाईः 0.7 मी **साही**
प्लेट I 5 अनुसूची IV

साही (Indian Porcupine) एक बड़ा कुतरने वाला (rodent) प्राणी है जिसके पूरा शरीर पर काले व सफेद रंग के कांटे जैसी संरचना (quills) से ढका होता है। इनके सिर पर कांटो की कलगी लगी होती है। यह कई विभिन्न प्रकार के स्थानों में रहता है जिनमें उष्णकटीबन्धीय व उपोष्णकटीबन्धीय घास के मैदान, झाड़ियों वाले क्षेत्र व जंगल शामिल हैं। हिमालय की पहाड़ियों में यह 2,400 मी की ऊंचाई तक जा पहुंचता हैं। इसकी पूंछ पर भी खोखले व छोटे कांटे होते हैं जो खतरे के समय खड़खड़ाने की आवाज करती है। इसके पैर चौड़े होते हैं और खोदने के लिये इसके पंजे लंबे होते हैं। जब इस पर आक्रमण किया जाता है तो यह अपने शरीर के कांटो को खड़ा कर लेता है और अपनी पूंछ के कांटो से खड़खड़ाहट भरी आवाज निकालता है। यदि कोई जानवर इसके लिये खतरा पैदा करते है तो यह अपने शिकार पर झपट्टा मारकर अपने शरीर के तीक्ष्ण कांटो को उसके शरीर में घुसा कर उसे घायल कर देता है। यह रात्रि में विचरण करता है और अपने लिये भूमि के नीचे रहने का स्थान बनाता है। यह विभिन्न प्रकार के पौधों को खाता हैं जिसमें फल, अनाज और जड़ वाले कंद हैं। हिमालय की पहाड़ियों में यह फसलों को बहुत नुकसान पंहुचाता है।

34. लार्ज इण्डियन सिवेट (Large Indian Civet) *Viverra zibetha*
लंबाईः 0.8 मी + पूंछ **खटस**
प्लेट I 5 अनुसूची II

लार्ज इण्डियन सिवेट स्लेटी भूरे रंग का होता है और इसके गर्दन पर काले और सफेद रंग की खड़ी धारियां और पूंछ पर दो सफेद और तीन काली धारियां बनी होती हैं। इनका थूथन सफेद होता है। इसकी पीठ पर गहरे रंग की कलगी बनी होती है। यह उत्तर पूर्व भारत के पूर्व मे नेपाल तक ऊंचाई वाले पर्णपाती व सदाहरित जंगलों मे पाई जाती है। उत्तराखण्ड में पूर्वी कुमायूं के नंधौर वन्यजीव अभयारण्य व हल्द्वानी से एक पुराना रिकॉर्ड ही इसकी पुष्टि प्रमाणिकता हैं। लार्ज इण्डियन सिवेट प्रायः मांसाहारी होते हैं और पक्षियों, मेंढ़कों, सांपों, छोटे स्तनपायी, अंडों, केकड़ों और मछलियों को खाते हैं लेकिन ये फल और पौधों की जड़ों को भी चाव से खाते हैं। ये एकाकी व एक निश्चित क्षेत्र में घूमते हैं और रात्रि में विचरण करते हैं। ये अपना अधिकांश समय जमीन पर बिताते हैं यद्यपि ये फुर्ती से पेड़ पर भी चढ़ सकते हैं।

35. स्मॉल इण्डियन सिवेट (Small Indian Civet) *Viverricula indica*
लंबाई: 0.5 मी + पूंछ **कस्तूरी**
प्लेट । 5 अनुसूची ॥

स्मॉल इण्डियन सिवेट सारे शरीर पर चकत्ते लिये हुये भूरे रंग का होता है। इसकी पूंछ पर 8–10 गहरे रंग के छल्ले बने होते हैं। इसके हल्के रंग की गर्दन में काले निशान बने होते हैं। इसके शरीर के पृष्ठ भाग पर कलगी नहीं होती। ये मुख्यतः रात को सक्रिय होते हैं और पेड़ों पर व जमीन पर भी समान रूप से रह सकते हैं। यह शाकाहारी व मांसाहारी दोनों ही प्रकार का भोजन करते हैं। मुख्यतः ये छोटे जानवरों को खाते हैं लेकिन कभी कभी फल और बीजों को भी खा लेते हैं। यह हिमालय की तलहटी क्षेत्र में पहाड़ियों में बहुतायत मे पाये जाते हैं।

36. एशियन पाम सिवेट (Asian Palm Civet) *Paradoxurus hermaphrodites*
लंबाई: 0.6 मी + पूंछ **खटस**
प्लेट । 5 अनुसूची ॥

एशियन पाम सिवेट को टॉडी कैट भी कहा जाता है और संभवतया यह भारत का सबसे आम सिवेट है। इसका लंबा, गठीला शरीर मोटे, मैले कुचैले स्लेटी से बालों से ढका होता है। इसका रंग हल्के भूरे से गहरे भूरे रंग का होता है। इसकी पीठ पर धब्बों की एक श्रृंखला बनी होती है जो धारियों जैसी दिखाई देती है। इसके माथे पर एक सफेद रंग का निशान और दोनों आंखों के नीचे एक–एक छोटा सफेद धब्बा भी होता है। यह छितरे वनों और जंगलों में रहना पसंद करते हैं लेकिन ये बगीचों और गांवों के बाहरी क्षेत्रों में भी देखे जा सकते हैं। यह जमीन पर रहते हैं पर आदतन ये पेडों पर रहते हैं। ये शाकाहारी व मांसाहारी दोनों ही प्रकार का भोजन खाते हैं जिसमें फल, कड़े छिलके वाले सूखे फल, कीट और छोटे जानवरों शामिल हैं। यह खजूर के फलों व फूलों के रस के बहुत शौकीन होते हैं जिससे टॉडी बनाई जाती है। इसी से इनका नाम टॉडी कैट पड़ा है।

क्या आपको पता है ?

हाइना उन आवाजों को भी सुन सकते हैं जिन्हें मनुष्य के कानों से नहीं सुना जा सकता है। ये उन शिकारी पशुओं की आवाजों को भी मीलों दूर से सुन सकते हैं जो उनको मरे पशु तक पहुँचा सकते हैं।

37. हिमालयन पाम सिवेट (Himalayan Palm Civet) *Paguma larvata*
लंबाई: 0.6 मी + पूंछ **बिच्छू/बिज्जू**
प्लेट I 5 अनुसूची II

यह हिमालय का बड़ा स्लेटी भूरे रंग का सिवेट होता है। इसके शरीर का रंग हल्के से भूरे रंग का हो सकता है। इसकी पूंछ घनी, झबरैली होती है और इस पर कोई निशान नही होते। इसकी ठोडी और गर्दन काले रंग की होती है। ये पेड़ों व जमीन पर रहकर रात के समय सक्रिय हो जाते है। यह पर्वतीय जंगलों में 600 से 2,500 मी तक की ऊंचाई पर रह सकता है और अपने वास स्थलों में येलो–थ्रोटेड मार्टेन के साथ–साथ रहता है। अन्य सिवेट की तरह यह शाकाहारी व मांसाहारी दोनों प्रकार का भोजन खा सकता है जैसे फल, कीट और छोटे जानवर आदि।

38. येलो-थ्रोटेड मार्टेन (Yellow-throated Marten) *Martes flavigula*
लंबाई: 0.5 मी + पूंछ **चित्रोला/तुतराल**
प्लेट I 6 अनुसूची II

येलो–थ्रोटेड मार्टेन, मार्टेन परिवार (Mustelidae) का सदस्य है। ये मुस्टेलिड परिवार के सदस्य रंग बिरंगे होते हैं और इनका सिर काला, हल्के पीले रंग का गला, पीला सा शरीर और लंबी झबरैली काली पूंछ होती है। यह मुख्यतः हिमालय के जंगलों वाले इलाके में 2,800 मी तक की ऊंचाई पर पाये जाते हैं। यह भी शाकाहारी व मांसाहारी दोनों प्रकार का भोजन खा सकते है जिसमें फूलों के मकरंद और फल व छोटे हिरन तक शामिल हैं। येलो–थ्रोटेड मार्टेन एक निश्चित क्षेत्र में रहने वाला और दिन के समय सक्रिय शिकारी हैं जो अपने जोड़े या साथी के साथ शिकार करता है। यह मुख्यतः जमीन पर शिकार करता हैं लेकिन फुर्ती से पेड़ पर भी चढ़ सकता हैं। सर्दियों के मौसम में यह निचले क्षेत्रों में उतर कर गांवों व शहरों के बगीचों और कचरे के ढेरों पर भोजन की खोज करते दिखाई दे सकते है।

39. हिमालयन वीज़ल (Himalayan Weasel) *Mustela sibirica*
लंबाई: 0.3 मी + पूंछ **बाशनूग**
प्लेट I 6 अनुसूची II

हिमालयन वीज़ल, वीज़ल परिवार (Mustelidae) का सदस्य है। यह छोटे व जंग के रंग वाले, सफेद थूथन व गर्दन वाले होते हैं। इसकी पूंछ झबरैली होती है। यह हिमालय के शीतोष्ण जंगलों में 1,500 मी से 4,000 मी तक की ऊंचाई पर पाये जाते हैं खासकर पर्वतीय नगरों के बाहरी क्षेत्रों में वीज़ल छोटी–छोटी चिड़ियों और जानवरों का शिकार करते है। यह बहुधा चूजों के दड़बों पर आक्रमण करता है। यह दिन के समय सक्रिय रहता है परंतु रात के समय भी पूरी सक्रियता से घूम

सकता है। इसके बालों को पेंटब्रश बनाने में प्रयोग किया जाता है। जब यह चूजों के दड़बों या अन्य घरेलू जानवरों पर आक्रमण करती है उस समय अक्सर इसे मार दिया जाता है।

40. बीच मार्टेन (Beech Marten) *Martes foina*

लंबाई: 0.4 मी + पूंछ

प्लेट । 6 अनुसूची ॥

बीच मार्टेन को स्टोन मार्टेन भी कहते हैं। बीच मार्टेन जंगलों व खुले स्थानों पर पायी जाती हैं। बड़ी गिलहरी से कुछ ही बड़ी बीच मार्टेन हल्के से गहरे भूरे रंग की होती हैं। इनकी गर्दन सफेद रंग की होती है। इन्हें मुख्यतः 1,500 से 4,000 मी ऊंचे जंगलों और उच्च पर्वत में देखा जा सकता है। यह संध्या/रात को सक्रिय होती हैं। इन्हें पेड़ पर चढ़ने में और तैरने में महारत हासिल होती है। यह मांसाहारी व शाकाहारी दोनों प्रकार का भोजन कर सकती हैं जिसमें छोटे पक्षी, जानवर, फल व सूखे फल शामिल हैं। ये अपने वास स्थलों के आस–पास की पालतू मुर्गी के स्थानों को काफी नुकसान पंहुचाती हैं।

41. इण्डियन ग्रे मंगूस (Indian Grey Mongoose) *Herpestes edwardsii*

लंबाई: 0.4 मी + पूंछ **नेवला**

प्लेट । 6 अनुसूची ॥

नेवला मध्यम आकार का भूरे स्लेटी रंग का प्राणी है। इसके शरीर का अंदरूनी भाग हल्के रंग का और पैर गहरे रंग के होते हैं। इसके बाल गहरे स्लेटी रंग के होते हैं और इसके प्रत्येक बाल में अनेकों हल्के व गहरे रंग के पट्टे बने होते हैं। यह प्रायः खुले जंगलों, झाड़ झंकाड़ वाली जगहों पर या फिर मनुष्यों के रहने के स्थानों के आस–पास की खेतिहर जमीन पर पाया जाता है। यह बिलों में, पास–पास उगे छोटे पेड़ों से बनी झाड़ियों, घनी झाड़ियों, घने पेड़ों के बीच, चट्टानों यहां तक कि नालों में छुपा हुआ रहता है। यह बहुत साहसी होता है और हर चीज जानने को उत्सुक होता है परंतु सतर्क भी होता है। यह या तो जोडे में या अकेले ही रहता हैं लेकिन प्रजनन काल में इनके बड़े–बड़े परिवार साथ दिखाई पड़ते हैं। यह वर्ष भर प्रजनन करता है। मांसाहारी होने के कारण यह चूहे से लेकर सांप तक कई प्रकार के जीव जंतु खाता है। यह घरों के कूडे कचरे के ढेर से सड़ी गली वस्तुऐं भी खाता है।

42. स्मॉल इण्डियन मंगूस (Small Indian Mongoose) *Herpetes javanicus*
लंबाई: 0.45 मी + पूंछ **नेवला**
प्लेट । 6 अनुसूची ॥

यह छोटा मंगूस जैतूनी या गहरे भूरे रंग का होता है। यह भारतीय स्लेटी नेवले से काफी छोटा और ठिगना होता है और यह भारतीय नेवले जैसे स्लेटी मिश्रित सफेद रंग का नहीं होता। यह कई प्रकार के शहरी और ग्रामीण इलाकों में जैसे छितरे हुये वनों, बगीचों, झाड़ियों, खेतिहर भूमि और यहां तक कि रेगिस्तान में भी पाये जाते हैं। लोग इसे इण्डियन ग्रे मंगूस जितना अधिक नहीं जानते परंतु फिर भी यह काफी स्थानों पर पाया जाता है। यह रात और दिन दोनों ही समय सक्रिय रहता है और कई प्रकार के छोटे जीव जंतुओं व स्तनपायी, कुतरने वाले प्राणियों, पक्षियों व सरीसृप वर्ग के जंतुओं को खाते हैं। यह कूड़े कचरे के ढेर से सड़ी गली वस्तुएं भी खाते हैं।

43. इण्डियन पैंगोलिन (Indian Pangolin) *Manis crassicaudata*
लंबाई: 0.46 मी + पूंछ **बाजरा कपटा, बाजरा कीट**
प्लेट । 6 अनुसूची ।

इण्डियन पैंगोलिन या 'स्केली एंट ईटर' के शरीर पर गंदले रंग के एक दूसरे को ढकते हुये स्केल (scale) या शल्क पाये जाते हैं जो इनके शरीर के लिये कवच का कार्य करते हैं। यह खतरे के समय अपनी रक्षा के लिये अपने शरीर को मोड़कर गोलाकार बना लेता है। यह कीट भक्षी है जो मुख्यत: चींटियों के ढेर से व लकड़ी के सूखे तनों से अपने लंबे पंजों से निकालकर खाता है। यह अकेले रहते हैं व जमीन पर रहने वाले प्राणी होते है जो प्राय: रात को बाहर निकलते है और दिन के समय अपने गहन बिलों में आराम करते है। पैंगोलिन मनुष्यों की बस्तियों के आस पास के कम ऊंचाई वाले पर्णपाती व विरल वनों तथा झाड़ी वाले स्थानों में पाये जाते हैं।

44. ओरियंटल स्मूथ-कोटेड ऑटर *Lutrogale perspicillata*
(Oriental Smooth-coated Otter)
लंबाई: 0.6 मी + पूंछ **ऊदबिलाव**
प्लेट । 6 अनुसूची ॥

'ओरियंटल स्मूथ–कोटेड ऑटर' विश्व की उदबिलाव प्रजाति का सबसे छोटा प्राणी है। यह झीलों, नदियों और जल धाराओं जैसे पानी वाले स्थानों के पास रहते हैं। उनके शरीर का आकार पूर्णतया ऑटर जैसा ही लंबा छरहरा व मुलायम शरीर होता है। इनके शरीर के पूरे पृष्ठ भाग पर स्लेटी भूरे रंग के बाल होते हैं जबकि अंदरूनी भाग खासकर इनके चेहरे व गर्दन के रोंये हल्के रंग के होते हैं। ये दिन से सक्रिय होते हैं और बहुत अच्छे तैराक होते हैं। ये छोटे समूहों में रहते हैं और मछली, केकड़े, घोंघे, सीपधारी जंतु (crustaceans), जल–थलचर जंतु और अन्य छोटे प्राणियों को

खाते हैं। उत्तराखण्ड में पाये जाने वाले अन्य ऑटर यूरेशियन ऑटर (*Lutra lutra*) और ओरियन्टल स्माल–क्लॉड ऑटर (*Aonyx cinereus*) हैं। इन उदबिलावों को कॉर्बेट राष्ट्रीय पार्क जैसे संरक्षित क्षेत्रों में देखा जा सकता है।

45. शॉर्ट-टेल्ड बैंडीकूट रैट (Short-tailed Bandicoot Rat) *Nesokia indica*
लंबाईः 0.25 मी + पूंछ **बड़ा चूहा**
प्लेट। 6 अनुसूची V

शॉर्ट–टेल्ड बैंडीकूट रैट रोडेंट्स या कुतरने वाले जीवों की एक प्रजाति है जो पूरे भारत में पायी जाती है। यह सामान्यतया ऊपरी ओर भूरे रंग का व नीचे की ओर हल्का रंग लिये होता है। सर्दियों के मौसम में इनके बाल लंबे, घने और मुलायम होते हैं जबकि गर्मियों के मौसम में इनके बाल छोटे, छितरे हुये व ठूंठ जैसे हो जाते हैं। यह रोडेंट रात को विचरण करता है और प्रायः अपना समय अपनी सुरंग व कई कक्षों वाले बिल में व्यतीत करता है। प्रायः इसे भारत के शहरी व ग्रामीण क्षेत्रों की बस्तियों के आस पास देखा जा सकता है। यह नमी वाले स्थानों में रहता है और फसलों को खोद–खोदकर बहुत नुकसान पंहुचाता है। यह घास, अनाज, जड़ वाली वनस्पतियों और साग सब्जियों व फलों को खाता है। सियार, लोमड़ियां, जंगल कैट, सांप और घरेलू कुत्ते बिल्लियां इसे आसानी से अपना शिकार बना लेती हैं। बड़े बैंडीकूट रैट (Large Bandicoot Rat) (*Bandicota indica*) और लेसर बैंडीकूट रैट (Lesser Bandicoot Rat) (*Bandicota bengalenis*) इसी प्रकार के रोडेंट्स प्रजाति के जीव हैं जो उत्तराखण्ड में पाये जाते हैं।

46. लिटिल इण्डियन फील्ड माउस (Little Indian Field Mouse) *Mus booduga*
लंबाईः 6 सेमी + पूंछ **चूहा**
प्लेट। 7 अनुसूची V

कुतरने वाले परिवार की यह छोटा प्रजाति भारत, म्यांमार, नेपाल और श्रीलंका में पाई जाती है। यह प्रजाति चावल के खेतों या अन्य सिंचित खेतों में और ट्रॉपिकल व सब–ट्रॉपिकल सूखे पर्णपाती वनों में आमतौर पर पाई जाती है। गह अत्यधिक सूखे व रेतीले और झाड़ी–झंखाड़ वाले क्षेत्रों में भी पाई जाती है और फसलों के लिये अत्यंत नुकसानदायक हैं।

47. एटरूसकन पिग्मी श्रू (Etruscan Pygmy Shrew) *Suncus etruscus*
लंबाईः 5 सेमी + पूंछ **छछुंदर**
प्लेट। 7

सोरिसिडी (Soricidae) परिवार के प्राणी पिग्मी श्रू (छछुंदर) को धरती पर सबसे छोटा स्तनपायी माना जाता है। यद्यपि इसका आकार व वजन अलग अलग हो

सकता है पर कुछ वयस्क श्रू केवल 1.8 ग्राम तक के भार वाले होते हैं। इसका रंग हल्के भूरे से स्लेटी रंग का होता है। इसका थूथन लंबा होता है जिस पर छोटे–छोटे बाल होते हैं। श्रू प्रायः रात को सक्रिय होते हैं पर इसे दिन के समय भी देखा जा सकता है। ये मिट्टी में छेद बनाकर रहता हैं। यह कीड़े, केंचुए और अन्य छोटे जीव खाता है। यह यूरोप, अफ्रीका और एशिया की उपयुक्त जलवायु में बहुतायत से पाया जाता है। भारत में यह हिमालय में तलहटी क्षेत्र से 2000 मी या इससे भी ऊंची पहाड़ियों में पाया जाता है।

48. फाइव-स्ट्रिप्ड पाम स्क्विरल *Funambulus pennantii*
(Five-striped Palm Squirrel)
लंबाई: 0.15 मी + पूंछ **गिलहरी**
प्लेट । 7 अनुसूची IV

यह धारीवाली गिलहरी रोडेंट फैमिली की सदस्य है और इसे आमतौर पर हम अपने घरों के आस पास देखते हैं। इसके भूरे रंग के शरीर में पांच हल्के रंग की धारियां होती हैं और इसी कारण इसका यह नाम पड़ा। यह पूरे उत्तर भारत के मैदानी इलाकों व छोटे पहाड़ियों वाले क्षेत्रों में बहुतायत से पाई जाती है। यह प्रजाति हर प्रकार की परिस्थितियों में स्वयं को ढाल लेती हैं और यह दिन में सक्रिय होती है। यह कभी पेड़ों पर व कभी जमीन पर रहती हैं। यह आमतौर पर ट्रॉपिकल व सब–ट्रॉपिकल सूखे पर्णपाती वनों में, घास के मैदानों में, झाड़ी वाले स्थानों में, प्लांटेशनों, गांवों के बाग–बगीचों और शहरी क्षेत्रों में पाई जाती है। गिलहरियां मांसाहारी व शाकाहारी दोनों ही होती हैं और इनके भोजन में अनेक प्रकार की चीजें जैसे बीज, सूखे फल या मेवे गिरी, फूलों की कलियां, पौधों की कच्ची छाल, पत्तियां, कीट, फूल और भोज्य पदार्थ आदि शामिल हैं। यह अपना घोसला पेड़ों के कोटर में बनाती हैं।

49. रेड जायंट फ्लाइंग स्क्विरल *Petaurista petaurista*
(Red Giant Flying Squirrel)
लंबाई: 0.4 मी + पूंछ **उड़न गिलहरी**
प्लेट । 7

यह पश्चिमी हिमालय उड़न गिलहरी की आम प्रजाति है। व्यस्क गिलहरी का रंग लाल होता है व इसकी पूंछ गुच्छेदार होती है। इसकी आंखे बड़ी बड़ी (इससे इन्हें रात के समय देखने में आसानी रहती है) व भूरे रंग की और गले का रंग सफेद होता है। उड़ने वाली गिलहरी वास्तव में उड़ती नहीं है, वरन इसके शरीर के दोनों ओर व पैरों में त्वचा की झिल्ली होती है जिसका उपयोग यह एक पेड़ से दूसरे पेड़ पर जाने के लिये करती है। यह 100 मी तक उछल सकती है या फिसल सकती है। यह गिलहरी रात को सक्रिय होती हैं और इसकी आवाज प्रायः पेड़ों के बीच से

व पर्वतीय शहरों में बने हुये घरों की छतों से सुनाई पड़ती है। इसकी आवाज तेज व उबाऊ होती है जिसे यह बार–बार दोहराती हैं। यह गिरी या सूखे फल और बेर व कोमल तने इत्यादि खाती हैं। इनकी आवाज हिमालय के 1,500 मी से ऊंचे हिल स्टेशन्स के शीतोष्ण जंगलों में सुनाई पड़ती है।

50. इण्डियन पिपिस्ट्रॅल (Indian Pipistrelle) *Pipistrellus coromandra*

लंबाई: 4 सेमी **चमगादड़**

प्लेट । 7 अनुसूची V

चमगादड़ (Indian Pipistrelle) छोटे चमगादड़ों की एक आम प्रजाति है जो भारत के लगभग सभी शहरों और कस्बों में पाया जाती है। यह विभिन्न प्रकार के वास स्थलों में पाया जाता है। इसका बसेरा छोटे–छोटे समूहों में पेड़ों, घर की दीवारों व छत पर पड़ी दरारों, विशाल वृक्षों के खोह, साइनबोर्ड्स (signboards) आदि में होता है। अन्य सभी चमगादड़ों की तरह यह भी निशाचर या रात्रि में घूमने वाला प्राणी है। इसमें तुरंत उड़ान भरने की क्षमता तो है परंतु उड़ते समय यह अपने पंख धीरे–धीरे फड़फड़ाते हुये उड़ता है। इसका भोजन कीट पतंगे, मक्खियां, चींटियां और अन्य प्रकार के छोटे–छोटे कीट हैं। प्रायः यह भोजन की खोज में घरों के अंदर उड़कर आ जाता है।

51. इण्डियन फ्लाइंग फॉक्स (Indian Flying Fox) *Pteropus giganteus*

लंबाई: 25 सेमी **गदल, बदुर**

प्लेट । 7 अनुसूची V

यह पूरे भारत में पाया जाता है और संभवतया सबसे अधिक दिखाई पड़ने वाला चमगादड़ है। यह फ्रूट बैट (fruit bat) की ही एक प्रजाति है जो लोमड़ी की तरह से दिखाई पड़ती है। इण्डियन फ्लाइंग फॉक्स के बाल लाल रंग लिये हुये भूरे रंग के होते हैं। इसके सिर का आकार लोमड़ी की तरह होता है। यह ग्रामीण तथा शहरी

क्या आपको पता है ?

कि चमगादड़ उड़ने वाले अकेले स्तनपायी हैं। उड़ने वाली गिलहरी वास्तव में उड़ती नहीं है बल्कि एक पेड़ से दूसरे पेड़ तक अपने शरीर के दोनों ओर और पैरों के बीच की मुड़ी हुई त्वचा की सहायता से फिसलकर जाती हैं।

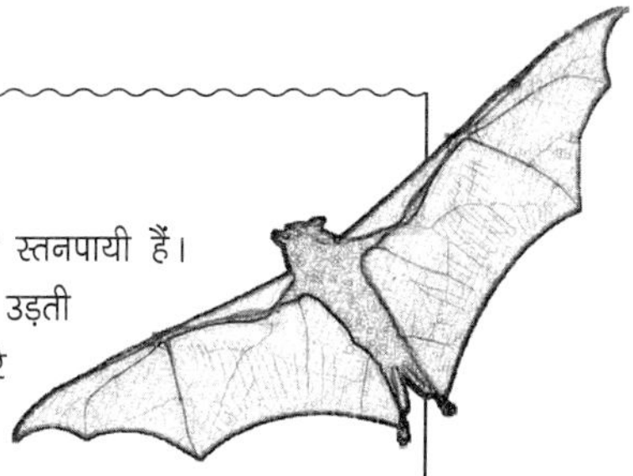

क्षेत्रों के पेड़ों के झुरमुट में, बाग बगीचों और यहां तक कि खेतों में भी पाये जाते हैं। यह 1.2 से 1.5 मी तक के पंखों के फैलाव वाला बहुत बड़ा चमगादड़ है। इस प्रजाति के चमगादड़ सौ से लेकर हजारो तक की संख्या में एक साथ विशाल कॉलॉनियों में रहते हैं। चमगादड़ फलों बेरों की खोज में अपने बसेरे से एक रात में कम से कम 150 किलोमीटर तक की दूरी तय करके वापस आ सकते हैं। इसके भोजन में कई प्रकार के जंगली व सामान्य पके फल जैसे आम व केले इत्यदि शामिल हैं।

52. ब्लैक-नेप्ड हेयर (Black-naped Hare) *Lepus nigricollis*
लंबाई: 0.4 मी **खरगोश**
प्लेट I 7 अनुसूची V

'ब्लैक नेप्ड हेयर' या खरगोश लगभग सारे भारतवर्ष में पाया जाता है। इसके कान लंबे होते हैं और बालों का रंग लालिमा लिये हुये भूरा या पूरा भूरे रंग के होता है जिसमे काले रंग के बाल भी मिश्रित होते हैं। यह रात को विचरण करता है और यदि आप जंगलों के बीच से यात्रा कर रहे हों तो गाड़ी की तेज रोशनी में प्रायः ये सहमे हुये से दिखाई पड़ते हैं। खरगोश छितरे हुये वनों के किनारे, घास के मैदानों झाड़–झंकाड़ वाले स्थानों आदि में रहते हैं। उनके रंग के कारण उन्हें घास के मैदानों में छुपने में बहुत मदद मिलती है। ये जोड़े में या अकेले रहते हैं और पौधों के कोमल तने व अन्य वनस्पतियां खाते हैं। उत्तराखण्ड के पर्वतीय नगरों में खरगोश तलहटी क्षेत्र से 2,500 मी ऊंचाई तक की पहाड़ियों व मैदानी क्षेत्र में पाये जाते हैं।

53. लार्ज-इयर्ड पीका (Large-eared Pika) *Ochotona macrotis*
लंबाई: 0.2 मी **रूंडा**
प्लेट I 7

'लार्ज इयर्ड पीका' हिमालय के एल्पाइन रेगिस्तानों और शंकूधारी वनों की चट्टानों में निवास करने वाला पीका प्रजाति का प्राणी है। इसका रंग भूरा स्लेटी होता है और इसके कान बहुत बड़े होते हैं। रॉयल पीका (*Ochotona roylei*) को देखकर लार्ज इयर्ड पीका को देखने का भ्रम हो सकता है परंतु रॉयल पीका के कान छोटे होते हैं। लार्ज इयर्ड पीका को 2,500 से 6,100 मी तक की ऊंचाई पर देखा जा सकता है। यह दिन के समय काफी सक्रिय रहता है और वनस्पतियों को खाता है जिसमें घास, पत्तियां, टहनियां, काई और लाइकेन आदि शामिल हैं। इस प्रजाति के कुछ सदस्य सर्दियों के लिये घास फूँस का ढेर इकट्ठा करते है। इनको गोविंद पशु विहार और केदारनाथ वन्यजीव अभयारण्य में आसानी से देखा जा सकता है।

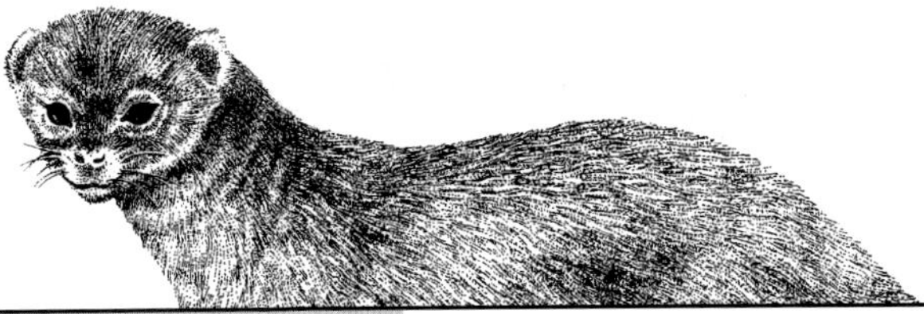

क्या आप बता सकते हैं ?

प्रश्न 1. हिमालय में ठंडे स्थानों में रहने वाली कई स्तनपायी प्रजातियां जाड़ों के मौसम में सुषुप्तावस्था (hibernation) शीत निद्रा में चली जाती हैं। सत्य या असत्य

प्रश्न 2. अंग्यूलेट (Ungulate) प्राणी कौन होते हैं?

प्रश्न 3. सभी स्तनपायी प्राणी अपने ही जैसे शिशुओं को जन्म देते हैं। सत्य या असत्य

प्रश्न 4. भारत में सबसे छोटा स्तनपायी प्राणी कौन सा है?

प्रश्न 5. चमगादड़ रात को अपना रास्ता किस प्रकार से ढूंढते हैं?

उत्तर पृष्ठ 268 पर देखें।

स्तनपायी या स्तनधारी जीव

1. टाईगर

2. लैपर्ड

3. स्नो–लैपर्ड या हिम तेंदुआ

4. लैपर्ड कैट

5. रस्टी स्पॉटेड कैट

6. फिशिंग कैट

7. जंगल कैट

स्तनपायी या स्तनधारी जीव

8. हनीबैजर या रतेल

9. भारतीय जंगली कुत्ता

10. बंगाल या इण्डियन फॉक्स

11. रेड फॉक्स

12. इण्डियन वुल्फ

13. जेकॉल

14. स्ट्राइप्ड हाइना

स्तनपायी या स्तनधारी जीव

15. एशियन एलीफेन्ट

16. सांभर

17. स्पॉटेड डियर

18. हॉग डियर

19. स्वॉम्प डियर

20. बार्किंग डियर या इण्डियन मुंटजैक

21. मस्क डियर

22. ब्ल्यू बुल (नर)

स्तनपायी या स्तनधारी जीव

23. हिमालयन थार,

24. हिमालयन घोरल

25. हिमालयन सराव

26. ब्ल्यू शीप

27. रीसस मॅकाक

28. हनुमान लंगूर

29. जंगली सुअर या वाइल्ड बोर

30. स्लॉथ बेअर्

स्तनपायी या स्तनधारी जीव

31. हिमालयन ब्लैक बेअर्

32. हिमालयन मारमॉट

32 a. हिमालयन मारमॉट

33. इण्डियन क्रेस्टेड पोरक्यूपाइन

34. लार्ज इण्डियन सिवेट

35. स्मॉल इण्डियन सिवेट

36. एशियन पाम सिवेट

37. हिमालयन पाम सिवेट

स्तनपायी या स्तनधारी जीव

38. येलो–थ्रोटेड मार्टेन

39. हिमालयन वीज़ल

40. बीच मार्टेन

41. इण्डियन ग्रे मंगूस

42. स्मॉल इण्डियन मंगूस

43. इण्डियन पैंगोलिन

44. ओरियंटल स्मूथ–कोटेड ऑटर

45. शॉर्ट–टेल्ड बैंडीकूट रैट

स्तनपायी या स्तनधारी जीव

46. लिटिल इण्डियन फील्ड माउस

47. एटरूसकन पिग्मी श्रू

48. फाइव स्ट्रिप्ड पाम स्क्विरल

49. रेड जायन्ट फ्लाइंग स्क्विरल

50. इण्डियन पिपिस्ट्रल

51. इण्डियन फ्लाइंग फॉक्स

52. ब्लैक–नेप्ड हेयर

53. लार्ज इयर्ड पीका

पक्षी

मादा क्रिमसन सनबर्ड (Female Crimson Sunbird) *Aethopyga siparaja*

पक्षी

अमित और नेहा वर्मा

पक्षी गर्म रक्तधारी व पंखों वाले प्राणी होते हैं। इनके मेरूदंड होता है और ये उड़ सकते हैं। धरती पर ये पूरे संसार में पाये जाते है। बर्ड वॉचिंग पूरे संसार में समय व्यतीत करने का एक अच्छा माध्यम है जो कुछ अंतराल के बाद शौक में बदल सकता है। इस पुस्तक में उत्तराखण्ड में पायी जाने वाली पक्षियों की 106 प्रजातियों के विषय में विस्तार से बताया गया है। यदि आप एक शौकिया पक्षी प्रेमी बनना चाहते हैं (जिन्हें ब्रिटेन में "ट्विचर" कहा जाता है) तो पक्षियों के विषय में अधिक जानने के लिये इस पुस्तक को अवश्य पढ़ें ....

बर्डवॉचिंग क्या है ?

बर्डवॉचिंग या बर्डिंग पक्षियों को पहचानना और उनको या उनके व्यवहार को देखकर या उनकी आवाजों के माध्यम से उनका पर्यवेक्षण करना है। वैसे तो यह कार्य अत्यंत आनंददायी है परंतु यदि इसे गंभीरतापूर्वक लिया जाय तो हमें इसके वैज्ञानिक पहलू की भी जानकारी हो सकती है जिसे 'ऑर्निथोलॉजी' कहते हैं। पक्षी अवलोकन से हम प्रकृति को मनोरंजक व ज्ञानवर्धक तरीके से जान सकते हैं। इसके अंतर्गत फील्ड से एकत्रित सभी जानकारियों को एकत्रित करके किसी भी नये व रहस्यमयी पक्षी को पहचान सकते हैं। बर्डिंग एक चुनौतीपूर्ण गतिविधि भी हो सकती है क्योंकि सभी पक्षी नैसर्गिक रूप से काफी चंचल व चपल और काफी गतिशील भी होते हैं फिर भी बर्डिंग से प्राप्त आनंद और संतुष्टि की कोई सीमा नहीं है। आज के भागदौड़ भरे व व्यस्त जीवन में इससे अधिक आनंद और संतुष्टि और शांतिपूर्ण एकांत से भरा अन्य कोई कार्य नहीं हो सकता।

जहां कहीं भी आप रहते है और चाहे कोई सा भी मौसम चल रहा हो पक्षियों को आप हमेशा देख सकते हैं। वे प्रातः काल उठकर चहचहाने लगती हैं और इनकी आवाजें रात के अंधेरे में भी सुनाई पड़ सकती हैं। दरअसल बर्डिंग किसी भी समय और कहीं भी की जा सकती है उदाहरण के लिये स्कूल जाते समय, उबाऊ कक्षाओं में खिड़की से बाहर झांकते हुये, स्कूल से लौटते समय, कार, बस व ट्रेन से यात्रा करते हुये, जंगलों, शहरों व गांवों से गुजरते हुये, गर्मियों, सर्दियों व बसंत के मौसम में और रात या दिन.... कभी भी आप पक्षियों को देखने का आनंद उठा सकते हैं।

बर्डिंग के लिये क्या वस्तुएँ आवश्यक है ?

इस कार्य के लिये आपको किसी बड़े ताम–झाम की नहीं बल्कि सतर्कता से देखने और सुनने की क्षमता की जरूरत है। लेकिन जैसे जैसे आप इस कार्य का आनंद उठाना प्रारंभ करेंगे आपको पक्षियों को ध्यान से देखने के लिये एक अच्छे बाइनॉक्युलर, फील्ड नोटबुक और पक्षियों से संबंधित एक अच्छी किताब की जरूरत भी पड़ सकती है। जो भी बाइनॉक्युलर आप लें उससे आपको देखने में कोई परेशानी न हो और उसे हाथों से भी सरलता से पकड़ा जा सके ताकि लंबी बर्ड वॉचिंग के दौरान वह उठाने में हल्का भी हो। अच्छा हो यदि इसमें 8x40 या 10x50 की विशिष्टता हों। फील्ड में, फील्ड गाइड और फील्ड नोटबुक से, रेखांकनों व फोटोग्राफ या इसके साथ पक्षियों से संबंधित किताब द्वारा पक्षियों की पहचान में सहायता मिल सकती है। नये व संजीदा बर्डवॉचर्स के लिये पुस्तक के अंत में उपयोगी फील्ड गाइड्स की सूची दी गई है।

फील्ड नोटबुक भी आपके द्वारा देखी गये पक्षियों के विवरण लिखने के लिये

बहुत महत्वपूर्ण है। इन पक्षियों के विषय में नोट्स लिखने और उनकी शारीरिक विशेषताओं व व्यवहार के चित्रों को बनाने से आपको इन पक्षियों के उड़ जाने के बाद भी इन्हें पहचानने में सहायता मिलेगी। किसी ऐसे मित्र को साथ में ले लें जिसे बर्डिंग का आपसे अधिक अनुभव हो। बर्डिंग से संबंधित किसी संगठन या समूह से जुड़ने से भी आपको काफी सहायता मिल सकती है। लेकिन इस कार्य के लिये सबसे अधिक आपको धैर्य की आवश्यकता है।

पक्षियों को कहाँ ढूंढना चाहिये ?

जैसा कि पहले भी बताया जा चुका है कि पक्षियों को आपके आस पास कहीं भी देखा जा सकता है– उदाहरण के लिये शहरों, गांवों, खेतों, खेती–खलिहानों, जंगलों, झाड़–झंखाड़ व पानी वाले स्थानों में आदि। लेकिन याद रखें कि अलग अलग स्थानों पर पाये जाने वाले पक्षी भिन्न होते हैं क्योंकि पक्षी भी अपने घरौंदों को बहुत सावधानी से चुनते हैं। कुछ पक्षी जैसे हरा कबूतर (Green Pigeon), सामान्य वन उल्लू (Brown Wood Owl), कोकलास फीजेंट आदि घने जंगलों में पाये जाते हैं जबकि काला तीतर (Black Francolin) और गौरय्या खुले स्थानों में रहना पसंद करती हैं। बगुला (Egret), रेल्स, बत्तख और हेरॉन्स पानी वाले स्थानों के पास पाये जाते हैं जबकि मैना, कौआ, गौरय्या, सामान्य कबूतर (Rock Pigeon), सामान्य खूसट (Spotted Owl) को शहरों व गांवों के आस–पास भी देखा जा सकता है।

पक्षियों को देखने का सही समय कौन सा है ?

क्या आपको मालूम है कि पक्षी दिन में किसी खास समय अधिक सक्रिय होते हैं। पक्षियों को देखने का सबसे अच्छा समय प्रातः काल है। रात में विचरण करने वाले पक्षियों जैसे उल्लू, छपका (Nightjar) आदि के अलावा आप शाम के समय बहुत ही कम पक्षियों को देख सकते हैं। इसके अतिरिक्त मौसम का भी ख्याल रखें जैसे शीतकाल दूर दराज से आये पक्षियों को देखने का सबसे अच्छा समय होता है जो लंबी दूरी तय करके जंगलों और पानी वाले स्थानों में रूककर आराम करते हैं।

पक्षी, पक्षी क्यों कहलाते हैं......

सभी पक्षियों के पंख होते हैं जो उन्हें अन्य जानवरों से अलग करते हैं। पक्षियों के पंख भिन्न प्रकार के होते हैं जैसे शरीर व परों को ढकने वाले सख्त पंखों से लेकर शरीर को गर्म रखने वाले नर्म मुलायम पंखों तक। सभी पक्षियों के पर (wings) उनकी छाती की शक्तिशाली मांसपेशियों से जुड़े होते हैं। जो इन्हें हवाई जहाज के पंखों की तरह ही हवा में सरलता से उड़ान भरने में सहायता करते हैं। किसी भी पक्षी की उड़ान उसके पंखों के आकार प्रकार पर ही निर्भर करती है। उदाहरण के लिये बाज और चील आदि ऊंची उड़ान भरने वाले पक्षियों के पंख लंबे व चौड़े होते हैं। जंगलों में रहने वाले पक्षी जैसे उल्लू और सॉन्गबर्ड्स के पंख पेड़ों व उनकी शाखाओं के बीच से उड़ने के लिये छोटे

छोटी डोरी नुमा शंकुधारी चोंच

टेढ़ी चोंच

बड़ी चपटी चोंच

लम्बी खोखली चोंच

सीधी लम्बी छेनीनुमा चोंच

मजबूत शंकुधारी चोंच

छोटी नुकीली चोंच

अत्यन्त छोटी चोंच

मजबूत टेढ़ी चोंच

लम्बी भाला के आकार की चोंच

मध्यम लम्बाई की चोंच

पतली एवं नुकीली चोंच

बड़ी नीचे की ओर घुमावदार चोंच

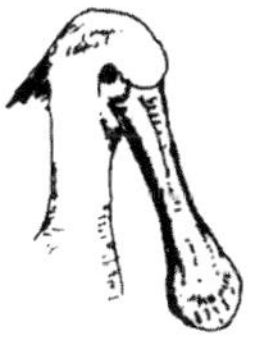

लम्बी मोटी चोंच

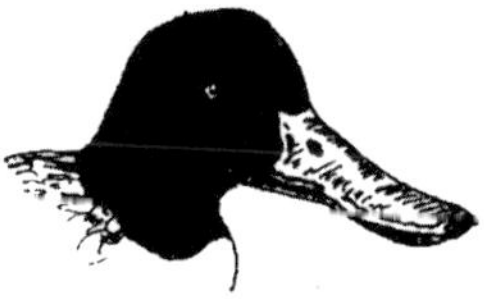

चोंच जो छन्नी की भांति है

पक्षियों के विभिन्न प्रकार की चोंच

छायाचित्र – *"Birds of Pune"*
कल्प वृक्ष एवं CEE

व चौड़े होते हैं। पक्षियों के अस्थिपंजर मजबूत परंतु हल्के होते हैं जो पक्षियों के अंदर के अंगो को सुरक्षा प्रदान करते हैं व उनकी उड़ान भरने वाली मांसपेशियों को भी सहारा देते हैं और उन्हें जमीन से ऊपर उड़ते समय हवा में बने रहने में सहायता भी देते हैं। अधिकांश पक्षी अन्य जानवरों की तुलना में बहुत अच्छी तरह से देख सकते हैं। उनकी बड़ी–बड़ी आंखे नजदीक व दूर की वस्तुओं पर बहुत अच्छी तरह से फोकस कर सकती हैं। पक्षियों के छोटे–छोटे छेदनुमा कान लगभग अदृश्य होते हैं जो पूरी तरह से पंखों से ढके होते हैं और सिर के दोनों ओर थोड़ा नीचे की ओर तथा आंखों के पीछे की ओर स्थित होते हैं। उल्लुओं की सुनने की शक्ति काफी अच्छी होती है जिससे उन्हें अपना शिकार ढूंढने में मदद मिलती है। पक्षियों की चोंच से पता लगाया जा सकता है कि वह किस प्रकार का भोजन खाते हैं। उदाहरण के लिये शिकार करने वाले पक्षियों की चोंच, शिकार को फाड़ने के लिये लंबी व मुड़ी हुई होती है जबकि सॉन्गबर्ड्स की चोंच छोटी होती हैं जिससे वे छोटे–छोटे कीटों को पकड़ते हैं। पक्षी अपनी चोंच का उपयोग खाना खाने, पानी पीने, अपने पंखों को संवारने, खुजलाने, अपने शत्रु पर आक्रमण करने व अपने बच्चों को खाना खिलाने के लिये करते हैं। चोंच की ही तरह पक्षियों की जीभ भी भिन्न–भिन्न प्रकार की होती है जिसकी सहायता से वे अपने भोजन को चखते, पकड़ते, चीरते व फाड़ते हैं। अधिकांश पक्षियों में उनकी पूंछ के आधार पर एक विशेष तैल ग्रंथि होती है जिससे एक प्रकार का तेल स्रावित होता है और इस तेल का उपयोग पक्षी अपने पंखों को साफ करने के लिये करते हैं। कुछ पक्षियों में यह तेल पंखों को जलरोधी बनाने में या पानी से सुरक्षित करने में सहायता करता है।

पक्षियों के पैर भी भिन्न–भिन्न प्रकार के होते हैं। चील और बाज जैसे शिकारी पक्षियों के पंजे तेज, लंबे और मुड़े हुये होते हैं जो शिकार को पकड़ने में सहायता करते हैं। बत्तखों के पांव झिल्लीदार (webbed) होते हैं और वे पानी में इनका उपयोग चप्पू की तरह से करते हैं। वुडपैकर या कठफोड़वा के पैरों में दो अंगूठे सामने की ओर व दो पीछे की ओर होते हैं जिससे उन्हें पेड़ों पर चढ़ने में सहायता मिलती है।

पक्षियों को जानें पहचानें

पक्षियों को पहचानने की कुंजी जल्दी से उनके शारीरिक निशानों को देखकर उन्हें पहचानना है। अतः पक्षियों के शरीर के भिन्न–भिन्न भागों व उनके नामों को जानना अत्यंत महत्वपूर्ण है क्योंकि पक्षियों का विवरण देने के लिये इन्हीं आधारभूत शारीरिक भागों का उपयोग किया जाता है।

पक्षियों का आकार व प्रकार, दूर से और कम ऊंचाई पर उड़ते समय उन्हें पहचानने का एक उपयोगी तरीका है। पक्षियों का उनके आकार के आधार पर, उनकी सामान्य पक्षियों जैसे गौरैया, मैना, कबूतर और चील आदि से तुलना करते हुये वर्गीकरण करने का प्रयास करें। इसके पश्चात् उस पक्षी की

गरदन, चोंच, पंख, पैर आदि के आकार प्रकार को देखें।

पक्षी हमारे मन को क्यों लुभाते हैं, इसका एक कारण है उनका रंग व उनका सुंदर आवरण (Plumage)। न केवल अलग–अलग प्रजाति के पक्षियों के शरीर की रंग व्यवस्था भिन्न होती है बल्कि एक ही जाति के पक्षियों में भी भिन्न–भिन्न रंग व्यवस्था हो सकती है। इनके शरीर का आवरण जीवन की भिन्न भिन्न अवस्था जैसे शैशवास्था, वयस्क व अल्पवयस्कावस्था में व इनके लिंगानुसार भी बदलता रहता है। क्या आप अंदाजा लगा सकते हैं कि नर व मादा पक्षी में से कौन ज्यादा आकर्षक रंगो वाला हो सकता है? मैं आपको शर्तिया बता सकता हूं कि आपका अंदाजा गलत था क्योंकि पक्षियों में प्रायः मादा को आकर्षित करने के लिये नर पक्षी अधिक सुंदर व आकर्षक रंगों वाले होते है। इसका सबसे सुंदर उदाहरण नर मोर है। यह चकित करने वाला सत्य है कि पक्षियों का व्यक्तित्व भी होता है। कुछ पक्षी जैसे कौआ हमेशा समतल या क्षैतिज (Horizontal) भंगिमा लिये रहता है जबकि कठफोड़वा उर्ध्व स्थिति में रहता है। इनके शरीर की गति भी बहुत महत्वपूर्ण होती है। कुछ पक्षी जैसे गौरय्या व तूती (Finches) आदि फुदकते हुये चलते हैं जबकि खंजन (Wagtails) व मैना आदि सामान्य रूप से चलते हैं। पक्षियों के खाना खाने के तौर तरीकों को भी गौर से देखें। कीटभक्षी (Flycatchers) कीट पतंगों को हवा में ही पकड़ लेते हैं। गंगरा (Tits) जमीन या सतह से ही कीटों को उठा कर खाते हैं। बुलबुल व बसन्ता (Barbets) बेर व फलों को खाती हैं, किलकिली (Kingfisher) मछली खाते हैं। उल्लू व चील आदि चूहे की प्रजाति या रोडेंट्स व अन्य पक्षियों को खाते हैं जबकि गिद्ध मरे हुये जानवरों को खाते हैं। कुछ पक्षी जैसे मैना (Starling), शोरबर्ड्स आदि हमेशा झुंड में पाये जाते हैं जबकि नीलकण्ठ/वनसरी (jays) और किंगफिशर अकेले रहना पसंद करते हैं।

इसके अतिरिक्त पक्षी संगीतमय भी होते हैं। प्रत्येक पक्षी की आवाज विशिष्ट व संगीतमय होती है और यदि हम इनको पहचान लें तो पक्षियों को पहचानना अत्यंत सरल हो सकता है क्योंकि आप देखते समय सीधा सामने देखते हैं जबकि सुनने के लिये आपको तुरंत चारों ओर से सुनाई देता हैं।

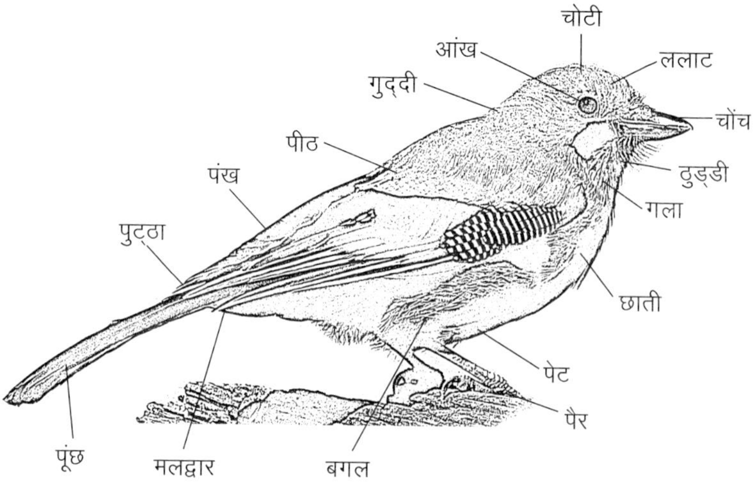

पक्षी के अंगों का विवरण

बर्डिंग करते समय क्या करें और क्या न करें ......

सभी कार्यों की भांति बर्डवॉचिंग के लिये भी अनुशासन व नीतिशास्त्र की अत्यंत आवश्यकता है। नीचे बर्डवॉचिंग से संबंधित कुछ सरल दिशानिर्देश दिये जा रहे हैं जिनका पालन बर्डवॉचिंग करते समय अवश्य करें .....

- जंगल के वातावरण से मेल खाते धूमिल रंग के वस्त्रों को ही पहनें ।
- पक्षियों को देखने जाते समय धीरे–धीरे और चुपचाप चलें और पूर्ण शांति बनाये रखें। जंगल में मोबाइल पर संगीत न सुनें।
- पक्षियों को दूर से देखें और उनके बहुत पास न जायें।
- उनके घोंसलों को न छुयें और न ही उनके अंडों व बच्चों को।
- किसी भी पक्षी या जंगली जानवर को खाना न खिलायें।
- जो भी कूड़ा कचरा आपने फैलाया है उसे अपने साथ ले जायं क्योंकि इसको खाने से पक्षी मर सकते हैं।
- जंगल में धूम्रपान न करें और न ही आग इत्यादि जलायें।
- जंगल में सदैव छोटे समूहों में जाएं क्योंकि बड़े समूहों से पक्षियों को परेशानी हो सकती है।
- आपने फील्ड में जो कुछ भी देखा है उसके नोट्स अवश्य बनायें। इसके लिये अच्छा होगा यदि आप नोट्स बनाने के लिये अगले पृष्ठ पर दी गई बर्ड वॉचर्स डायरी का प्रयोग करें।

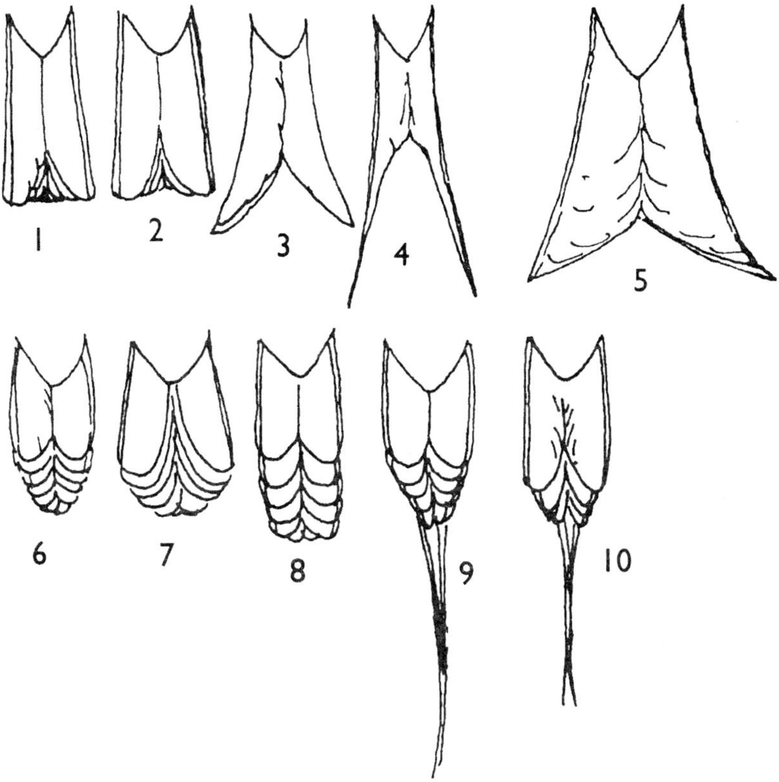

1. वर्गाकार – वैगटेल
2. हल्का कटाव – स्कायलार्क
3. दिषारिक्त – ड्रोंगो
4. लम्बे बाहर के पर – स्वैलो
5. वैज आकार – ब्लैक काइट
6. गोलाकार – ओरियोल
7. फनाकार – मिनिवेट
8. ग्रेजुएटेड – जंगल बैबलर
9. नुकीली – तोता
10. लम्बी मध्य में पर – ग्रीन बी-ईटर

विभिन्न प्रकार की पूंछें

छायाचित्र – *"Birds of Pune"*
कल्प वृक्ष एवं CEE

तीन पदांगुलियां आगे और एक पीछे, पकड़ने व बैठने के लिये

दो पदांगुलियां आगे और दो पीछे जिससे पेड़ के तने पर ऊपर चढ़ व उतर सकें

लम्बी व मुड़े हुए पंजे जिससे शिकार को पकड़ सके

चारों पदांगुलियां आगे की ओर चिपकने के लिये

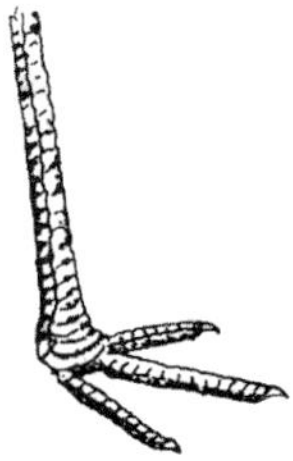

चारों पदांगुलियां आगे की ओर, भूमि में चलने और भागने के लिये

अत्यधिक लम्बे पदांगुलियां और पंजे, तैरती वनस्पति में आसानी से चलने के लिये

झिल्ली से जुड़ी पदांगुलियां जो तैरते समय पतवार का कार्य करे

पदांगुलियों के दोनों ओर चौड़ व चपटे भाग पानी में चलने के लिये

विभिन्न प्रकार के पैर

छायाचित्र – "Birds of Pune" कल्प वृक्ष एवं CEE

बर्डवॉचर्स डायरी

स्थान ....

दिनांक ....

समय ....

क्षेत्र/वास स्थान ....

मौसम ....

पक्षियों की पहचान या चिन्हित करना

आकार ....

रंग ....

निशान व प्रतिमान (Marking and pattern) ....

चोंच का आकार और प्रकार ....

पूंछ ....

पक्षी की उड़ान ....

पक्षी की आवाज (Call) ....

पक्षी का व्यवहार–पक्षी क्या कर रहा था ? ....

पक्षी का वास स्थान पक्षी को कहां देखा गया था ? ....

इस पुस्तक के पक्षी वाले अनुभाग में उत्तराखण्ड राज्य की 106 पक्षियों की प्रजातियों का विवरण दिया गया है। इस विवरण में प्रत्येक पक्षी की प्रजाति का सामान्य नाम, विशिष्ट नाम, वैज्ञानिक नाम और स्थानीय बोली का नाम हिंदी में दिया गया हैं। वर्ष 1972 के वन्यजीव सुरक्षा अधिनियम जिसके अंतर्गत पक्षियों को संरक्षण प्रदान किया जाता है उसे शिड्यूल 1, शिड्यूल 2 आदि की श्रेणी में वर्गीकृत किया गया है। पुस्तक के अंत में दी गयी प्लेट में पक्षियों के रंगीन फोटोग्राफ को दर्शाया गया है जिस प्लेट में पक्षी को उसकी प्रजाति के साथ दर्शाया गया है तो सरल उपयोग के लिये, उसका वर्णन प्रत्येक प्रजाति के साथ दिया गया है। पक्षी की ऊंचाई सेंटीमीटर में बताई गई हैं, यदि नर व मादा आकार में बिल्कुल भिन्न हैं तो उसका विवरण भी दिया गया है। पक्षी की लंबाई की माप उसकी चोंच के एक सिरे से पूंछ के सिरे तक की नपत दर्शाई गई है। कुछ पक्षियों के लिये जिनकी पूंछ की लंबी अत्यधिक है उनकी पूंछ की लंबाई सम्मिलित नहीं की गयी है और उनके विवरण में + पूंछ लिखा गया है। इसके बाद निम्न सामान्य पक्षियों जैसे गौरय्या 14 सेमी, बुलबुल 19 सेमी, मैना 22 सेमी, कबूतर 32 सेमी, तीतर 34 सेमी, कौआ 43 सेमी, चील 61 सेमी, बत्तख 61 सेमी, ग्रामीण मुर्गी 45 से 70 सेमी, गिद्ध 85 सेमी मोर 110 सेमी के सापेक्ष विभिन्न पक्षियों के आकार प्रकार का वर्णन दिया गया है। इन पक्षियों के सापेक्ष निम्न प्रतीकों का उपयोग किया गया हैः + (के सापेक्ष बड़ा), – (के सापेक्ष छो़टा), = एक ही आकार के पक्षी। नर के लिये (M) और मादा के लिये (F) लिखा गया है। यदि उनके आकारों में कुछ ज्यादा अंतर है तो उनके आकार को अलग से दिया गया है।

1. पॉण्ड हेरॉन (Pond Heron) *Ardeola grayii*
42–45 सेमी ग्रामीण मुर्गी + **अंधा बगला**
प्लेट I 8 अनुसूची IV

यह हर जगह पाया जाता है। उड़ान के समय इसके सफेद से पर दिखाई देते हैं जो इसकी गहरे रंग की पीठ के एकदम विपरीत होते हैं। वयस्क पक्षी का सिर व गरदन पीले बादामी रंग का होता है। प्रजनन के समय इसकी गरदन का शरीर को जोड़ने वाला भाग (Mantle) मैरून–भूरे रंग का हो जाता है। यह प्रायः समुद्र के किनारों पर व या ताजे पानी के आस पास की भूमि पर पाया जाता है जैसे तालाब, झील, नदी आदि।

2. इस्टर्न कैटल इग्रेट (Eastern Cattle Egret) *Bubulcus cormandus ibis*
48–53 सेमी ग्रामीण मुर्गी +– **गाय बगुला**
प्लेट I 8 अनुसूची IV

यह छोटे पैरों व पीली चोंच वाला बगुला सभी जगह पाया जाता है। यह छोटा व गठीले शरीर वाला होता है। प्रजनन काल में इसका सिर और गरदन का शरीर को जोड़ने वाला भाग (Mantle) नारंगी रंग का आवरण (plumage) हो जाता है। जब

इसका प्रजनन काल नहीं होता तो इसे देखकर अन्य प्रकार की बगुले का भ्रम हो जाता है खासकर इसी के आकार की छोटी इगरेट (*Egretta garzetta*) का भ्रम होता है जिसके पैर पीले रंग के होते हैं। ये अपने घोंसले पेड़ों पर अन्य हॅरॉन के घोंसलों के साथ ही बनाते हैं। इनका वास–स्थान नमी वाले घास के मैदान और भूमि पर स्थित जलाशयों के आस पास होता है।

3. लिटिल ग्रीब (Little Grebe) *Tachybaptus ruficollis*
25–29 सेमी कबूतर +– **छोटा डुबडुबी**
प्लेट I 8 अनुसूची IV

यह छोटे आकार का पक्षी प्रायः सभी जगह पाया जाता है। प्रजनन काल में इनके गाल व गरदन के बाल लाल रंग के हो जाते हैं जो प्रजनन काल की समाप्ति पर बादामी भूरे रंग के हो जाते हैं। अवयस्क ठीक इन्हीं की तरह ऐसे दिखते हैं जैसे ये प्रजनन काल की समाप्ति पर दिखाई देते हैं। ये अपने घोंसले पानी की सतह पर तैरते हुये नरकुल और अन्य वनस्पति जो मजबूती से सतह से जुड़े होते हैं पर बनाते हैं। इनकी आवाज तेज व तीखी 'पिक पिक पिक पिक' जैसी होती है। ये बहुधा ताजे पानी वाले स्थानों पर पाये जाते हैं।

4. ग्रेट कॉर्मोरेंट (Great Cormorant) *Phalacrocorax carbo*
80–100 सेमी बत्तख + **बड़ा पन कौवा**
प्लेट I 8 अनुसूची IV

यह भी प्रायः सभी जगह पाया जाता है। इस बड़े व भारी शरीर वाले कॉर्मोरेंट की गरदन मोटी, सिर कोणीय व चोंच गठीली होती है। प्रजनन काल में वयस्क कौओं का आवरण, परों का रंग या plumage चमकदार काले रंग का हो जाता है व चेहरे के बाल व त्वचा नारंगी पीले रंग के व गाल और गले और शीर्ष भी सफेद हो जाता हैं। इनकी जांघो पर भी सफेद रंग के चकत्ते आ जाते हैं। प्रजनन काल न होने पर इस पक्षी का रंग कालापन लिये हुये भूरा होता है तथा इसके सिर के परों का रंग सफेद नहीं होता है। इसको देखने पर इण्डियन कॉर्मोरेंट *Phalacrocorax fuscicolis* और छोटे कॉर्मोरेंट *Phalacrocorax niger* (4क) का भ्रम हो जाता है जो दोनों देखने में एक समान होते हैं और एक ही तरह के वास–स्थान पर पाये जाते हैं। यह जमीन के जलाशयों व समुद्रतट के आस–पास पाये जाते हैं।

क्या आपको पता है ?

कि बत्तख, कॉर्मोरेन्ट और पेलिकन के पैर झिल्लीदार होते हैं ताकि वह पानी में तैर सकें।

5. बार-हैडेड गूज़ (Bar-headed Goose) *Anser indicus*
71–76 सेमी बत्तख + **सरपटी सावन**
प्लेट I 8 अनुसूची IV

यह शीतकाल में प्रवास पर आने वाला पक्षी है जो मूलरूप से लद्दाख क्षेत्र में प्रजनन करता है। इसके पैर पीले रंग के व चोंच के अंत में काला निशान होता है। वयस्क पक्षी के सफेद सिर पर काली पट्टी तथा स्लेटी गरदन पर एक सफेद रेखा बनी होती है। तरुणावस्था में चेहरे का रंग सफेद और चोटी (crown) व गरदन का पिछला भाग गहरे स्लेटी रंग का होता है। इसके पक्षती (Plumage) हल्के स्टील ग्रे तथा अग्र पर एक समान हल्का स्लेटी रंग का होता है। प्रजनन के समय इसका वास स्थान ऊंचे स्थानों की झीलें तथा शीतकाल में बड़ी नदियां व झीलें होती हैं। इस पक्षी को आमतौर पर आसन बैराज पर देखा जा सकता है।

6. रडी शेलडक (Ruddy Shelduck) *Tadorna ferruginea*
61–67 सेमी बत्तख + **सुर्खाब**
प्लेट I 8 अनुसूची IV

यह पक्षी भी शीतकाल में प्रवास पर आता है और हिमालय में प्रजनन करता है। इसका शरीर जंग लगा नारंगी रंग का होता है। सिर बादामी से नारंगी व ऊपरी व अंदरूनी पर सफेद रंग के होते हैं। प्रजनन करने वाले नर के गले में एक काले रंग का पट्टा होता है। यह शाकाहारी व मांसाहारी दोनों ही प्रकार का भोजन करता है जैसे कोमल तने, जड़ें, जलीय कीट और केकड़े आदि। इसकी आवाज तेज व "आंग–आंग" करती हुई नाक से निकलती हुई प्रतीत होती है। भारतीय दंतकथाओं में नर व मादा पक्षी को क्रमशः चकवा चकवी कहा जाता है। दंतकथा के अनुसार नर व मादा पक्षी एक दूसरे को व्यथा से कराह–कराह कर बुलाकर आवाजें लगाते हैं। इनका वास–स्थान ताजा पानी में है। इस पक्षी को सामान्यरूप से आसन बैराज पर देखा जा सकता है।

7. ब्लैक-नेक्ड स्टॉर्क (Black-necked Stork) *Ephippiorhynchus asiaticus*
135 सेमी मोर + **लोहारजंग**
प्लेट I 8 अनुसूची IV

यह मैदानी इलाकों में बहुत कम पाया जाता है। इस पक्षी की चोंच और गरदन काली होती है, शरीर सफेद और पैर मूंगे के रंग के होते हैं जो इसकी खास पहचान हैं। इसका भोजन मछली, जल–थलचर प्राणी और अन्य छोटे छोटे जीव जंतु होते हैं। अन्य स्टॉर्क पक्षियों की तरह से ये आसमान की ऊंचाइयों में उठती गरम वायु के सहारे (Using the thermals) उड़ते हुये दिखाई देते हैं। ये विशाल जलाशयों या जलीय संरचनाओं (Water bodies) जैसे झीलों, नदियों और दलदलों में अकेले

या जोड़े में पाये जाते हैं। उत्तराखण्ड में ये आसन बैराज व झिलमिल झील जैसे जलाशयों के आस पास पाये जाते हैं।

8. एशियन ओपनबिल (Asian Openbill) *Anastomus oscitans*

68 सेमी बत्तख +– **घुंगिल**

प्लेट । 8 अनुसूची IV

यह मैदानी इलाकों में आम तौर से पाया जाता है। इस पक्षी की चोंच गठीली, धुंधले रंग की होती है और उसमें एक छोटा सा छिद्र होता है। प्रजनन काल में यह अधिकतर सफेद रंग का होता है जबकि सामान्य समय में इसका रंग स्लेटी सफेद हो जाता है। इसकी पूंछ व उड़ान वाले पंख काले होते है। ये अन्य हॅरॉन पक्षियों के साथ ही अपने घोंसले पेड़ों पर बनाता है। इसका वास–स्थान जमीन पर पाये जाने वाली जलीय संरचनायें होती हैं।

9. ब्लैक काइट (Black Kite) *Milvus migrans*

55–68 सेमी चील +– **सामान्य चील**

प्लेट । 9 अनुसूची ।

यह शीतकाल में प्रवास पर आने वाला व सामान्य तौर पर पाया जाने वाला पक्षी है। शहरों व गांवों में शिकार करने वाला यह आम पक्षी है। उड़ान के दौरान इसकी विशेष प्रकार की छिछली व कांटेदार पूंछ स्पष्ट रूप से दिखाई पड़ती है। यह उड़ान के दौरान अपने मेहराबदार परों व पूंछ को मोड़कर कई प्रकार के करतब कर सकती है। वयस्क पक्षी के परों का आवरण गहरे भूरे रंग का होता है। यह मनुष्यों के वास–स्थानों के आस–पास रहता है। खासकर कूड़े कचरे के ढेरों पर।

10. ब्लैक-शोल्डर्ड काइट (Black-shouldered Kite) *Elanus caeruleus*

31–35 सेमी कौआ – **कपासी चील**

प्लेट । 9 अनुसूची ।

अधिकांशतया यह मैदानी इलाकों में पाया जाता है। यह मध्यम आकार का होता है और इसका रंग स्लेटी व सफेद होता है और इसके दोनों पंखों में काले रंग का एक–एक चकत्ता होता है। इसकी उड़ान काफी लंबी होती है और अपने शिकार को पकड़ने से पहले यह काफी देर तक ऊपर मंडराता रहता है। इसका वास–स्थान घास के मैदान, खेतिहर जमीन और खुली झाड़ियां होती हैं।

11. ओरियंटल हनी बज़र्ड (Oriental Honey Buzzard) *Pernis ptilorhyncus*
57–60 सेमी चील +– **साहूटेला**
प्लेट । 9 अनुसूची ।

यह सभी जगहों पर पायी जाने वाली चील है। इसके पर और पूंछ लंबी व चौड़ी होती है। इसकी गरदन संकरी होती है और सिर कबूतर की तरह का होता है। यह अपने परों को समतल करके उड़ती है और इसके सिर पर छोटी कलगी भी होती है। इसके पक्षति काफी विविधता लिये होती हैं। यह अच्छे वृक्षदार स्थानों में रहती है।

12. हिमालयन ग्रिफॉन (Himalayan Griffon) *Gyps himalayensis*
115–125 सेमी गिद्ध + **हिमालयी गिद्ध**
प्लेट । 9 अनुसूची IV

यह हिमालय में सभी जगहों पर पाये जाने वाला सामान्य गिद्ध है। इसके पर और शरीर बादामी से सफेद रंग के होते हैं जो गहरे रंग के उड़ान वाले पंखों व पूंछ से स्पष्ट विभेद करते हैं। इसकी टांगे और पैर गुलाबी से रंग के और पंजे गहरे रंग के होते हैं। युवावस्था में इनके गले के आस पास के पंख भूरे रंग के होते हैं व चोंच और सेपट (Cere) प्रारंभ में काले होते हैं। इसका वास–स्थान हिमालय है और यह अपने घोंसले पहाड़ी के खड़े चटटानों पर बनाते हैं।

13. क्रेस्टेड सर्पेन्ट ईगल (Crested Serpent Eagle) *Spilornis cheela*
56–74 सेमी चील +– **डोगरा चील**
प्लेट । 9 अनुसूची IV

यह आम चील है जो वन तथा अच्छे वृक्षदार क्षेत्रों में पाये जाने वाले शिकार पर निर्भर है। यह भूरे रंग की होती है। इसकी कलगी और गरदन के पीछे के बाल काले रंग के होते हैं जिस पर सफेद रंग के निशान होते हैं। इसकी चोंच हुक जैसी और अगले सिरे पर पीला रंग लिये हुये होती है। इसके पैर बिना रोंयों के व पीले रंग के होते हैं। इसके शरीर का अंदरूनी भाग हल्के भूरे रंग का और स्लेटी रंग की धारियां लिये होता है। उड़ते समय इसके नमूनेदार पर और काली सफेद पूंछ की धारियां स्पष्ट रूप से दिखाई देती हैं। इसको उड़ते समय इसकी तेज चुभने वाली "कियां–कियां" की आवाज से सरलता से पहचाना जा सकता है। इसका भोजन सांप व अन्य जीव जंतु, कुतरने वाले जंतु, मेंढक जैसे जल थल चर प्राणी, छिपकलियां और छोटे पक्षी हैं। इसका वास–स्थान घने जंगलों में तलहटी से लेकर 2,000 मी तक की ऊंचाई वाले स्थान हैं।

14. खलीज फीजेंट (Khaleej Pheasant) *Lophura leucomelanos*
64 सेमी ग्रामीण मुर्गी + **सफेद छोटी खलीज**
प्लेट I 9 अनुसूची I

यह सबसे आम और उत्तराखण्ड में सभी जगह पाई जाने वाली फीजेंट है। यह ऊंचाइयों के अनुसार प्रवास करती है और शीतकाल में कम ऊंचाई वाले स्थानों में चली जाती है क्योंकि अधिक ऊंचाई वाले स्थानों में शीतकाल में भोजन की कमी हो जाती है। नर खलीज पूरी तरह से काले रंग का होता है और इसके पीछे के भाग पर सफेद रंग के चकत्ते होते हैं। इसकी कलगी और पूंछ भी काले रंग की होती है। इसका चेहरा पूरी तरह से लाल रंग का होता है। मादा खलीज का चेहरा भी लाल रंग का होता है परंतु शरीर का रंग पूरी तरह से भूरा होता है. यह आम तौर पर हिमालय की 3,700 मी तक ऊंची पहाड़ियों में पाया जाता है। इसका वास–स्थान झाड़ी वाले वन व उन गांवों के किनारे हैं जो पानी की धाराओं के पास हों।

15. कोकलस फीजेंट (Koklas Pheasant) *Pucrasia macrolopha*
नर 61 सेमी मादा 53 सेमी ग्रामीण मुर्गी +– **कोकलस**
प्लेट I 9 अनुसूची IV

यह पश्चिमी हिमालय के काफी ऊंचे स्थानों में पाया जाना वाला आम फीजेंट है। नर पक्षी ऊपरी ओर से, चितकबरे भूरे रंग का और नीचे की ओर लाल भूरे रंग का होता है। इसके चेहरे का रंग हरा होता है जिस पर आंखों के नीचे सफेद चकत्ता होता है जो इसकी सबसे अच्छी व सरल पहचान है। मादा पक्षी में भी सफेद चकत्ते होते हैं परंतु यह पूरी तरह से भूरी होती है। नर व मादा दोनों के ही सिर पर कलगी होती है। ये छोटे–छोटे झुंडों में रहते हैं और अपनी "खा–खा–खा" की तेज आवाज से सरलता से पहचाना जा सकता है, जो अधिकांशतया सवेरे सुनी जा सकती है। यह 2,000 और 4,000 मी ऊंचाई वाले शंकूधारी, ओक और बुराँस के जंगलों में आम तौर पर पाये जाते हैं लेकिन शीतकाल में यह कम ऊंचाई वाले स्थानों पर आ जाते हैं।

16. मोनाल फीजेंट (Monal Pheasant) *Lophophorus impejanus*
नर 70 सेमी, मादा 63.5 सेमी ग्रामीण मुर्गी + **मोनाल**
प्लेट I 10 अनुसूची I

यह हिमालय का निवासी उत्तराखण्ड का राज्य पक्षी है। इसको, इसके सुंदर परों के आवरण के लिये जाना जाता है। नर पक्षी रंग–बिरंगे हरे, चमकदार व बैंगनी रंग का होता है और इसकी पीठ पर एक सफेद चकत्ता होता है। इसकी पूंछ दालचीनी जैसे भूरे रंग की और कलगी का किनारा रंग–बिरंगा होता है। मादा पक्षी कम आकर्षक होती है। गला सफेद, कलगी छोटी और शरीर के अंदरूनी भाग में मोटी–मोटी

धारियां होती हैं। इसकी पूंछ के ऊपरी भाग में सफेद अर्धचंद्र तथा पूंछ के अन्तिम सिरे में सफेद धारी बनी होती है। यह गर्मियों में चट्टानी व घास से ढकी ढलानों में व शीतकाल में वनों में 2,000 से 4,500 मी की ऊंचाई पर पाया जाता है।

17. चीड़ फीजेंट (Cheer Pheasant) *Catreus wallichii*

नर 90–118 सेमी, मादा 61–76 सेमी ग्रामीण मुर्गी + **चीर**

प्लेट I 10 अनुसूची I

मध्य व पश्चिमी हिमालय पर रहने वाली यह भूरे–स्लेटी रंग की यह फीजेंट मुशकिल से जंगल में दिखती है। इसकी आंखों पर नीले रंग की आभा लिये लाल रंग का चकत्ता होता है, नर पक्षी की कलगी काफी उभरी हुई और पूंछ पर धारियां बनी होती हैं। इसको सामान्यतया 5–6 पक्षियों के झुंड में देखा जा सकता है। इसकी आवाज तेज होती है और "चिरा पीर...चिरा–पीर" की ध्वनि करती हुई दूर से सुनी जा सकती है। यह हिमालय में 1,500 से 3,500 मी तक की ऊंचाई पर घने जंगलों में घास वाली ढलानों पर पाया जाता है।

18. वैस्टर्न ट्रैगोपॅन (Western Tragopan) *Tragopan melanocephalus*

नर 68–73 सेमी, मादा 60 सेमी, ग्रामीण मुर्गी + **पश्चिम लुंग**

प्लेट I 10 अनुसूची I

यह एक सुंदर पक्षी है जो हिमालय का निवासी हैं। नर की गरदन का अगला भाग नारंगी होता है। इसके शरीर का काला सा ऊपरी भाग सफेद रंग के धब्बों से भरपूर होता है। इसकी गरदन का पिछला भाग लाल रंग का, व चेहरे की त्वचा लाल होती है जबकि मादा के शरीर के ऊपरी भाग का रंग गहरे स्लेटी भूरा होता है। इसका वास–स्थान शीतोष्ण और सब–एल्पाइन जंगल होते हैं।

19. रेड जंगल फाउल (Red Junglefowl) *Gallus gallus*

नर 65–75 सेमी, मादा 42–46 सेमी, ग्रामीण मुर्गी +– **लाल जंगली मुर्गा**

प्लेट I 10 अनुसूची IV

मैदानी क्षेत्रों व निम्न हिमालयी क्षेत्रों में रहने वाला यह एक बहुत ही आम पक्षी है। नर पक्षी का रंग नारंगी होता है और गले पर सुनहरे पीले रंग के पर होते हैं। इसके शरीर के नीचे की ओर के पंख काले भूरे रंग के होते हैं और इनके द्वितीयक पंख नारंगी रंग के होते हैं। मादा पक्षी का शरीर सुनहरे रंग के शॉल पर काली धारियां लिये हुये होते है और शरीर के निचले भूरे भाग में धूमिल पीली रंग की धारियां होती हैं। इसका वास–स्थान पेड़ो के नीचे वनस्पति में और झाड़ झंकाड़ वाले इलाके में होता हैं।

20. ब्लैक फ्रैंकोलिन (Black Francolin) *Francolinus francolinus*

34 सेमी तीतर +– **काला तीतर**

प्लेट I 10 अनुसूची IV

ग्रामीण परिवेश में आमतौर पर पाय जाने वाला यह एक आम पक्षी है। नर पक्षी का मुंह काला, कान पर बने सफेद धब्बे, गहरा बादामी गुलबन्द तथा सफेद चकत्ते युक्त काला अधर भाग जबकि मादा के गले का पिछला हिस्सा गहरा बादामी, ऊपरी भाग में धारीदार दिखावट तथा अधर भाग लाठीधार या चकत्तीदार होता है। इसकी आवाज बहुत ऊंची 'थीक–थीक–थीक' जैसी सुनाई देती है। इसी की तरह से दिखाई देने वाला ग्रे फ्रैंकोलिन *Francolinus pondicerianus* का रंग काला नही होता है और इसके नर पक्षी के गले का रंग पीला होता है। इसका वास–स्थान कृषि भूमि, ऊंची घास और झाड़ वाले स्थान होते हैं।

21. इण्डियन पीफाउल (Indian Peafowl) *Pavo cristatus*

नर 180–230 सेमी, मादा 90–100 सेमी ग्रामीण मुर्गी + **मोर, मोरनी**

प्लेट I 10 अनुसूची I

मोर भारत का राष्ट्रीय पक्षी है। यह तराई और फुटहिल्स में पाया जाता है। नर पक्षी की छाती और गरदन नीले रंग की होती है और इसकी ऊपरी पूंछ के लंबे पंख चमकदार हरा रंग असंख्य आंखनुमा चकत्तियां लिये अत्यंत शानदार होते हैं। जबकि मादा पक्षी की ऊपरी पूंछ के पंख लंबे नहीं होते। मोरनी का चेहरा और गला सफेद होता है। शैशवावस्था में मोरनियों का रंग भूरा होता है। इनका वास–स्थान जंगलों के नीचे छोटे–छोटे पेड़–पौधों व गांवों में खेतों के इर्द–गिर्द होता है।

22. सारस क्रेन (Sarus Crane) *Grus antigone*

156 सेमी गिद्ध + **सारस**

प्लेट I 10 अनुसूची IV

यह देश का सबसे लंबा पक्षी है। वयस्क पक्षी का रंग स्लेटी और पंख रहित, सिर व गरदन का ऊपरी भाग लाल रंग का होता है। इसकी कलगी राख जैसे या धूमिल हरे रंग की होती है। उड़ान के दौरान इसके काले प्राथमिक पंख इसके बाकी के पंखों के विपरीत दिखते हैं। इसकी आवाज तेज तुरही (Trumpet) की तरह होती है। नर व मादा पक्षी बहुधा इस तरह की आवाज को युगल स्वरों (Duet) में निकालते हैं। सारस पक्षी का जोड़ा जीवनभर साथ रहता है। शारीरिक संसर्ग से पहले ये लंबे समय तक एक दूसरे को रिझाते हैं। वास–स्थानों की कमी के कारण इनकी संख्या में काफी गिरावट आई है। इसका वास–स्थान जल युक्त खेत–खलिहान होता है।

23. कॉमन मूरहेन (Common Moorhen) *Gallinula chloropus*
32–35 सेमी तीतर + **सामान्य जलमुर्गी**
प्लेट I 10 अनुसूची IV

यह बहुतायत में पाई जाने वाली निवासी और शीतकाल की प्रवासी पक्षी है। इसके विशिष्ट रंग के कारण इसकी पहचान करना सरल है। प्रजनन काल में वयस्क पक्षी की चोंच लाल रंग की होती है जिसका सिरा पीले रंग का व कवच लाल रंग का होता है जबकि सामान्य काल में इसकी चोंच और टांगे धूमिल रंग की होती हैं। बैंगनी मूरहेन (*Porphyrio porphyria*) बैंगनी रंग की होती है और इसको भी इसी तरह के वास–स्थानों पर देखा जा सकता है। इनका वास–स्थान ताजे पानी के आस पास के स्थानों में होता है।

24. व्हाइट-ब्रेस्टेड वॉटरहेन (White-breasted Waterhen) *Amaurornis phoenicurus*
32 सेमी तीतर +– **सफेद–छाती जलमुर्गी**
प्लेट I 11 अनुसूची IV

यह बहुतायत में पाया जाने वाला निवासी पक्षी है। वयस्क पक्षी के शरीर के ऊपरी भाग का रंग स्लेटी होता है और चेहरे का रंग सफेद होता है। माथे और छाती और पूंछ का निचला भाग दालचीनी जैसे भूरे रंग का होता है। यह बहुत ही आम जल–मुर्गी अक्सर गांव के तालाबों के किनारे पाई जाती है। यह अत्यंत सावधानीपूर्वक अपनी पूंछ को झटका देकर चलती है। यह शाकाहारी व मांसाहारी दोनों प्रकार का भोजन खाती है जैसे कीट, मेंढक, केंचुए व कोमल तने व जड़ें खाती है। इनका वास–स्थान ताजे पानी के आस पास, जहाँ छुपने की जगह पौधों में हो, वहाँ होता है।

25. ब्लैक-विंग्ड स्टिल्ट (Black-winged Stilt) *Himantopus himantopus*
35–40 सेमी तीतर – **गजपांव**
प्लेट I 11 अनुसूची IV

यह निवासी पक्षी है जो कि सभी जगह मिलता है। इस पक्षी को इसकी सुंदर छरहरी काया से आसानी से पहचाना जा सकता है। इसकी टांगे लंबी व गुलाबी रंग की होती हैं और चोंच सीधी व सुंदर होती है। उड़ान के समय यह कर्कश 'किप–किप' की आवाज करता है। यह भी कीट पतंगे, केकड़े, कीड़े और जलीय कीटों को खाता है और अक्सर खाते समय अपने सिर को पानी में डुबो देता है। यह ताजे पानी वाली आर्द्र भूमि में, नमकीन पानी के दलदल व खारे पानी में पाया जाता है।

26. रेड-वॉटल्ड लैपविंग (Red-wattled Lapwing) *Vanellus indicus*

32–35 सेमी तीतर + **शरीरी टिटहरी**

प्लेट I 11

यह बहुतायत में पाया जाने वाला यहां का सामान्य निवासी है और शहरी घास युक्त मैदानों को आम देखा जाता है। इसके सिर पर काली टोपी सी लगी होती है। छाती काले रंग की, काले रंग के सिरे वाली लाल चोंच और पीली टांगे होती हैं। इसकी आंख के पास की त्वचा लाल रंग की होती है जिसको वॉटल (wattle) कहा जाता है। इसी की तरह दिखने वाली येलो वॉटल्ड लैपविंग *Vanellus malabaricus* का वॉटल पीले रंग का होता है। इसकी आवाज काफी तेज दोष देती हुई प्रतीत होती है "टी–टी टियु" या "डिड–यू–डू–इट" ? यह बहुधा रात के समय आवाज देता है। जब इसको घोसले के समीप परेशान किया जाता है तो अपने शत्रु का ध्यान भंग करने के लिये यह ऐसा दिखाता है मानों इसके पंख टूट गये हों। इनके वास–स्थान पानी के पास वाले खुले व समतल घास के मैदान होते हैं।

27. रॉक पिजन (Rock Pigeon) *Columba livia*

33 सेमी कबूतर +– **सामान्य कबूतर**

प्लेट I 11

यह स्लेटी रंग का पक्षी हर जगह पाया जाता है जिसकी पूंछ स्लेटी रंग की होती है और पूंछ के सिरे पर एक काले रंग का पट्टा होता है। इसके पंखों पर चौड़े काले रंग की पट्टियां होती हैं। इसकी फैरल (feral) आबादी कई प्रकार की होती है जो रंग और नमूने में एकदम अलग अलग होते हैं। शहरी पक्षी गांवों और कस्बों के आस पास रहते हैं और जंगली पक्षी खंडहरों और चट्टानों पर पाये जाते हैं। स्नो पिजन *Columba leuconota* 1,500 मी से ऊपर के हिमालयी क्षेत्र में पाया जाता है उसके सिर का रंग काला और पूंछ पर एक सफेद पट्टा होता है।

28. वैज-टेल्ड ग्रीन पिजन (Wedge-tailed Green Pigeon) *Treron sphenura*

33 सेमी कबूतर +– **कोकिला, खुरपा–पूंछ कबूतर**

प्लेट I 11 अनुसूची IV

यह हिमालय का सामान्य निवासी हरे रंग का कबूतर है जो बहुधा पेड़ के शीर्ष भाग पर बैठा रहता है। इस का नाम इस की छोटी त्रिभुजाकार (wedge shaped) पूँछ पर आधारित है। नर पक्षी के ऊपरी पखों पर कत्थई रगं होता हैं जबकि मादा का सिर एक समान हरे रंग का होता है। यह मुख्यतः फल खाने वाला है जैसे बेर आदि। इसकी बहुत मधुर सीटी जैसी आवाज जंगलों मैं गूंजती रहती है। इसको देखकर इसी की तरह से आवाज करने वाले व अन्य प्रकार के हरे कबूतर का भ्रम हो सकता है। इसका वास–स्थान निचले तथा उप शीतोष्ण चौड़ी पत्ती के पेड़ों वाले जंगल होते हैं।

29. स्पॉटेड डव (Spotted Dove) *Streptopelia chinensis*

30 सेमी कबूतर – **चित्रोखा फांख्ता**

प्लेट I 11 अनुसूची IV

यह मैदानी क्षेत्रों में अधिकांश जगह में पाया जाने वाला निवासी पक्षी है। इसके शरीर का ऊपरी भाग धब्बेदार होता है और गरदन पर काले सफेद चारखाने वाले चकत्ते होते हैं। इसकी आवाज गहरी "क्रू क्रू क्रूऊऊऊ" जैसी होती है। यह खेतों के आस पास, रिहायशी क्षेत्रों और खुले जंगलों के आस पास दिखाई देता है।

30. रोज-रिंग्ड पैराकीट (Rose-ringed Parakeet) *Psittacula krameri*

42 सेमी मैना + पूंछ **सामान्य तोता**

प्लेट I 11 अनुसूची IV

यह अधिकांश स्थानों में पाया जाने वाला यहाँ का निवासी पक्षी है। इसका सिर हरे रंग का और पूंछ का सिरा नीला–हरे रंग का होता है। नर पक्षी की ठुड्डी पर काली पट्टी और कॉलर गुलाबी होता है। यह अपना घोंसला पेड़ के कोटर में बनाता है। इसका भोजन फल, अनाज, बीज और खाद्यान्न हैं। यह बहुधा फसलों पर अपने झुंड के साथ टूट पड़ता है और फसल को भारी नुकसान पंहुचाता है। यह तीखी "की–आक" की ऊंची ध्वनि उत्पन्न करता है जिसे एक बार आप सुन लें तो तुरंत पहचान लेंगे। इसका वास–स्थान जंगल, घने वन और खेत खलिहान होते हैं। यह शहरों में दिखने वाला आम तोता है।

31. स्लेटी-हेडेड पैराकीट *Psittacula himalayana*
(Slaty-headed Parakeet)

42 सेमी मैना + पूंछ **स्लेटी सिर वाला तोता**

प्लेट I 11 अनुसूची IV

यह हिमालय का सामान्य निवासी पक्षी है। इसका गहरे स्लेटी रंग का सिर इसकी विशेषता है, इसकी चोंच लाल पीली होती है, शरीर का ऊपरी भाग गहरे हरे रंग का और पूंछ पीले रंग के सिरे वाली होती है। इसको देखकर प्लम हेडेड पैराकीट

क्या आपको पता है ?

कि बार हेडेड गूज़ को पर्वतारोहियों ने 28,000 फीट की ऊंचाई पर माउंट एवरेस्ट पर उड़ते देखा है।

Psittacula cyanocephala (31 क.) का भ्रम हो सकता है। इसकी तेज आवाज दोहरे "क्रींयू क्रींयू" जैसी होती है। यह खुले वनों तथा जंगलों में रहता है।

32. पाइड क्रेस्टेड कुक्कू (Pied Crested Cuckoo) *Clamator jacobinus*

33 सेमी मैना +– **अब्लाक चातक**

प्लेट । 12 अनुसूची IV

यह निवासी तथा प्रवासी पक्षी भी है और कई क्षेत्रों में पाया जाता है। इसका ऊपरी शरीर काले रंग का और निचला भाग सफेद होता है। इसके सिर पर शिखा (crest) होती है। इसकी आवाज धातु जैसी "पियु–पियु, पी–पी पियु" की ध्वनि करती हुई सुनाई देती है। चातक मानसून से पहले आने वाला प्रवासी पक्षी है और ऐसा माना जाता है इसका आना मानसून की दस्तक है। यह जंगलों मे, खुले वनों मे, और अर्ध–रेगिस्तानी क्षेत्र की झाड़ियों में वास करता है।

33. ग्रेटर कूकल (Greater Coucal) *Centropus sinensis*

48 सेमी कौआ + **बड़ा महोक**

प्लेट । 12

यह बहुतायत से पाया जाने वाला निवासी पक्षी है। यह भद्दा, कौए के आकार का, कत्थई रंग के पंखों वाला पक्षी है। यह अधिकतर जमीन पर रहता है और कीट–पतंगे, घुन आदि खाता है। इसके शिशुओं के शरीर पर बहुत सी धारियां होती है। इसकी आवाज गहरी "ऊप–ऊप–ऊप–ऊप" जैसी होती है। इसका वास–स्थान लंबी घास वाली भूमि, झाड़–झंखाड़, बाग बगीचे और लताकुंज आदि होते हैं।

34. स्पॉटेड आउलेट (Spotted Owlet) *Athene brama*

21 सेमी मैना +– **सामान्य कुसत**

प्लेट । 12 अनुसूची IV

यह अधिकांश स्थानों में पाया जाने वाला सामान्य शहरी उल्लू है। इसके शरीर के ऊपरी भागों में सफेद चकत्ते होते हैं और शरीर के निचले भाग में धुंधले भूरे रंग के धब्बे होते हैं। इसकी आवाज कर्कश चीख और "चिरूर चिरूर चिरूर" की ध्वनि पैदा करती है। ये अपने घोंसले पेड़ के कोटर में और बड़े बड़े भवनो व दीवारों के छेदों में बनाते हैं। वैसे तो ये उल्लू रात में विचरण करते हैं पर कभी–कभी इन्हें दिन के समय भी देखा जा सकता है। उल्लू को देखकर कभी कभी एशियन बार्ड आउलेट *Glaucidium cuculoides* का भ्रम हो सकता है जो दिन में विचरण करते हैं। इसका वास–स्थान बस्तियां व खेत खलिहान होते हैं।

35. ब्राउन फिश आउल (Brown Fish Owl) *Ketupa zeylonensis*

56 सेमी चील – **अमराई का घुग्घू, उल्लू**

प्लेट। 12 अनुसूची IV

यह लाल भूरे रंग के कानों वाला और रात को दिखाई पड़ने वाला उल्लू है। इसके शरीर के निचले भाग पर कई काली धारियां होती हैं और इसके पंखों पर काले ही रंग के चारखाने बने होते हैं। इनकी यही विशेषता इन्हें, इन्हीं की तरह से दिखने वाले टॉनी फिश आउल *Ketupa flavipes* से अलग करती है जो इससे कुछ अधिक भूरे रंग के होते हैं। इनको देखने से डस्की ईगल आउल *Bubo coromandus* का भी भ्रम हो सकता है, जिसके शरीर के निचले भाग में भी काली धारियां होती हैं परंतु यह धुंधले स्लेटी रंग की होती हैं। इसकी आवाज गहरी "ह्यूम–ह्यूम" जैसी सुनाई पड़ती है। यह तलहटी से लेकर हिमालय की 1,500 मी तक ऊंची पहाड़ियों में बहते पानी के पास वाले खुले जंगलों में रहता है।

36. लार्ज-टेल्ड नाइटजार (Large-tailed Nightjar) *Caprimulgus macrurus*

28 सेमी कबूतर – **छपका**

प्लेट। 12 अनुसूची IV

यह रात को दिखाई पड़ने वाला यहां का निवासी पक्षी है। इसका रंग भूरा होता है जिस पर बादामी और काले रंग का मिश्रित रंग होता है। यह अन्य नाइटज़ार पक्षियों की तरह से ही होता है परंतु इसको इसकी आवाज से अच्छी तरह से पहचाना जा सकता है। इसकी आवाज "चौंक चौंक चौंक......" जैसी सुनाई पड़ती है जिसको यह रात के समय बार–बार दोहराता है। बहुधा यह रात को जंगलों की सड़क पर बैठा हुआ पाया जाता है और वाहनों की तेज रोशनी में यह बुरी तरह से सहम जाता है। इसका भोजन मुख्यतः कीट पतंगे हैं। यह प्रायः पर्णपाती वनों में रहता है।

37. कॉमन किंगफिशर (Common Kingfisher) *Alcedo atthis*

16 सेमी गौरैया + **छोटा किलकिला**

प्लेट। 12 अनुसूची IV

यह बहुतायत से पाया जाने वाला निवासी व तेज उड़ने वाला छोटा पक्षी है। इसकी चोंच लंबी और लाल व काले रंग की होती है। इसके कानों के पर नारंगी रंग के होते हैं, सिर व पंखों का रंग हरा रंग लिये नीला होता है और इसके सिर से पीठ तक एक फिरोजी रंग की धारी पाई जाती है। इसको अक्सर जल–धाराओं के आस–पास चट्टानों और बड़े बड़े पत्थरों पर बैठा हुआ देखा जा सकता है। इसकी आवाज तीखी 'ची–ची–ची' की जैसी सुनाई पड़ती है। इसका भोजन मछलियां और जलीय कीट होते हैं। इसका वास–स्थान खुले स्थानों के ताजे पानी के स्रोत हैं।

38. व्हाइट-थ्रोटेड किंगफिशर (White-throated Kingfisher) *Halcyon smyrnensis*

28 सेमी मैना + **सफेद छाती किलकिल**

प्लेट । 12 अनुसूची IV

यह बहुतायत में पाया जाने वाला पक्षी है। इसको इसकी सफेद रंग की छाती व गले, भूरे सिर और शरीर के ऊपरी भाग से आसानी से पहचाना जा सकता है। इसके शरीर का अधिकांश निचला भाग फिरोजी रंग का होता है। इसकी चोंच लंबी, सुदृढ़ और लाल रंग की होती है। बहुधा इसे शहरों व गांवो में पानी के स्रोत से दूर तक देखा जा सकता है। इसकी "कि कि कि......" की आवाज बहुत तेज खड़खड़ाहट वाली हंसी जैसी होती है। यह खेत खलिहानो, जंगल के किनारों और बाग बगीचों में रहता है।

39. क्रेस्टेड किंगफिशर (Crested Kingfisher) *Megaceryle lugubris*

41 सेमी कौआ +– **ताजदार किलकिला**

प्लेट । 12 अनुसूची IV

यह हिमालय पर पाया जाने वाला सामान्य सा निवासी पक्षी है। इसके पंखों पर समान आकार की पट्टियां बनी होती हैं और पूंछ काले सफेद रंग की होती है। इसके सिर की शिखा अक्सर दिखाई देती है। इसको बहुधा पहाड़ी नदियों की तेज धारा के पत्थरों पर बैठा हुआ देखा जा सकता है। इसका वास–स्थान बड़ी–बड़ी पहाड़ी धारायें व तलहटी की नदियां होती हैं।

40. ब्राउन-हैडेड बार्बेट (Brown-headed Barbet) *Psilopogon zeylanicus*

27 सेमी मैना + **बड़ा बसंता**

प्लेट । 13 अनुसूची IV

यह निवासी पक्षी है जो कई जगहों पर पाया जाता है। इसके सिर व छाती पर पतली–पतली भूरे रंग की धारियां होती हैं और इसका गला भी भूरे रंग का होता है। ये धारियां पेट और शरीर के दोनों ओर नहीं होतीं। यह "कुटरू कुटरू कुटरू" या "कुटरूक कुटरूक कुटरूक" की आवाज यह बार–बार दोहराता है। फल इसका मुख्य भोजन हैं परंतु कभी–कभी यह कीट पतंगों को भी खा लेता है। घने जंगल और पेड़–पौधे इसका वास–स्थान है। हिमालय में इसी की तरह की एक और प्रजाति ग्रेट बार्बेट *Psilopogon virens* सामान्य रूप से पायी जाती है जिसका सिर नीला–काला व मलद्वार लाल रंग का होता है।

41. ग्रीन बी-ईटर (Green Bee-eater) *Merops orientalis*

16–18 सेमी गौरैया + **हरा पतरंग**

प्लेट I 13 अनुसूची IV

यह अधिकांश जगहों में पाया जाने वाला निवासी पक्षी और ग्रीष्मकाल में प्रवास पर आता है। यह छोटे आकार का पक्षी होता है जिसके गाल नीले और क्राउन सुनहरे से लाल से भूरे रंग का होता है। इसकी पूंछ हरे रंग की होती है और पूंछ का मध्य पंख थोड़ा लंबा होता है। इसका भोजन कीट पतंगे होते हैं जिसमें इसका पसंदीदा भोजन मधुमक्खी है। यह उड़ते हुये कीटों को पकड़ने के लिये उन पर आसमान में ही आक्रमण करता है और फिर वापस अपने स्थान पर आ जाता है। इसको 5–10 पक्षियों के झुंड में देखा जा सकता है जो अक्सर एक ही डाल पर या तार पर बैठे रहते हैं। यह तेज "क्रीं–क्रीं–क्रीं" की आवाज करता है और खुले स्थानों पर निवास करता है।

42. कॉमन हुप्पू (Common Hoopoe) *Upupa epops*

31 सेमी मैना + **हुदहुद**

प्लेट I 13

यह ग्रीष्मकाल में उत्तरी छोर की ओर प्रवास करने वाला तथा इस राज्य के शेष भाग का निवासी पक्षी है। यह लाल–भूरे रंग का होता है व इसके पंख व पूंछ काले सफेद होते हैं। इसकी शिखा काले सिरे वाले पंखे के आकार होती है। इसकी चोंच लंबी व नीचे की ओर मुड़ी हुई होती है। यह "हुद–हुद–हुद" की आवाज निकालता है। यह खुले स्थानों, खेत खलिहानों और गांवों में रहता है।

43. इण्डियन ग्रे हॉर्नबिल (Indian Grey Hornbill) *Ocyceros birostris*

50 सेमी चील +– **सिलेटी धनेश**

प्लेट I 13

यह अधिकांश जगह में पाया जाने वाला निवासी पक्षी है। इसके सिर पर एक कवचनुमा टोपा होता है और इसकी चोंच का आधार भी काले रंग का होता है। इसके

क्या आपको पता है ?

कि बहुत से लोग पक्षियों को पालतू जानवरों के रूप में पिंजरे में रखते हैं यद्यपि भारत में ऐसा करना गैरकानूनी है। ऐसा माना जाता है कि अधिकांश पालतू पक्षी एक स्थान से दूसरे स्थान तक ले जाने में दम घुटने, भूखे और प्यासे रहने के कारण मर जाते है।

पंखों पर एक सफेद लहराते हुये पर होते हैं। मादा पक्षी नर के ही समान होती है लेकिन आकार में छोटी होती है व चील की तरह से ही 'चांइया–चांइयां' की आवाज निकालता है। यह खुले जंगलों में और वनों में फलदार वृक्षों में निवास करता है।

44. ग्रेट हॉर्नबिल (Great Hornbill) *Buceros bicornis*
130 सेमी मोर + **बड़ा धनेश**
प्लेट I 13 अनुसूची I

यह स्थानीय सामान्य निवासी पक्षी है। यह भारत में पाया जाने वाला सबसे बड़ा हॉर्नबिल है। यह काले रंग का पक्षी है। इसकी चोंच बड़ी व पीले रंग की होती है और इसके सिर और चोंच पर भी एक पीले रंग का टोपीनुमा कवच होता है। उड़ान के समय इसकी सफेद गरदन, इसके पंखों के निचली ओर हल्के पीले रंग का पट्टे और इसकी पूंछ के नमूने से इसे पहचाना जा सकता है। इसी की तरह की एक अन्य प्रजाति द ओरियंटल पाइड हॉर्नबिल *Anthracoceros albirostris* की गरदन और पूंछ काली होती है और केवल इसकी पूंछ के अंतिम बाह्य सिरे पर ही सफेद पंख होते हैं। (इसके सापेक्ष ग्रेट हॉर्नबिल का पूंछ का सिरा पूर्णतया सफेद होता है)। यह पर्णपाती वनों और सदाबहार वनों में फलदार वृक्षों पर वास करता है।

45. ग्रेटर फ्लेमबैक (Greater Flameback) *Chrysocolaptes guttacristatus*
33 सेमी कबूतर +– **बड़ा अंगारा कठफोड़वा**
प्लेट I 13 अनुसूची IV

कठफोड़वा हिमालय का निवासी है। इसकी गरदन के पिछले भाग पर काले सफेद धब्बे होते हैं। इसकी पीठ एक विशेष प्रकार के सुनहरे रंग की होती है। नर पक्षी का सिर चमकदार लाल रंग का (Crimson) होता है जबकि मादा के शरीर का केवल पिछला भाग ही लाल रंग का होता है। इसको देखकर अन्य सुनहरे पीठ वाले कठफोड़वा का भ्रम हो सकता है लेकिन इसकी बड़ी चोंच और धब्बेदार पृष्ठीय ग्रीवा इसे बाकी कठफोड़वों से अलग करते हैं। यह जंगलों और छोटी–छोटी झाड़ियों में वास करता है।

46. हिमालयन वुडपैकर (Himalayan Woodpecker) *Dendrocopos himalayensis*
25 सेमी मैना +– **हिमालयी कठफोड़वा**
प्लेट I 13 अनुसूची IV

यह हिमालय का सामान्य निवासी पक्षी है। यह काला सफेद कठफोड़वा है जिसका सिर और मलद्वार लाल रंग का होता है। इसके काले पंखों पर सफेद रंग का एक बड़ा धब्बा होता है। इसकी आदतें ठीक कठफोड़वा जैसी होती हैं। यह मुख्यतः

कीट पतंगों को खाता है लेकिन चीड़ के बीज भी खाता है। यह अखरोट की फसल को भारी नुकसान पंहुचाता है। यह "ट्री–ट्री–ट्री" की ध्वनि निकालता है। इसका वास–स्थान चीड़ और देवदार के जंगलों में वास करता है। हिमालय पर अन्य पाइड वुडपैकर्स भी पाये जाते हैं जैसे बराउन–फरेनटेड पाइड वुडपैकर *Dendrocopos auriceps* (46 क)।

47. स्पेकल्ड पिक्यूलेट (Speckled Piculet) *Picumnus innominatus*

10 सेमी गौरैया – **चित्तीदार पिक्यूलेट**

प्लेट । 13 अनुसूची IV

यह हिमालय का निवासी कठफोड़वा है। यह बहुत छोटा पक्षी है जिसका ऊपरी शरीर ऑलिव हरा होता है और नीचे का भाग सफेद रंग लिये होता है जिसमें काले चकत्ते होते हैं, कान के छुपे हुये छिद्र काले धब्बे लिये होते हैं और काली पूंछ पर सफेद लम्बे पट्टे होते है। नर पक्षी के माथे पर काले रंग की धारियां लिये नारंगी रंग होता है। इसको अक्सर इसी के आकार के अन्य कीटभक्षी पक्षियों के साथ देखा जा सकता है। इसका वास–स्थान बांस व अन्य प्रकार की झाड़ियों व द्वितीयक पौधों में होता है।

48. यूरेशियन राइनैक (Eurasian Wryneck) *Jynx torquilla*

16–17 सेमी बुलबुल – **गार्डन एंठा**

प्लेट । 14 अनुसूची IV

यह अधिकांश जगह में पाये जाते है तथा शीतकाल में प्रवास पर आने वाला पक्षी है। यह उत्तरी पश्चिमी हिमालय पर प्रजनन करता है। इसका स्लेटी, बादामी और भूरे रंग का छद्मावरण होता है। इसकी गरदन के आस पास व गरदन के निचली ओर एक गहरे रंग की धारी होती है। यह ग्रीष्मकाल में, खुले जंगलों और शीतकाल में, खुली झाड़ियों खेत खलिहान के किनारों पर निवास करता है।

49. ऑरेंज-बैलीड लीफ़बर्ड (Orange-bellied Leafbird) *Chloropsis hardwickii*

20 सेमी बुलबुल +– **केसरिया पीठ हरियेवा**

प्लेट । 14 अनुसूची IV

यह हिमालय पर रहने वाला पक्षी है। नर पक्षी का पेट नारंगी रंग का और गला काले रंग का होता है। यह काला रंग छाती तक होता है। मादा पक्षी का मध्य पेट नारंगी रंग का होता है और मूंछों के पास एक नीले रंग की बड़ी सी धारी होती है। इसको देखकर कई बार अन्य लीफबर्ड्स का भ्रम हो जाता है। यह अत्यंत सुंदर गाना गाता है और कई प्रकार की सीटी जैसी आवाज निकाल सकता है और अन्य पक्षियों की नकल भी उतार सकता है। यह चौड़ी पत्ती वाले वनों में निवास करता है।

50. इण्डियन पिट्टा (Indian Pitta) *Pitta brachyura*
19 सेमी बुलबुल – **देशी नवरंग**
प्लेट I 14 अनुसूची IV

यह हिमालय का निवासी है और हिमालय की निचली पहाड़ियों पर ही प्रजनन करता है। यह अत्यंत सुंदर रंगो वाला पक्षी है जिसकी आँखों पर मोटी काले रंग की पट्टी होती हैं और इसका गला सफेद व किरीट या क्राउन, छाती और शरीर के दोनों ओर का रंग बादामी होता है। मूलरूप से जमीन पर विचरण करने वाला और जमीन से ही और झाड़ियों व पेड़ के नीचे खरोंचकर अपना भोजन ढूंढता है। यह प्रातःकाल व शाम को सक्रिय हो जाता है अतः इसे सिक्स ओ क्लॉक पक्षी भी कहा जाता है। यह पहले तेज सीटी जैसी आवाज इसके बाद "प्री–ट्री" जैसी एक और आवाज निकालता है। यह चौड़ी पत्ती वाले वनों में निवास करता है।

51. ब्लैक-हुडेड ओरियोल (Black-hooded Oriole) *Oriolus xanthornus*
25 सेमी मैना + **काला टोपीदार पीलक**
प्लेट I 14 अनुसूची IV

यह बहुतायत से पाया जाने वाला निवासी और क्षेत्रीय भ्रमण करने वाला पक्षी है। इस सुनहरे पीले रंग के पक्षी का सिर काला और मुख्यतः पंख भी काले ही होते हैं। इसको देखकर अन्य ओरियोल का भ्रम हो सकता है। इसकी आवाज बांसुरी जैसी "व्यू–यू" होती है। खतरे के समय इसकी आवाज कर्कश "क्वाक–क्वाक" जैसी सुनाई देती है। यह मैदानी खुले जंगलों वाले क्षेत्र में और तलहटी से लेकर 1,200 मी तक के ऊंचे क्षेत्र में निवास करता है।

52. रेड-रम्प्ड स्वालो (Red-rumped Swallow) *Cecropis daurica*
16–17 सेमी गौरैया +– **लाल पुठ्ठी अबाबील**
प्लेट I 14

यह अधिकांश जगह मे पाया जाने वाला निवासी पक्षी हैं। इसके गले के दोनों ओर का रंग लाल भूरा होता है, शरीर का पिछला भाग लाल नारंगी और शरीर का निचला भाग धारीदार व बादामी सफेद रंग का होता है। इसकी पूंछ का निचला भाग काला होता है। यह बहुधा आसमान में अन्य बतासी (Swift), अबाबील (Swallow) और (Martins) के साथ उछल कर कीट पतंगों का शिकार करता है। ग्रीष्मकाल में यह पहाड़ों के ऊपरी भाग और घास वाली और खेत खलियान पहाड़ियों में और शीतकाल में खुले स्थानों व जंगलों में रहता है।

53. ब्लैक ड्रोंगो (Black Drongo) *Dicrurus macrocercus*

28 सेमी बुलबुल +– **सामान्य भुजंग**

प्लेट | 14 अनुसूची IV

यह अधिकांश जगह में पाये जाने वाला निवासी पक्षी है। इस पक्षी के नर के शरीर के नीचे का भाग चमकदार नीले–काले रंग का होता हैं और इसकी कांटेदार पूंछ अत्यत स्पष्ट होती है। इनके बच्चों का रंग चमकदार काला नहीं होता और इनको देखकर ऐशी ड्रोंगो *Dicrurus leucaphaeus* का भ्रम हो सकता है जो मूलतः एक वन प्रजाति का पक्षी है। यह एक वाचाल और उग्र पक्षी है और अक्सर यह कौओं को उनके घोंसलों से भगा देता है। इसका वास स्थान रिहायशी बस्तियां व खेत खलिहान हैं।

54. हेयर–क्रेस्टेड ड्रोंगो (Hair-crested Drongo) *Dicrurus hottentottus*

32 सेमी मैना +– **कृष्णराज भुजंग**

प्लेट | 14 अनुसूची IV

यह हिमालय का निवासी पक्षी है। यह पूरी तरह से काला व चमकदार पक्षी है व इसकी पूंछ चौड़ी होती है जिसके कोने ऊपर की और मुड़े हुये होते हैं। इसकी चोंच लंबी व नीचे की ओर मुड़ी हुई होती है। इसके वयस्क पक्षी में पूंछ के कोने काफी ऊपर की ओर मुड़े होते है और बालों की जैसी शिखा होती है। इसका वास–स्थान नमी वाले चौड़ी पत्तीदार वृक्षों के वन होते हैं।

55. लोंग-टेल्ड श्राइक (Long-tailed Shrike) *Lanius schach*

25 सेमी मैना + **लंबा पूछ लटोरा**

प्लेट | 14 अनुसूची IV

यह निवासी पक्षी है और अधिकांश जगहों में पाया जाता है। वयस्क पक्षी की गरदन का निचला हिस्सा (Mantle) स्लेटी रंग का होता है। इसके कंधो का रंग लाल भूरा होता है और सिर संकरा व काले रंग का होता है। पूंछ भी लाल भूरी या काली हो सकती है। और इसके प्राथमिक पंखों (Primaries) पर छोटा सफेद धब्बा होता है। इसको बूचर (Butcher) पक्षी भी कहते हैं क्योंकि यह अपने शिकार को पकड़कर कांटेदार झाड़ियों पर चिपका कर उनका संग्रह करती है। इसका वास–स्थान खेत खलिहानों की झाड़ियां, खुले वन और बगीचे होते हैं।

56. बैंक मैना (Bank Myna) *Acridotheres ginginianus*

23 सेमी मैना +– **गंगा मैना**

प्लेट | 14 अनुसूची IV

यह बहुतायत से पाया जाने वाला स्थाई निवासी पक्षी है। वयस्क पक्षी का रंग नीला रंग लिये स्लेटी और काला होता है, नारंगी पीली चोंच और सिर पर शिखा होती

है। इसका वास–स्थान खेत खलिहान, नमी वाले घास के मैदान और रिहायशी बस्तियां होते हैं।

57. एशियन पाइड स्टार्लिंग (Asian Pied Starling) *Sturnus contra*
23 सेमी मैना +– **अबाल्की मैना**
प्लेट | 15 अनुसूची IV

यह बहुतायत से पाया जाने वाला निवासी पक्षी है। वयस्क पक्षी का रंग काला सफेद होता है। इसकी आंखों की त्वचा पर नारंगी रंग के गोले होते हैं व इसकी पीली चोंच बड़ी व नोंकदार होती है। इसका वास–स्थान खेत खलिहान, नमी वाले घास के मैदान और रिहायशी बस्तियां होते हैं।

58. रूफ़स ट्रीपाई (Rufous Treepie) *Dendrocitta vagabunda*
46–50 सेमी मैना + पूंछ **लाल तरूपिक**
प्लेट | 15 अनुसूची IV

यह अधिकांश जगह में पाया जाने वाला निवासी पक्षी है। इसका सिर या हुड स्लेटी रंग का होता है, शरीर का निचला हिस्सा व अग्र पीठ बादामी से रंग का, पंख हल्के सिलेटी रंग के और पूंछ में सफेद पट्टा होता है। इसको देखकर ग्रे ट्रीपाई *Dendrocitta formosae* भ्रम हो सकता है जो पूरी तरह से स्लेटी–भूरे रंग का होता है। सामान्यतया पेड़ों पर देखा जाने वाला यह पक्षी फल और कीटों को खाता है। कभी कभी इसे पक्षियों के 40 से 50 तक के झुंड में देखा जा सकता है। इसका वास–स्थान खुले वन, बगीचे, पेड़ और झाड़ियां होते हैं।

59. यूरेशियन जे (Eurasian Jay) *Garrulus glandarius*
32–36 सेमी कबूतर +– **यूरेशियन नीलकंठ**
प्लेट | 15 अनुसूची IV

यह हिमालय का निवासी पक्षी है। इसका सिर व शरीर लाल भूरे रंग का, मूंछ धारियां काली और पंखों पर नीले रंग की धारियां होती हैं। इसको देखकर ब्लैक–हैडेड जे *Garrulus lanceolatus* का भ्रम हो सकता है जो काला और स्लेटी होता है। सामान्यतया इसको भोजन की तलाश में पेड़ों और झाड़ियों को खरोंचते हुये देखा जा सकता है। इसकी आवाज कर्कश होती है। इसका वास–स्थान शीतोष्ण वन और चौड़ी पत्तियों वाले पेड़ों के वन होते हैं।

60. रेड-बिल्ड ब्ल्यू मैगपाइ (Red-billed Blue Magpie) *Urocissa erythrorhyncha*

65–68 सेमी कबूतर + पूंछ **लाल चोंच लंबा पुछ्या**

प्लेट । 15 अनुसूची IV

यह हिमालय का निवासी पक्षी है। यह लाल चोंच वाला और अत्यंत लंबी पूंछ वाला एक बड़ा पक्षी है। यह छोटे समूहों में रहता है। येलो–बिल्ड ब्ल्यू मैगपाइ *Urocissa flavirostris* जो इसी की तरह से दिखता है लेकिन इसकी चोंच पीली होती है और इसे बहुत ऊंचाई वाले स्थानों पर देखा जा सकता है। इसका वास–स्थान चौड़ी पत्ती वाले पेड़ों के वन व नमी वाले पर्णपाती वन होते है।

61. लार्ज-बिल्ड क्रो (Large-billed Crow) *Corvus macrorhynchos*

46–59 सेमी कौआ + **लंबी चोंच कौआ**

प्लेट । 15

यह बहुतायत से पाया जाने वाला निवासी पक्षी है। यह काले शरीर वाला, गुंबद जैसे सिर वाला और बड़ी चोंच वाला आम पक्षी है। इसकी पूंछ फना आकार की होती है। इसकी 'का–का–का' करती हुई रूखी आवाज होती है। इसका वास–स्थान कई जगहों पर होता है जिसमें जंगल और शहरों व गांवों की खुली झाड़ियां शामिल हैं।

62. लॉन्ग-टेल्ड मिनिवेट (Long-tailed Minivet) *Pericrocotus ethologus*

18 सेमी बुलबुल – **छोटा पहाड़ी राजलाल**

प्लेट । 15 अनुसूची IV

यह स्थाई रूप से निवास करने वाला व ऊंचे स्थानों का प्रवासी पक्षी है। यह चित्ताकर्षक रंगो वाला पक्षी है। नर पक्षी लाल व मादा पक्षी पीले रंग की होती है। कई मादा पक्षियों के साथ केवल एक या कुछ ही नर उड़ते हुये दिखाई देते हैं। इसको देखकर स्कार्लेट मिनीवेट *Pericrocrotus flammeus* का भ्रम हो सकता है

क्या आपको पता है ?

क्या आपने पानी पर चलने वाले पक्षियों के बारे में सुना है। देखिये यदि आप किसी जलाशय, आर्द्रभूमि या तालाब के किनारे बैठे तो आप देखेंगे कि मूरहेन और जैसाना पक्षी पानी के ऊपर उगने वाली वनस्पतियों जैसे वाटर लिली, वाटर हाइसिंथ या कमल के ऊपर अपने लंबे और छरहरे पंजो की सहायता से चल रहे हैं जिसको देखकर ऐसा प्रतीत होता है मानों वे पानी के ऊपर चल रहे हैं।

जिसके पंखों पर काले निशान होती हैं जिन्हें देखकर पहचाना जा सकता है। इसकी सीटीदार आवाज अत्यंत सुरीली होती है "वी–ट्वी" जैसी। इसका वास–स्थान 1,200 मी से 3,400 मी तक के ऊंचे खुले जंगल, जंगलों के किनारे और बगीचे होते हैं।

63. रेड-वेंटेड बुलबुल (Red-vented Bulbul) *Pycnonotus cafer*
20 सेमी बुलबुल +– **गुलदुम बुलबुल**
प्लेट। 15 अनुसूची IV

यह अधिकांश जगह में पाया जाने वाला निवासी पक्षी है और भारत का सबसे आम बुलबुल पक्षी है और देशभर में सभी जगह पाया जाता है। यह काले सिर पर छोटी कलगी वाला भूरे रंग का पक्षी है जिसका गुदा भाग लाल रंग का होता है। यह पक्षी जोड़ों में या छोटे–छोटे समूहों में पाया जाता है। इसको लैंटाना झाड़ी का फल या बेरी बहुत पसंद है। इसका वास–स्थान खुले वन और झाड़ियों वाले स्थान और शहरों व गांवों के पार्क व खेत खलिहान हैं।

64. हिमालयन बुलबुल (Himalayan Bulbul) *Pycnonotus leucogenys*
20 सेमी बुलबुल +– **हिमालयन बुलबुल**
प्लेट। 15 अनुसूची IV

यह पक्षी हिमालय का निवासी है। यह भूरे से रंग का पक्षी है जिसकी कलगी और गरदन भूरी, सफेद गाल और शरीर के पिछले भाग में काले रंग का अर्ध–चँद्र बना होता है। इसका वास–स्थान सूखी झाड़ियां और द्वितीयक बनस्पतियां या छोटे–छोटे पेड़ पौधे होते हैं।

65. ब्लैक बुलबुल (Black Bulbul) *Hypsipetes leucocephalus*
25 सेमी बुलबुल + **काला पहाड़ी बुलबुल**
प्लेट। 15 अनुसूची IV

यह हिमालय का निवासी पक्षी है। यह अत्यत वाचाल पक्षी है। इसका रंग स्लेटी से काला होता है, चोंच लाल रंग की और पूंछ में अल्प द्विविभाजन (Shallow fork) होती है। जब प्रजनन काल नहीं होता तो ये झुंड में रहते हैं। इसका मुख्य भोजन फल है। यह "चीया–चीया" की ध्वनि निकालता है। प्रजनन काल में इसकी आवाज सीटी जैसी व अत्यंत मधुर हो जाती है। इसका वास–स्थान चौड़ी पत्ती वाले वन और मनुष्य के द्वारा लगाये गये वृक्ष है।

66. ऐशी प्रीनिया (Ashy Prinia) *Prinia socialis*
13 सेमी गौरैया – **फुटकी, काली फुटकी**
प्लेट । 16

यह हिमालय का निवासी पक्षी है। यह छोटा कीटभक्षी पक्षी है जिसके किरीट व कान स्लेटी रंग के, आंखे लाल, शरीर का ऊपरी भाग स्लेटी या बादामी भूरे रंग का और अधर भाग नारंगी बादामी रंग का होता है। ऐसा प्रतीत होता है कि इसकी पूंछ इसके शरीर से ढीले–ढाले ढंग से जुड़ी है। इसकी आवाज 'टी–टी–टी' जैसी व नाक से निकलती हुई प्रतीत होती है। लंबी घास और झाड़ियां, खुले पेड़ पौधे, बगीचे और नरसल की झाड़ियां आदि इसका वास–स्थान हैं।

67. ग्रे-ब्रेस्टेड प्रीनिया (Grey-breasted Prinia) *Prinia hodgsonii*
11 सेमी गौरैया – **स्लेटी छाती दम फुटकी**
प्लेट । 16

यह अधिकांश जगह में पाया जाने वाला निवासी पक्षी है। यह एक छोटा स्लेटी रंग का पक्षी है जिसकी छाती में ग्रीष्मकाल में एक स्लेटी रंग का पट्टा विकसित हो जाता है। इसके शरीर का निचला भाग सफेद रंग का होता है। यह कीटभक्षी पक्षी है और इसकी आवाज अत्यंत तेज होती है। यह जंगलों के किनारे, झाड़ियों और बगीचों में व छोटे–छोटे पेड़ पौधों के बीच रहता है।

68. जंगल बैबलर (Jungle Babbler) *Turdoides striatus*
25 सेमी मैना + **जंगली गोगई–चरखी, सातभाई**
प्लेट । 16 अनुसूची IV

यह अधिकांश जगह में पाया जाने वाला निवासी पक्षी है। इस भूरे रंग के पक्षी का रंग एकसमान होता है। यह छोटे समूहों में दिखाई देते हैं। इनको उड़ने में थोड़ा परिश्रम करना पड़ता है। इसकी आवाज तेज व कर्कश होती है। यह अपना शिकार झुंड में करते हैं और अत्यंत शोर करते हैं इसीलिये इन्हें सेवेन सिस्टर्स या सात भाई कहा जाता है। इनका वास–स्थान पर्णपाती वन और गांवों व शहरों के खेत खलिहान होते हैं।

69. यलो-आइड बैबलर (Yellow-eyed Babbler) *Chrysomma sinense*
18 सेमी बुलबुल – **सोन–चश्म चर्खी**
प्लेट । 16 अनुसूची IV

यह अधिकांश जगह में पाया जाने वाला निवासी पक्षी है। इसकी पुतली खास पीले रंग की और आंख का वलय नारंगी रंग का होता है। इन्हीं विशेषताओं के कारण

इसको पहचानना अत्यंत आसान होता है। इनके आंख के पास लोर (lore), भौंहों व धारी सफेद होती है। इनका वास–स्थल लंबी घास, और शहरी व देहाती क्षेत्र की झाड़ियां नरसल इत्यादि होता हैं।

70. स्केली-ब्रेस्टेड रॅन बैबलर (Scaly-breasted Wren Babbler) *Pnoepyga albiventer*

10 सेमी गौरैया – **चिटिया छुटदुमी चर्खी**

प्लेट । 16 अनुसूची IV

यह हिमालय का निवासी, बहुत छोटी पूंछ वाला, काफी छोटा पक्षी होता है। इसकी चोटी व गले के दोनों ओर अग्रपीठ तक बादामी रंग के धब्बे होते हैं। इसकी आवाज बहुत तेज होती है... 'ट्जी–ट्ज–जिट–ट्जू– स्टू–ट्जटि' जैसी एक बार उठती हुई और फिर एकदम से खत्म हो जाती है। यह छोटे–छोटे पेड़ पौधों के ही अंदर छुपी हुई पायी जाती है अतः इसको देख पाना आसान काम नहीं है। नमी वाले जंगलों के लंबे पौधों में इसका वास–स्थान होता है।

71. रस्टी-चीक्ड शिमिटर बैबलर (Rusty-cheeked Scimitar Babbler) *Pomatorhinus erythrogenys*

25 सेमी मैना + **लाल–गाल–हंसिया–चोंच चर्खी**

प्लेट । 16 अनुसूची IV

यह हिमालय का निवासी पक्षी है। इसकी चोंच एक खास प्रकार से लंबी व मुड़ी हुई होती है। इसकी आंख का ऊपरी भाग (lores) व कान, गरदन के निचले भाग, छाती और शरीर के दोनों ओर के भाग भी लाल भूरे रंग का होता है। यह छोटे छोटे पेड़ों के नीचे पत्तियों को पलटकर कीड़े मकौड़े खोजते हुये पाये जाते हैं। नर व मादा युगल स्वर में आवाजें निकालते हैं जो 'क्वी–पी' जैसी सुनाई देती है इसमें नर पक्षी पहले 'क्वी' की आवाज करता है और इसके बाद मादा 'पी' की आवाज निकालती है। यह जंगलों के छोटे–छोटे पेड़ पौधों और घनी झाड़ियों में वास करते हैं।

72. रेड–बिल्ड लीयोथ्रिक्स (Red-billed Leiothrix) *Leiothrix lutea*

13 सेमी मैना + गौरैया – **नानचुरा चर्खी**

प्लेट । 16 अनुसूची IV

यह हिमालय का निवासी पक्षी है। इस छोटे पक्षी की चोंच लाल, पीले हरे रंग का सर, पीला गला, नारंगी छाती और कांटेदार काली पूंछ होती है। इसको छोटे–छोटे झुंडों में झाड़ियों व लता गुल्मों के बीच कीट पतंगों को खोजते हुये देखा जा सकता है। यह जंगलों की निम्न वनस्पति में वास करता है।

73. चेस्टनट-टेल्ड मिनला (Chestnut-tailed Minla) *Chrysominla strigula*

14 सेमी गौरैया +− **धारी कंठ मिनला**

प्लेट । 16 अनुसूची IV

यह हिमालय पर पाया जाने वाला निवासी पक्षी है। इस छोटे पक्षी का किरीट/चोटी नारंगी रंग की, गले पर काली सफेद धारियां, पीले नारंगी पंखो का पट्टा शरीर के दोनों ओर व पूंछ के पार्श्व पीले होते हैं लेकिन मादा पक्षी में यह रंग गहरे नारंगी रंग की होती है। इसको पेड़ों व झाड़ियों में अन्य कीट–शिकारी पक्षियों के झुंड में देखा जा सकता है। यह नमी वाले वनों में पाया जाता है।

74. स्ट्रीक्ड लाफिंगथ्रश (Streaked Laughingthrush) *Trochalopteron lineatum*

20 सेमी बुलबुल +− **मुस चिलचिल**

प्लेट । 17 अनुसूची IV

यह हिमालय पर पाया जाने वाला निवासी पक्षी है। यह पक्षी भूरे रंग का होता है। यह अत्यंत वाचाल और आम पक्षी है। इसका आवरण या मेंटल व शरीर के निचले भाग पर एकदम बारीक सफेद धारियां होती हैं। यह अन्य चिलचिलों या लाफिंगथ्रश की अपेक्षा कम सतर्क होता है। यह छोटे–छोटे पेड़ पौधों व झाड़ियों में दिखता हैं। इसकी आवाज तेज 'ट्वीर–सी ट्वीर–सी' जैसी सुनाई देती है। इसका वास–स्थान झाड़ियों से भरी पहाड़ियां, और रिहायशी क्षेत्रों की झाड़ियां हैं।

75. व्हाइट-थ्रोटेड लाफिंगथ्रश *Garrulax albogularis*
(White-throated Laughingthrush)

28 सेमी मैना +− **सफेद कंठ चिलचिल**

प्लेट । 17 अनुसूची IV

यह हिमालय पर पाया जाने वाला निवासी पक्षी है। यह पक्षी भूरे रंग का होता है। और इसका गला और ऊपरी छाती स्पष्ट सफेद रंग की होती हैं। इसका पेट लाल भूरे नारंगी रंग का व पूंछ का सिरा चौड़ा सफेद होता है। यह छोटे समूहों में घूमता है और बहुत शोर करता है। इसकी आवाज चुर्र–चुर्र चींचीं और सीटीदार होती है। इसका वास–स्थान मिश्रित वन व चौड़ी पत्तियों वाले पेड़ों के वन और छोटे–छोटे पौधे होते हैं। इसी प्रजाति के एक और पक्षी व्हाइट–क्रेस्टेड लाफिंगथ्रश *Garrulax leucolophus* की कलगी अत्यधिक स्पष्ट व सफेद होती है।

76. यलो-बेलीड फैनटेल Yellow-bellied Fantail *Rhipidura hypoxantha*
13 सेमी गौरैया – **पीली नचनी**
प्लेट । 17 अनुसूची IV

यह हिमालय का निवासी पक्षी है। बहुत गहरे पीले रंग का यह एक छोटा पक्षी है जिसकी पूंछ पंखे के आकार की होती है, आंखों का ऊपरी भाग पीले रंग का, गहरे रंग का मास्क और शरीर के नीचे का हिस्सा भी पीला ही होता है। यह अपनी पूंछ के पंखों को फैलाकर अक्सर नृत्य करता है और जंगलों में रहता है।

77. व्हाइट-थ्रोटेड फैनटेल (White-throated Fantail) *Rhipidura albicollis*
18 सेमी बुलबुल – **सफेद नचनी**
प्लेट । 17 अनुसूची IV

यह अधिकांश स्थानों पर पाया जाने वाला हिमालय का निवासी पक्षी है। यह चॉकलेटी भूरे रंग का पक्षी है। इसकी आंखों के ऊपर एक सफेद लकीर या भूऐ होती है और गरदन पर सफेद रंग की एक चौड़ी पट्टी होती है। यह अपनी पूंछ के पंखों को फैलाकर अक्सर नृत्य करते हैं। यह मीठी सीटी जैसी आवाज में मधुर ध्वनि में गाता है। एक बार यदि आप इसका गाना सुन लें तो फिर इसे आसानी से पहचान सकते हैं। इसका वास–स्थान जंगल व कम पेड़ों वाला क्षेत्र है।

78. इण्डियन पैराडाइज फ्लाइकैचर (Indian Paradise Flycatcher) *Terpsiphone paradisi*
20 सेमी बुलबुल +–
(नर पक्षी की पूंछ की झालर को मिलाकर 50 सेमी) **दूधराज**
प्लेट । 17 अनुसूची IV

यह अधिकांश स्थानों पर पाया जाने वाला हिमालय का निवासी पक्षी है। यह अत्यंत सुंदर कीटभक्षी पक्षी है। नर पक्षी का सिर और कलगी काले रंग की होती है। इसके शरीर का ऊपरी भाग सफेद या लाल भूरे रंग का होता है। नर की पूंछ की झालर लम्बी होती है। मादा का रंग लाल भूरा, कलगी छोटी व पूंछ भी झालरदार नहीं होती है। इनका वास–स्थान जंगल व खुले वन वाला क्षेत्र है।

79. वर्डिटर फ्लाइकैचर (Verditer Flycatcher) *Eumyias thalassina*
16 सेमी गौरैया +– **वर्डिटर मछरिया**
प्लेट । 17 अनुसूची IV

यह हिमालय का निवासी पक्षी है। इस पक्षी को अपने हरे नीले रंग, चोंच और आंख के बीच का हिस्सा काला होने के कारण आसानी से पहचाना जा सकता है। मादा पक्षी हल्के रंग की और स्लेटी रंग लिये होती है। प्रायः इसे पेड़ की फुनगी पर बैठे

देखा जा सकता है जहां से यह कीट पतंगो को पकड़ने के लिये उड़ान भरता है और वापस उसी फुनगी पर आकर बैठ जाते हैं। इनका वास–स्थल खुले जंगल हैं।

80. स्मॉल नीलतवा (Small Niltava) *Niltava macgrigoriae*
13 सेमी गौरैया – **छोटा नीलतवा**
प्लेट । 17 अनुसूची IV

यह हिमालय का निवासी पक्षी है। यह कीट और मक्खियों को पकड़ने वाला एक छोटा पक्षी है। नर पक्षी का रंग गहरे नीले रंग का होता है और जिसके ललार व कण्ठ का धब्बा चटख नीले रंग का होता है। मादा पक्षी की गरदन का नीला धब्बा इतना स्पष्ट नहीं होता और पंख व पूंछ आरक्ती आयायुक्त होती हैं। इनका वास स्थल झाड़ियां और चौड़ी पत्ती वाले पेड़ों के वनों की निचली शाखायें होती हैं।

81. कॉमन टेलर बर्ड (Common Tailorbird) *Orthotomus sutorius*
13 सेमी गौरैया – **दर्ज़ी**
प्लेट । 17

यह निवासी सफेद पक्षी है। यह एक लंबी चोंच वाला छोटा पक्षी है। इसके पीठ और पूंछ का रंग हरा होता है इसका सर लाल–भूरा रंग का है। यह अपना घोंसला पत्तियों को सिलकर बनाता है इसीलिये इसे दर्जी पक्षी भी कहा जाता है। यह "चींवी–चींवी" की ध्वनि उत्पन्न करता है। इसका वास–स्थान सदाबहार वन और छोटे–छोटे पेड़ पौधे होते हैं।

82. ब्राउन रॉक चैट (Brown Rock Chat) *Oenanthe fusca*
17 सेमी गौरैया + **थरथर कंपनी**
प्लेट । 18

यह हिमालय पर निवास करने वाला पक्षी है। ये अत्यंत साधारण भूरे रंग का पक्षी है जिसके शरीर के नीचे का भाग अधिक आरक्त होता है। यह ऊंची इमारतों की दीवारों, झाड़ियों और छतों पर बैठा हुआ देखा जा सकता है। इनका वास–स्थान घरों, चट्टानों वाली पहाड़ियां, खड़ी चट्टानों पर और पुराने खंडहर आदि हैं।

83. इण्डियन रॉबिन (Indian Robin) *Saxicoloides fulicata*
19 सेमी गौरैया +– **कलछुरी**
प्लेट । 18

यह अधिकांश जगह में पाया जाने वाला निवासी पक्षी है। इसका मलद्वार लाल–भूरे रंग का और पूंछ काली होती है। नर पक्षी के कंधे सफेद रंग के और शरीर का

ऊपरी भाग काला होता है जबकि मादा पक्षी के शरीर का निचला भाग स्लेटी रंग का होता है। नर पक्षी के शरीर का ऊपरी भाग चमकदार नीले काले रंग का होता है। इसका वास–स्थान सूखे पथरीले क्षेत्र, झाड़ियां और खेतों के किनारे आदि होते हैं।

84. ओरियंटल मैगपाइ रॉबिन *Copsychus saularis*
(Oriental Magpie Robin)
23 सेमी बुलबुल +– **ध्याल**
प्लेट I 18

यह अधिकांश जगह में पाया जाने वाला निवासी पक्षी है। यह काले, स्लेटी व सफेद रंग का होता है। सफेद पंखों व काली पूंछ के किनारे की पट्टी सफेद होती है। प्रजनन काल में नर पक्षी अत्यंत सुंदर सीटी की सी आवाज में गाना गाता है। इसका वास–स्थान बगीचे, लता कुंज और चौड़ी पत्ती वाले वन होते हैं।

85. ब्ल्य-फ्रंटेड रेडस्टार्ट *Phoenicurus frontalis*
(Blue-fronted Redstart)
15 सेमी गौरैया + **नीलमुखी थिरथिरा**
प्लेट I 18

यह हिमालय का निवासी पक्षी है। इसके शरीर का पिछला भाग (पुट्ठा) और पूंछ के दोनों ओर का भाग नारंगी रंग का होता है। पूंछ का मध्य भाग व सिरा काले रंग का होता है। नर पक्षी का सिर और शरीर का ऊपरी भाग नीला और शरीर का निचला भाग चेस्टनट–नारंगी होता है। मादा पक्षी के शरीर का ऊपरी व निचला भाग गहरे भूरे रंग का व पेट नारंगी हलका रंग लिये होता है। इसका वास–स्थान झाड़ियां और खुले वन होते हैं और यह सब–एल्पाइन (Sub-alpine) झाड़ियों में प्रजनन करता है।

86. व्हाइट-कैप्ड वॉटर रेडस्टार्ट *Phoenicurus leucocephalus*
(White-capped Water Redstart)
19 सेमी बुलबुल +– **सफेद टोप पान थिरथिरा**
प्लेट I 18

यह हिमालय की ऊंचाई वाले स्थानों पर प्रवास करने वाला निवासी पक्षी है। इसको इसकी खास सफेद टोपी से सरलता से पहचाना जा सकता है। इसकी पूंछ लाल भूरे रंग की होती है जिसके अंतिम सिरे पर एक चौड़ा काले रंग का पट्टा होता है। इसका वास–स्थान पहाड़ी धारायें व नदियां होते हैं और इसको नदियों के बड़े–बड़े पत्थरों पर बैठा हुआ देखा जा सकता है।

87. प्लम्बस वॉटर रेडस्टार्ट (Plumbeous Water Redstart) *Phoenicurus fuliginosus*

12 सेमी गौरैया – **सिसिया पान थिरथिरा**

प्लेट । 18

यह हिमालय की ऊंचाई वाले स्थानों पर प्रवास करने वाला निवासी पक्षी है। यह एक छोटा पक्षी है। नर पक्षी स्लेटी नीले रंग होता है। इसकी पूंछ लाल भूरे चेस्टनट रंग की होती है। मादा की पूंछ काले सफेद रंग की और उसके शरीर के स्लेटी रंग के निचले भाग में सफेद धब्बे होते हैं। नर अपनी पूंछ को कैंची जैसा घुमाता रहता है। इसका वास–स्थान पहाड़ी जल धारायें और नदियां होती हैं।

88. ग्रे बुश चैट (Grey Bush Chat) *Saxicola ferreus*

15 सेमी गौरैया +– **सुरमई झाड़ी पिच्छा**

प्लेट । 18

यह निवासी पक्षी है जो हिमालयी क्षेत्र में ही प्रजनन करता है। यह एक छोटा पक्षी है। नर पक्षी का सफेद रंग की भौंह धारी और मास्क गहरे रंग का होता है व शरीर का ऊपरी भाग गहरे स्लेटी रंग का होता है। मादा की भौंह धारी बादामी रंग की होती है और शरीर का पिछला भाग पुट्ठा व पूंछ के दोनों ओर का रंग लाल भूरा होता है। इनका वास–स्थान झाड़ियां और गांवों व शहरों के छोटे–छोटे पेड़ पौधे होते हैं।

89. पाइड बुश चैट (Pied Bush Chat) *Saxicola caprata*

13.5 सेमी गौरैया – **अबलक झाड़ी पिच्छा**

प्लेट । 18

यह छोटा पक्षी हिमालयी क्षेत्र में अधिकांश जगह में पाया जाता है। यह निवासी पक्षी है। नर पक्षी काला होता है और इसके शरीर का पिछला भाग (पुट्ठा) सफेद होता है और पंखों पर भी सफेद रंग का धब्बा होता है। जब प्रजनन का समय नहीं होता तब नर के शरीर में लाल भूरी किनारियां होती है जबकि मादा के शरीर का ऊपरी भाग

क्या आपको पता है ?

कि कोयल दूसरे के घोंसले में अपने अंडे सेने वाली पक्षी (Brood parasitic bird) का सबसे अच्छा उदाहरण है। यह कौआ से अंडे सेने का सारा परिश्रम करवाती है और जब तक बच्चे उड़ना नहीं जानते तब तक कौवे से ही बच्चों को भोजन खिलवाती है।

गहरे भूरे रंग और अधर भाग व पुट्ठा लाल भूरा–नारंगी होता है। इसका वास–स्थान खेत खलिहान और खुले स्थानों की लंबी घास व छितराई हुई झाड़ियां होती हैं।

90. साइबेरियन स्टोनचैट (Siberian Stonechat) *Saxicola maurus*

13 सेमी गौरैया – **खरपिद्दा**

प्लेट I 19

यह हिमालय का निवासी पक्षी है और शीतकाल में प्रवास पर आता है। नर का सिर काले रंग का, गरदन पर सफेद धब्बा, नारंगी छाती और पिछला भाग (पुट्ठा) सफेद सा होता है जबकि मादा के शरीर के ऊपरी भाग पर धारियां होती हैं और छाती व पिछले भाग (पुट्ठे) का रंग नारंगी होता है। ग्रीष्मकाल में इसका वास–स्थान झाड़ियों वाले खुले स्थान और शीतऋतु में झाड़–झंकाड़, नरसल के खेत और खेत खलिहान आदि होते हैं।

91. ब्ल्यू व्हिसलिंग थ्रश (Blue Whistling Thrush) *Myophonus caeruleus*

33 सेमी कबूतर +– **हिमालयन कलजेथ कस्तूरा**

प्लेट I 19 अनुसूची IV

यह हिमालय का निवासी व ऊंचाई वाले स्थानों पर प्रवास करने वाला पक्षी है। संगीतमय आवाज वाला यह बहुत ही आम पक्षी है। इसकी मनुष्यों जैसी सीटी की आवाज निकालने के कारण ही इसे 'व्हिसलिंग स्कूलबॉय' (सीटी बजाने वाला लड़का) कहा जाता है। वयस्क पक्षी काले–नीले रंग का होता है, इसकी चोंच चमकदार पीले रंग की होती है। इसका वास–स्थान जंगल व जल धाराओं के पास के वन होते हैं।

92. ग्रे-विंग्ड ब्लैकबर्ड (Grey-winged Blackbird) *Turdus boulboul*

28 सेमी मैना + **स्लेटी पर प्वाइ कस्तूरा**

प्लेट I 19 अनुसूची IV

यह भी हिमालय का निवासी व ऊंचाई वाले स्थानों पर प्रवास करने वाला पक्षी है। नर पक्षी काले रंग का व स्लेटी रंग के पंखो वाला होता है। मादा जैतूनी भूरे रंग की व हल्के लाल भूरे रंग की पर होतें हैं। नर व मादा दोनों की ही चोंच पीले नारंगी रंग की होती है। इसकी आवाज तेज व कर्कश "चुक–चुक–चुक" जैसी होती है लेकिन कभी–कभी इसकी आवाज बांसुरी जैसी सुरीली सुनाई देती है। इसका वास–स्थान पश्चिमी हिमालय की तलहटी से 3,400 मी तक स्थित वन एवं वनों के किनारे होते हैं।

93. ग्रीन-बैक्ड टिट (Green-backed Tit) *Parus monticolus*
13 सेमी गौरैया – **हरी पीठ रामगंगरा**
प्लेट। 19 अनुसूची IV

यह हिमालय पर रहने वाला और ऊंचाई पर प्रवास करने वाला पक्षी है। इस पक्षी का काला सिर सफेद कान पंखनी व पीठ व निचला भाग हरे रंग का होता है। इसका भोजन कीट पतंगे होते हैं और बहुधा इसे शिकार करने वाले पक्षियों के झुंड में देखा जा सकता है। यह कई प्रकार की आवाजें निकाल सकता है परंतु आमतौर पर इसका सुंदर स्वर संगीतमय "व्हीतीयु–व्हीतीयु" जैसा सुनाई देता है। इसका वास–स्थान जंगल और पश्चिमी हिमालय की तलहटी से 2,700 मी तक ऊंचे छोटे घने वनों वाले क्षेत्र होते हैं।

94. वैलवेट-फ्रंटेड नटहैच (Velvet-fronted Nuthatch) *Sitta frontalis*
10 सेमी गौरैया – **मखमली सिरी**
प्लेट। 19

यह हिमालय का छोटा निवासी पक्षी है जिसके शरीर का ऊपरी भाग बैंगनी नीले रंग का होता है। इसका ललाट काला, काले सिरे वाली लाल चोंच और शरीर का अधर भाग हल्के बैंगनी रंग का होता है। इसको पेड़ों के तनों व शाखाओं पर कीट पतंगों को खाते हुये देखा जा सकता है। इसका वास–स्थान चौड़ी पत्ती वाले पेड़ों के वन व खुले वन होते है।

95. वॉलक्रीपर (Wallcreeper) *Tichodroma muraria*
16 सेमी गौरैया + **दीवार रेंगनी**
प्लेट। 19

यह एक छोटा निवासी पक्षी है जिसकी चोंच लंबी और नीचे की ओर मुड़ी हुई होती है, इसके पंख विशेष लाल रंग के होते हैं। जिस पर उड़ान के दौरान सफेद धब्बे दिखाई देते हैं। प्रजनन काल में नर पक्षी का गला काले रंग का हो जाता है। इसका भोजन कीट पतंगे व मकड़ियां हें जिनके लिये यह खड़ी चट्टानों पर घूमता है। अक्सर यह अपने पंखों को फैलाता है जिसके कारण इसके सुंदर रंग अनायास ही दिख जाते हैं। इसका वास–स्थान खड़ी चट्टानें और गहरी खाइयां और खंडहर और सर्दियों में पथरीली नदियां होते हैं।

96. पैडीफील्ड पिपिट (Paddyfield Pipit) *Anthus rufulus*
15 सेमी गौरैया +– **खेत चड़चड़ी**
प्लेट। 19 अनुसूची IV

यह अधिकांश जगह में पाया जाने वाला निवासी पक्षी है। यह धूमिल रंग वाला पक्षी है। इसकी छाती पर स्पष्ट धारियां बनी होती हैं। चौंकने पर या खतरे के अहसास

से इसकी उड़ान काफी थकी हुई व फडफड़ाहट वाली हो जाती है। इसको देखकर अन्य चड़चड़ियों का व लार्क का भ्रम हो सकता है। इसकी आवाज काफी कोमल चहचहाने जैसी "चिप–चिप–चिप" जैसी होती है। इसका वास–स्थान घास वाले मैदान और खेत होते हैं।

97. व्हाइट वैगटेल (White Wagtail) *Motacilla alba*
18 सेमी बुलबुल – **सफेद खंजन**
प्लेट I 19

यह हिमालय का निवासी पक्षी है। इन पक्षियों के शरीर में विविध प्रकार के नमूने होतें हैं। प्रजनन काल में नर पक्षी के सिर के विशिष्ट नमूने तथा अग्रपीठ का स्लेटी या काला रंग इस की नस्लीय पहचान भी बताता है। जमीन पर खाना ढूंढते समय यह अपनी पूंछ हिलाता रहता है। इसका वास–स्थान प्रजनन काल में खुले स्थानों के बहते पानी में होता है जबकि सर्दियों में यह खुले स्थानों में पानी के आस पास ही पाये जाते हैं।

98. क्रिमसन सनबर्ड (Crimson Sunbird) *Aethopyga siparaja*
11 सेमी गौरैया – **सिपराजा शक्करखोरा**
प्लेट I 20 अनुसूची IV

यह हिमालय की निवासी पक्षी है। यह अत्यंत सुंदर रंगो वाला पक्षी है। नर पक्षी में चमकदार कत्थई–लाल रंग का अग्रपीठ है, सिंदूरी रंग कण्ठ और सीना व स्लेटी या पीले से हरे रंग का पेट होता है। मादा पक्षी का शरीर का निचला भाग पीले हरे रंग का होता है व पुट्ठे का रंग पीला नहीं होता और पूंछ पर स्पष्ट सफेद रंग होता है। जब प्रजनन काल नहीं होता है तब नर पक्षी के रंग धूमिल पड़ जाते हैं जिसको इक्लिप्स प्लूमेज (eclipse plumage) कहा जाता है। यह फूलों का मकरंद खाता है। लता कुंजों व वनों की झाड़ियों में रहता है।

99. इण्डियन व्हाइट आई (Indian White-eye) *Zosterops palpebrosus*
10 सेमी गौरैया – **बबूना**
प्लेट I 20 अनुसूची IV

यह अधिकांश जगह में पाया जाने वाला छोटा पक्षी है। यह बड़े झुंडों मे विचरण करता है और इसकी आंख का छल्ला सफेद, गला और छाती पीली और सफेद पेट होता है। यह मुख्यतः फूलों का मकरंद व कीट पतंगे खाता है। इसका वास–स्थान चौड़ी पत्ती वाले पेड़ों के वन व खुले वन होते है।

100. स्केली–ब्रेस्टेड मुनिया (Scaly-breasted Munia) *Lonchura punctulata*
10.7–12 सेमी गौरैया – **छेती मुनिया**
प्लेट I 20 अनुसूची IV

मैदानी क्षेत्रों में पाई जाने वाली यह एक छोटी चिड़िया है जो अधिकांश जगह में पाई जाती है। इसका गला व छाती कत्थई–भूरा रंग का, शरीर के निचले सफेद से भाग में काले रंग के शल्क या स्केल होते हैं। इसकी चोंच काली होती है। आमतौर पर इस पक्षी का व्यापार किया जाता है। यह मुख्यतः बीज और अनाज खाता है। इसका वास–स्थान खुले वनों की झाड़ियां व खेत होते हैं।

101. बया वीवर (Baya Weaver) *Ploceus philippinus*
15 सेमी गौरैया +– **सामान्य बया**
प्लेट I 20 अनुसूची IV

यह अधिकांश मैदानी क्षेत्रों में पाई जाने वाली एक छोटी निवासी चिड़िया है। प्रजनन करने वाले नर के किरीट का रंग पीला, गहरे भूरे रंग के कानों के पर व गला, पीली बिना धारियों वाली छाती और अग्रपीठ व कंधों का रंग भी पीला होता है। इसके खास किस्म के घोंसले इसकी उपस्थिति का अहसास दिलाते हैं जो घास के लंबे बल्ब के आकार के होते हैं और उन पर प्रवेशद्वार बना होता है। खेत खलिहान व घास के मैदानों में रहते हैं।

102. कॉमन रोजफिंच (Common Rosefinch) *Carpodacus erythrinus*
14.5–15 सेमी गौरैया +– **सामान्य लालटूटी**
प्लेट I 20 अनुसूची IV

यह हिमालयी पक्षी अधिकांश जगहों में पाया जाता है। इस गौरैया जैसे पक्षी की चोंच छोटी व गठीली होती है। नर पक्षी का सिर व छाती लाल जबकि मादा के शरीर के ऊपरी भाग और निचले भाग में धारियां व पंखों पर दोहरी धारियां होती हैं। इसका भोजन बीज व अनाज होता है। प्रजनन के लिये इसका वास–स्थान ऊंचे क्षेत्रों की झाड़ियां और खुले मैदान होते हैं और शीत ऋतु में झाड़ियों वाले खेत होते हैं।

103. रसेट स्पैरो (Russet Sparrow) *Passer cinnamomeus*
14.5 सेमी गौरैया +– **लाल गौरैया**
प्लेट I 20

इस निवासी हिमालयी पक्षी के नर को इसके चमकदार कथई अग्रपीठ और इसके शरीर के निचले भाग के हलके पीले से रंग के कारण सरलता से पहचाना जा सकता

है। मादा की स्पष्ट भौंह धारी होती है। कंधे और पीछे का भाग पुट्ठा लाल भूरे रंग का व शरीर का अधर भाग हलका पीला रंग लिये होता है। वयस्क पक्षी बीज व अनाज खाते हैं। ये खुल् जंगलों, जंगलों के किनारों और खेतों के आस–पास रहते हैं। यह घरेलू गौरैया *Passer domesticus* के पास के परिवार से है जिनकी संख्या अब शहरों में तेजी से घट रही है।

104. यूरोपियन गोल्डफिंच (European Goldfinch) *Carduelis carduelis*
13–15.5 सेमी गौरैया +– **सोनपरी टूटी**
प्लेट । 20 अनुसूची IV

यह शीतकाल में कम ऊंचाई वाले क्षेत्रों में प्रवास पर आने वाला हिमालयी निवासी पक्षी है। इसका चेहरा लाल, व काले और पीले पंखों पर सफेद छींटे होते हैं। सर्दियों में इसका मुख्य भोजन गेंदे का फूल हैं। इसका वास–स्थान ऊंचाई के क्षेत्रों वाले खेतों की झाड़ियां और खुले वन होते हैं।

105. एल्पाइन एक्सेंटर (Alpine Accentor) *Prunella collaris*
17 सेमी गौरैया +– **एल्पाईन डूंगचिड़ी**
प्लेट । 20 अनुसूची IV

यह हिमालय का निवासी पक्षी है जो ऊंचाई वाले स्थानों पर प्रवास करता है। इसका सिर व छाती स्लेटी रंग का, शरीर के दोनों ओर का रंग लाल भूरा और गहरे रंग के पंखों पर सफेद धब्बे होते हैं। सर्दियों में इसे बड़े झुन्ड में जमीन पर पहाड़ियों के ढलान पर और खुले मैदान में पाया जा सकता है। इसका वास स्थान खेतों कि झाड़ियां और सूखे झाड़ झांखाड़ 1,800 मी से 5,500 मी हिमालय में है।

106. क्रेस्टेड बंटिंग (Crested Bunting) *Emberiza lathami*
17 सेमी गौरैया + **छोटी पत्थर चिर्ता**
प्लेट । 20

यह हिमालय का निवासी पक्षी है। इस पक्षी के नर को उसकी स्पष्ट शिखा से आसानी से पहचाना जा सकता है। इसका सिर नीले से काले रंग का और शरीर सफेद होता है। मादा और पहले सर्दियों में नर के शरीर के ऊपरी भाग में व छाती पर धारियां बनी होती हैं। इसका वास–स्थान सूखी चट्टानें और घास वाली पहाड़ियां और सीढ़ीदार खेत होते हैं।

क्या आप बता सकते हैं ?

प्रश्न 1. मृत जानवरों को खाने वाला पक्षी कौन सा है?

प्रश्न 2. उत्तराखण्ड का सबसे लंबा पक्षी कौन सा है जिसकी प्रजाति खत्म होने की कगार पर है?

प्रश्न 3. क्या आप जानते हैं कि व्हाईट रम्प्ड वल्चर गिद्धों की जनसंख्या में पिछले दशक में 99 प्रतिशत तक की कमी क्यों आई है?

प्रश्न 4. क्या आप सोच सकते हैं कि पक्षी क्यों गाना गाते हैं या क्यों एक विशेष प्रकार की आवाज निकालते हैं?

प्रश्न 5. पक्षियों के माता पिता अपने बच्चों को उड़ना सिखाते हैं। सही या गलत।

प्रश्न 6. उत्तराखण्ड का राज्य पक्षी कौन से है?

प्रश्न 7. उत्तराखण्ड का वन्य जीवन अभयारण्य का नाम बताइये जिसको विशेष रूप से हिमालयन क्वेल या माउंटेन क्वेल *Ophrysia supercilosa* जिसे आखिरी बार 1876 में देखा गया था के वास-स्थान को सुरक्षा प्रदान करने के लिये बनाया गया है?

प्रश्न 8. फलभक्षी क्या है?

उत्तर पृष्ठ 268-269 पर देखें।

पक्षी

1. पॉण्ड हेरॉन

2. इस्टर्न कैटल इगरेट

3. लिटिल ग्रीब

4 . ग्रेट कॉर्मोरेंट 4 क. लिटिल कॉर्मोरेंट

5. बार-हैडेड गूज़

6. रुडी शेलडक

7. ब्लैक-नेक्ड स्टॉर्क

8. एशियन ओपनबिल

पक्षी

9. ब्लैक काइट

10. ब्लैक-शोल्डर्ड काइट

11. ओरियंटल हनी बजर्ड

12. हिमालयन ग्रिफॉन

13. क्रेस्टेड सर्पेन्ट ईगल

14 क. खलीज फीजेंट (नर)

15. कोकलास (नर)

14 ख. खलीज फीजेंट (मादा)

पक्षी

16. मोनाल फीजेंट (नर)

17. चीर फीजेंट

18. वैस्टर्न ट्रैगापोन (नर)

19. रेड जंगल फाउल (नर)

20. ब्लैक फ्रैंकोलिन (नर)

21. इण्डियन पीफाउल (नर)

22. सारस क्रेन

23. कॉमन मूरहेन

पक्षी

24. व्हाइट-ब्रेस्टेड वॉटरहेन

25. ब्लैक-विंग्ड स्टिल्ट

26. रेड-वॉटल्ड लैपविंग

27. रॉक पिजन

28. वैज-टेल्ड ग्रीन पिजन

29. स्पॉटेड डव

30. रोज-रिंग्ड पैराकीट

31 क. प्लम-हेडेड पैराकीट (नर)

31. स्लेटी-हेडेड पैराकीट (नर)

पक्षी

32. पाइड क्रेस्टेड कुक्कू

33. ग्रेटर कूकल

34. स्पॉटेड आउलेट

35. ब्राउन फिश आउल

36. लार्ज-टेल्ड नाइटजार

37. कॉमन किंगफिशर

38. व्हाइट-थ्रोटेड किंगफिशर

39. क्रेस्टेड किंगफिशर

पक्षी

40. ब्राउन-हैडेड बार्बेट

41. ग्रीन बी-ईटर

42. कॉमन हुप्पू

43. इण्डियन ग्रे हॉर्नबिल

44. ग्रेट हॉर्नबिल

45. ग्रेटर फ्लेमबैक

46क. ब्राउन-फरनेटेड पाइड वुडपैकर

46. हिमालयन वुडपैकर

47. स्पेकल्ड पिक्यूलेट

पक्षी

48. यूरेशियन राइनैक

49. ऑरेंज-बैलीड लीफबर्ड

50. इण्डियन पिट्टा

51. ब्लैक-हुडेड ओरियोल

52. रेड-रम्प्ड स्वालो

53. ब्लैक ड्रोंगो

54. हेयर–क्रेस्टेड ड्रोंगो

55. लौंग-टेल्ड श्राइक

56. बैंक मैना

पक्षी

57. एशियन पाइड स्टार्लिंग

58. रूफ़स ट्रीपाई

59. यूरेशियन जे

60. रेड-बिल्ड ब्ल्यू मैगपाइ

61. लार्ज-बिल्ड क्रो

62. लॉन्ग-टेल्ड मिनिवेट

63. रेड-वेंटेड बुलबुल

64. हिमालयन बुलबुल

65. ब्लैक बुलबुल

पक्षी

66. ऐशी प्रीनिया

67. ग्रे-ब्रेस्टेड प्रीनिया

68. जंगल बैबलर

69. यलो-आइड बैबलर

70. स्केली-ब्रेस्टेड रॅन बैबलर

71. रस्टी-चीक्ड शिमिटर बैबलर

72. रेड-बिल्ड लीयोथ्रिक्स

73. चेस्टनट-टेल्ड मिनला

पक्षी

74. स्ट्रीक्ड लाफिंगथ्रश

75. व्हाइट-थ्रोटेड लाफिंगथ्रश

76. यलो-बेलीड फैनटेल

77. व्हाइट-थ्रोटेड फैनटेल

78. इण्डियन पैराडाइज फ्लाइकैचर (नर)

79. वर्डिटर फ्लाइकैचर

80. स्मॉल नीलतवा (नर)

81. कॉमन टेलरबर्ड

पक्षी

82. ब्राउन रॉक चैट

83. इण्डियन रॉबिन

84. ओरियंटल मैगपाइ रॉबिन (मादा)

85. ब्ल्यू-फ्रंटेड रेडस्टार्ट

86. व्हाइट-कैप्ड वॉटर रेडस्टार्ट

87. प्लम्बस वॉटर रेडस्टार्ट (नर)

88. ग्रे बुश चैट (नर)

89. पाइड बुश चैट (नर)

पक्षी

90. साइबेरियन स्टोनचैट (नर)

91. ब्ल्यू व्हिसलिंग थ्रश

92. ग्रे-विंग्ड ब्लैकबर्ड (नर)

93. ग्रीन-बैक्ड टिट

94. वैलवेट-फ्रंटेड नटहैच

95. वॉलक्रीपर

96. पैडीफील्ड पिपिट

97. व्हाइट वैगटेल

पक्षी

98. क्रिमसन सनबर्ड (नर)

99. इण्डियन व्हाइट आई

100. स्केली-ब्रेस्टेड मुनिया

101. बया वीवर (नर)

102. कॉमन रोजफिंच (नर)

103. रसेट स्पैरो (नर)

104. यूरोपियन गोल्डफिंच

105. एल्पाइन एक्सेंटर

106. क्रेस्टेड बंटिंग

मछलियां

डवार्फ मुरेल (Dwarf Murrel) *Channa gachua*

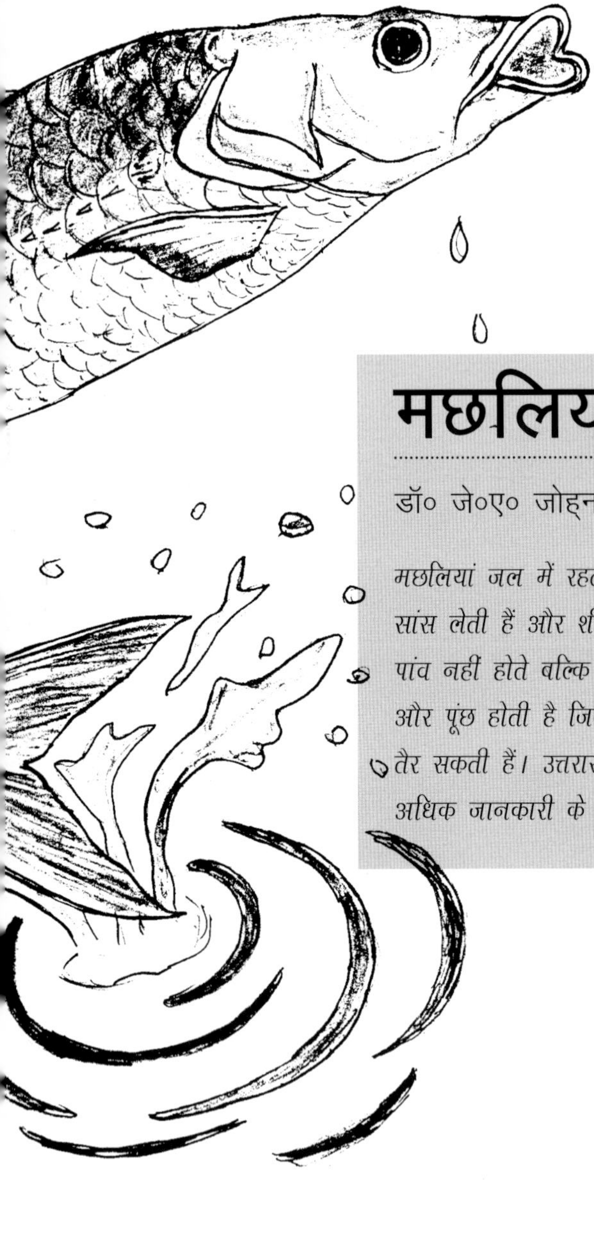

मछलियां

डॉ० जे०ए० जोह्नसन

मछलियां जल में रहती हैं, ये गलफड़ों (Gills) से सांस लेती हैं और शीतरक्तधारी होती हैं। इनके हाथ पांव नहीं होते बल्कि इनके स्थान पर इनमें फिन्स और पूंछ होती है जिनकी सहायता से ये पानी में तैर सकती हैं। उत्तराखण्ड की मछलियों के विषय में अधिक जानकारी के लिये कृप्या निम्न को पढ़ें ....

हवा की अपेक्षा जल में जीवन प्रतिरोध से भरा कार्य है जल में जीवन बिताना विषम परिस्थितियों को जीतने का सुन्दर उदाहरण है। जलीय जन्तुओं की सबसे बड़ी चुनौतियां निम्न हैः जल का घनत्वः जल में ऑक्सीजन का न्यून स्तरः शरीर के द्रव और नमक का संतुलन और देखने के लिये कम प्रकाश का होना। मछलियों ने इन विपरीत परिस्थितियों में रहने के कई तरीके विकसित कर लिये हैं। ये समुद्र की मूल निवासी पहली सफल मेरूदंडधारी जीव हैं जिन्होंने शनैः–शनैः धरती के जलीय वास–स्थानों में अपनी पैठ बना ली। ये संभवतः 40 करोड़ वर्ष पहले ऑर्डोविसियन पीरियड (Ordovician) से ही अस्तित्व में रही होंगी।

मानव समुदाय भोजन और मनोरंजन के लिये इस स्रोत पर काफी हद तक निर्भर हैं। ये जलीय जंतुओं की सबसे अधिक जाने जानी वाली प्रजाति हैं और प्राकृतिक आबादी से भोजन के लिये प्रयोग किया जाने वाला मुख्य स्रोत है। निसंदेह कई क्षेत्रों में लोग अपनी प्रोटीन की जरूरतों के लिये ताजे पानी की मछलियों पर निर्भर करते हैं। भोजन के अतिरिक्त मछलियों को कई प्रकार की पारंपरिक दवाइयों मे, आवश्यक तेलों के स्रोत के रूप में, प्रोटीन के पूरक, विटामिन, मनोरंजक खेलों और अक्वेरियम या मीनशाला के लिये भी प्रयोग किया जाता है। पारिस्थितिकी के दृष्टिकोण से भी मछलियां जलीय भोजन श्रृंखला व भोजन वेब के रखरखाव में भी महत्वपूर्ण भूमिका अदा करती हैं और इनका अस्तित्व भोजन श्रृंखला में सर्वोपरि या इसके आस–पास ही है। मछलियों की पोषक तत्वों की रीसाईकलिंग या पुनर्नवीनीकरण के लिये, जल के शुद्धीकरण और इकोसिस्टम के रखरखाव में भी अहम भूमिका है। इनको संतुलित जलीय इकोसिस्टम के लिये इंडिकेटर के रूप में भी प्रयोग किया जाता है। पारिस्थितिकीय सेवाओं को बल देने के लिये नजदीकी जलीय वास–स्थानों के मछली संसाधनों पर स्थानीय ज्ञान का दस्तावेजीकरण करना अत्यंत आवश्यक है।

स्थलचर प्राणियों के संरक्षण की अपेक्षा ताजे पानी की मछलियों को संरक्षित करने की चुनौतियां काफी निराशाजनक हैं। इसका कारण है जलीय पारिस्थितिकी के विषय में बहुत कम जानकारी, इसके प्रबंधन में मुश्किलें होना, अनेकों लोगों द्वारा इनका प्रयोग किया जाना तथा मानवीय हस्तक्षेप के लिये इसका अत्यधिक संवेदनशील होना। ताजे पानी की मछलियों के जीवन के लिये मुख्य चुनौतियां बढ़ती हुई मानव आबादी के कारण जल धाराओं पर बांधो का बनाया जाना, प्रदूषण, अंतर्सिंचित क्षेत्रों में तबादला (Interbasin transfers) व जलाशयों में गंदी वस्तुओं का निस्सृत होना आदि हैं। स्थानीय, क्षेत्रीय और लैंडस्केप के स्तर पर विभिन्न प्रजातियों के संरक्षण पर अब विशेष ध्यान दिया जाने लगा है क्योंकि मानवीय दबाव और इकोसिस्टम में बदलाव की घटनायें बढ़ रही हैं। ताजे पानी के मेरूदंडधारियों की प्रजातियों में कमी के विषय में हमारी जानकारी बहुत स्पष्ट नहीं है। भारत में कई नदियों और जल प्रपातों

में शहरीकरण और कृषि विकास, जल विद्युत परियोजनाओं, चैनलाइजेशन और प्रदूषण के कारण अत्यधिक बदलाव आया है।

भारत में मत्स्य विविधता

भारत को विश्व का अति–विविधतापूर्ण देश माना जाता है और इसमें तीन महत्वपूर्ण जैव विविध क्षेत्र है जो इस प्रकार हैः पश्चिमी घाट, हिमालय और पूर्वी हिमालय। यहां पर अनोखी मत्स्य एकत्रीकरण संरचना है जिसमें स्थानिक और क्रमिक विकास की बहुत सी प्रजातियां हैं जो विश्व की ताजे पानी की मछलियों की कुल आबादी का 65 प्रतिशत है (जयराम 1999)। भूमि के मत्स्य स्रोत में तीसरे स्थान पर आता है। इसमें 223 स्थानिक प्रजातियां, 128 मोनोटाइपिक जेनेरा और 5 स्थानिक फैमिलीज शामिल हैं (जिसमें मुख्य रूप से Psilorhynchidae, Parapsilorhynchidae) हैं।

उत्तराखण्ड राज्य में मत्स्य विवधता

उत्तराखण्ड राज्य में बर्फ से ढकी पहाड़ियों सहित प्राकृतिक सौंदर्य का भंडार प्रचुर मात्रा में है। यहां की बर्फ से ढकी चोटियों की सुंदरता में ताजे पानी के जलप्रपात और चारों ओर बर्फीली चोटियों से निकलने वाली नदियां चार चांद लगाती हैं। पवित्र गंगा नदी का स्रोत अलकनंदा और भागीरथी नदियां भी गढ़वाल हिमालय से ही निकलती है और अन्य मुख्य सहायक नदियां जैसे रामगंगा और काली नदियां भी उत्तराखण्ड के कुमाऊँ क्षेत्र में बहती हैं। इन नदियों से संबंधित मछलियों की प्रजातियों का दस्तावेजीकरण कई शोधकर्ताओं द्वारा 1882 और इसके आगे के वर्षों से भली भांति किया जाता रहा है (एटकिन्सनः 1882, मेनन 1942, लाल और चटर्जी 1962, सिंह 1964, पंत 1970, बडोला 2009 इत्यदि। मत्स्य संबंधी साहित्य से पता चलता है कि इस क्षेत्र में 125 से भी अधिक मछलियों की प्रजातियां उपलब्ध हैं जिनमें से गढ़वाल हिमालय में 76 और कुमांऊ क्षेत्र में 96 प्रजातियां उपलब्ध हैं। शिकार के लिये प्रयोग की जाने वाली महत्वपूर्ण मछलियों में गोल्डन महाशीर (*Tor putitora*), सिल्वर महाशीर (*Tor tor*), गूंछ (*Bagarius bagarius*), मली (*Wallago attu*), म्युरेल्स (*Channa spp.*) और स्नो ट्राउट (*Schizothorax spp.*) आदि मुख्य हैं।

मछलियों की पहचान

मछलियों की पहचान करना पक्षियों की तुलना में कुछ भिन्न है। पक्षियों के शरीर के रंग और कुछ विशिष्ट पैटर्न होते हैं। मछलियों के शरीर के रंग भी भिन्न प्रकार के होते हैं परंतु काफी विशेषतायें इनमें सीमित होती हैं उदा0 के लिये फिन्स में धारियों की संख्या, पाषर्व आड़े शल्क या स्केल्स, शरीर का आकार आदि। मछलियों की पहचान को सरल बनाने के लिये किसी भी व्यक्ति को मछलियों के शरीर के अनोखे भागों की जानकारी होना आवश्यक है जैसे रंग, पैटर्न, और आकार। मछलियों के विभाजन की जानकारी (Distribution range information) से भी किसी विशेष प्रजाति के विषय में आधारभूत जानकारी

ली जा सकती है। मछलियों की पहचान करने से पहले किसी भी जानकारी लेने वाले व्यक्ति को मछलियों के शारीरिक आकार और उनके शरीर के भागों की सामान्य जानकारी होनी आवश्यक है। मछलियों के शरीर के विभिन्न भागों को चित्र में दर्शाया गया है। परंपरागत रूप से मछलियों की पहचान और वर्गीकरण कुछ बाहरी अंगों की नपत एवं भागों में विभाजन (मॉर्फोमीट्रिक और मैरिस्टिक ट्रेट्स) के आधार पर की जाती है। इसके लिये इस क्षेत्र में पाई जाने वाली कुछ मछलियों के महत्वपूर्ण समूहों की कुछ खास विशेषताओं की जानकारी होनी भी आवश्यक है। इस क्षेत्र में पाई जाने वाली कुछ मछलियों को Cyprinidae, Bagridae, Sisoridae, Channidae फैमिली का पाया गया है। हिमालयी क्षेत्र की ताजे पानी की कुछ महत्वपूर्ण मछलियों को पहचानने के लिये ताजे पानी की मछलियों की फैमिली की कुछ विशेषताओं और सामान्य ताजा पानी की मछलियों के कुछ पहचान के चिन्हों का विवरण इस अनुभाग में किया गया है।

नोटः इनमें से किसी भी मछली को वन्यजीव सुरक्षा अधिनियम के अंतर्गत सुरक्षा नहीं दी गई है अतः IUCN द्वारा परिभाषित उनके स्टेटस को दिया गया है।

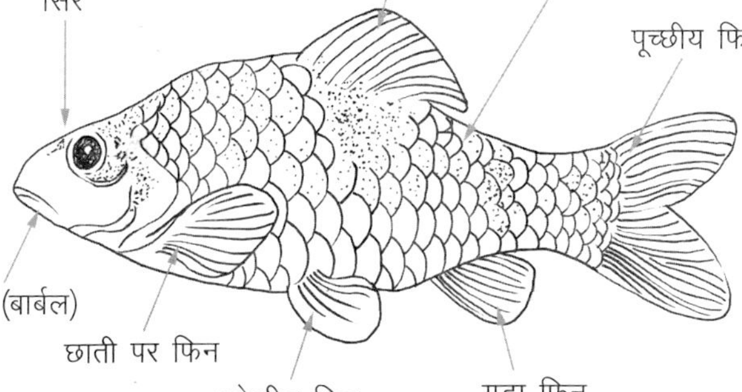

मछली की सामान्य आकृति व शरीर के भाग

Cyprinidae की शारीरिक विशेषतायें

Cyprinidae समूह को सामन्यतया कार्प फैमिली कहा जाता है। इनमें महाशीर, स्नो ट्राउट, बार्ब्स, बैरिल्स, डेनियो, मिन्नो आदि शामिल हैं। यह समूह अत्यंत विविधता पूर्ण समूह है जिनका वास–स्थान लगभग सभी प्रकार के जलीय स्थानों जैसे जल धाराओं, नदियों, झीलों, तालाबों और नहरों आदि में होता है। इस फैमिली के अंतर्गत निम्न मुख्य जीन्स होते हैः *Tor, Schizothorax, Labeo, Cirrhinus, Barilius, Garra* and *Puntius.* इस फैमिली की कुछ मुख्य विशेषतायें निम्न हैः–

- इनका शरीर शल्कों या स्केल्स से ढका होता है और सिर पर कोई स्केल्स नहीं होते।
- शरीर के स्केल्स डोम शेप्ड या गुंबदाकार होते है और इनके सिरे मुलायम होते हैं।
- इनके पृष्ठीय फिन नरम शाखादार रेखा (Ray) के होते हैं और अगले भाग की 'रे' बिना शाखा के होती हैं। शरीर के अगले भाग की 'रे' शाखाविहीन होती हैं।
- इनका ऊपरी जबड़ा सामान्यतया गति कर सकता है।
- कभी–कभी इनके मुंह के किनारों पर छोटे–छोटे बार्बेल्स (स्पर्शक) (मछलियों के मुंह या जबड़ों के किनारे पर धागेदार रचना) होते हैं।
- इनके जबड़ों पर दांत नहीं होते परंतु गिल मेहराब (आर्च) पर ग्रसनी (फैरिंजियल) दांत मौजूद होते हैं।

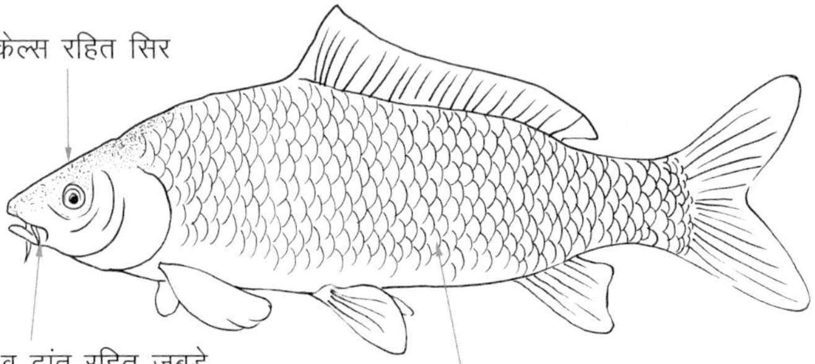

Cyprinidae फेमिली की मछलियों की पहचान के लिये शारीरिक विशेषतायें

Bagridae मछलियों की शारीरिक विशेषतायें

इस फैमिली की मछलियों को इनके मुंह के चारों ओर मौजूद लंबे बार्बेल्स के कारण कैटफिश कहा जाता है। ये काफी प्राचीन और सभी जगह पाई जाने वाली मछलियां हैं। ये अधिकांशतः दक्षिणी ओर दक्षिण पूर्वी एशिया व यूरोप में पाई जाती हैं। इस फैमिली की सदस्य मछलियां मांसभक्षी होती हैं और ये जलीय कीटों, कीड़ों व छोटी मछलियों का शिकार करती हैं। इस फैमिली के अंतर्गत पाये जाने वाले मुख्य जीन्स निम्न हैः *Mystus, Aorichthys, Batasio* और *Rita* हैं। इस फैमिली की मुख्य शारीरिक विशेषतायें निम्न हैः–

- इनके शरीर में शल्क या स्केल्स नहीं होते।
- इनके मुंह के चारों ओर लंबे बार्बेल्स मौजूद होते हैं।
- इनका मेरूदंड पूरी तरह से विकसित होता है और इनमें डॉर्सल व पैक्टोरल फिन्स होते हैं।
- इनके एनल फिन्स छोटे होते हैं और उनमें कुछ ही रे होती हैं।

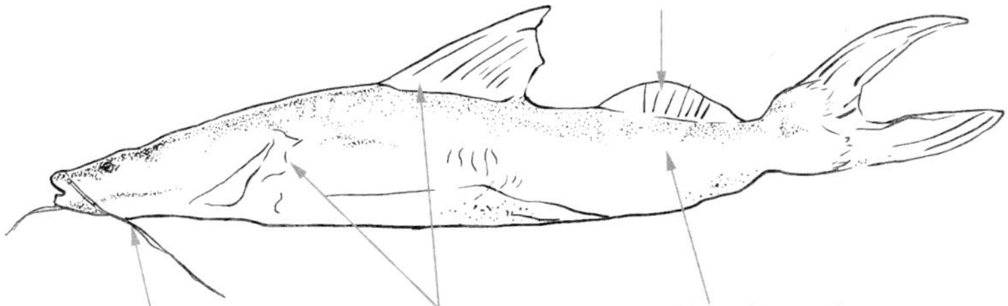

Bagridae फैमिली की मछलियों की पहचान के लिये शारीरिक विशेषतायें

- डॉर्सल फिन्स की पिछली ओर एक छोटी बाहर की ओर निकली हुई झिल्लीदार रचना होती है जिसको वसामय (एडिपोज) फिन्स कहते हैं।
- इनके जबड़ों में दांत होते हैं।

Sisoridae मछलियों की मुख्य शारीरिक विशेषतायें

Sisoridae मछलियां कैटफिश की दूसरी फैमिली की मछलियां हैं जिनका वास–स्थान ऊंचे पहाड़ी जल प्रपातो व नदियों के रैपिड्स और तालाब होते हैं। ऊंचे पहाड़ी स्थानों में रहने वाली गछलिगों के थोरेसिक (thoracic) (छ‌ाती) क्षेत्र गें चिगचिपा तह (एडहेसिव पैड्स) होते हैं। इस फैमिली की सदस्य मछलियों में *Bagarius, Glyptolhorax, Sisor* और *Hara* हैं। इस फैमिली की मछलियों की पहचान की निम्न विशेषतायें हैः–

- इनके शरीर में शल्क या स्केल्स नहीं होते।
- बहुधा इनके थोरेसिक रीजन में चिपचिपा उपकरण मौजूद होता है। इनके शरीर में जोड़ीदार फिन्स (पेक्टोरल और पेल्विक फिन्स) समानांतर रूप से होते हैं।
- पेक्टोरल फिन्स आरीदार (Serrated) होते हैं और इनका मेरूदंड बहुत मजबूत होता है।
- इनके मजबूत ऊपरी जबड़े में बार्बेल्स होते हैं जो आधार पर चौड़े और ये लहराते रहते हैं।
- इनकी आंखे छोटी होती हैं और ये सिर के पृष्ठ पर स्थित होती हैं।

Channidae फैमिली की शारीरिक विशेषतायें

इस समूह की मछलियों को सर्पगुखी गा सर्प के सिर वाली मछलिया कहा जाता है और ये सांस लेने के लिये वातावरण की ऑक्सीजन का उपयोग करने में सक्षम होती हैं अतः इनको हवा में सांस लेने वाली मछलियां भी कहा जाता है। भारत में इस फैमिली का केवल एक ही जीन्स चन्ना उपलब्ध है। भारतीय जलस्रोतों से इस प्रकार की छः वैध प्रजातियों के विषय में रिपोर्ट्स मिली

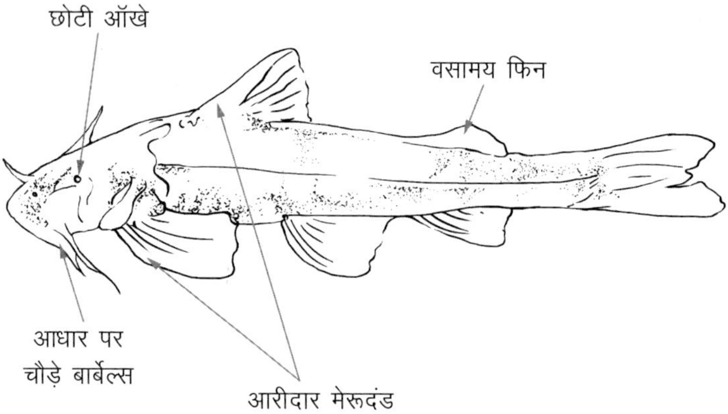

Sisoridae फैमिली की मुख्य शारीरिक विशेषतायें।

हैं। इनका वास–स्थान सामान्यतया निचले क्षेत्रों की जल धाराओं, नदियों, जलाशयों, झीलों और तालाबों में है। इस फैमिली की मछलियों की पहचान की निम्न विशेषतायें हैः–

- इनके सिर के ऊपरी भाग में बड़े बड़े स्केल्स पाये जाते हैं।
- इनके पृष्ठीय (डॉर्सल) और गुदा (एनल) फिन्स लंबे होते हैं।
- इनका पुच्छीय/दुमदार (कॉडल) फिन गोलाकार या गोलाई लिये होता है।
- इनका मुंह बड़ होता है और जबड़ों में दांत होते हैं।

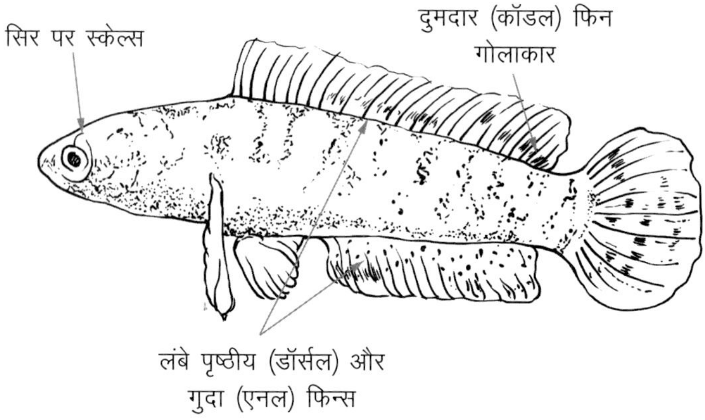

Channidae फैमिली की मुख्य शारीरिक विशेषतायें।

फैमिलीः सिप्रिनिडे (Cyprinidae)

1. गोल्डन महाशीर (Golden Mahseer) *Tor putitora*

अधिकतम आकारः 2.7 मी, 54 किग्रा0

IUCN स्टेटसः लुप्तप्राय (Endangered)

प्लेट I 21

यह एक बड़े आकार की मछली है। इनके शरीर के बड़े स्केल्स के कारण आसानी से पहचाना जा सकता है। इनका सिर, शरीर की गहराई (Depth) से अधिक लंबा होता है। शरीर का रंग वयस्क मछली में शरीर के दोनों ओर का रंग नारंगी से पीले रंग का जो पेट की ओर आते–आते चांदीय सफेद होता जाता है। इनके फिन्स का रंग पीला होता है। इनके मुंह के कोनों पर दो जोड़ी बार्बेल्स होते हैं और इनका मुंह घूम सकता (Moveable) है। अन्य महाशीरों की तुलना में इनका आकार बड़ा, संकरा व शरीर लंबा होता है। ये बडे चट्टानी तालाबों और रैपिड्स में रहना पसंद करते हैं और इनका भोजन कीड़े, कीट पतंगे, सीप–घोंघे व छोटी–छोटी मछलियां हैं। मछलियों की यह प्रजाति गढ़वाल क्षेत्र के अलकनंदा, मंदाकिनी, भागीरथी, भिलंगना, गूलर, गंगा यमुना, टोंस, नयार, हिमवाल, खोई व सौंग में व कुमाऊँ क्षेत्र की कोसी, रामगंगा, सरजू, गोमती, गगास, गोरी, लोहवाड़ी, धौली काली नदियों में काफी मात्रा में विद्यमान है।

फैमिलीः सिप्रिनिडे (Cyprinidae)

2. सिल्वर महाशीर (Silver Mahseer) *Tor tor*

अधिकतम आकारः 1.5 मी, 68 किग्रा0

IUCN स्टेटसः संकटग्रस्त प्रजाति (Near Threatened)

प्लेट I 21

यह एक बड़े आकार की मछली है। इसको, शरीर के बड़े स्केल्स और छोटे सिर के कारण आसानी से पहचाना जा सकता है (इनके सिर की लंबाई, शरीर की गहराई (Depth) से अधिक छोटी होता है)।

शरीर का रंगः वयस्क मछली का रंग स्लेटी रंग का और शरीर के मध्य भाग तक स्केल्स पर चांदी की सी चमक लिये होता है। इनके शरीर के दोनों पृष्ठ और पेट चांदी सिल्वरी सफेद रंग के होते हैं। इसका सिर अन्य महाशीरों की तुलना में शरीर की लंबाई व गहराई से छोटा होता है। इनके फिन्स पीले रंग के होते हैं। इनके मुंह के कोनों पर दो जोड़ी छोटे बार्बेल्स होते हैं और इनका मुंह भली भांति घूम सकता

है। ये बड़े बड़े चट्टानी तालाबों और रैपिड्स में रहना पसंद करती है और कीडे, कीट–पतंगे, सीप–घोंघे और छोटी–छोटी मछलियों को खाना पसंद करती हैं। यह प्रजाति सामान्यतया मध्य हिमालयी क्षेत्र में और यमुना के तटीय क्षेत्र मे पाई जाती हैं लेकिन ये जल धाराओं और नदियों में बहुत कम पाई जाती है। हालांकि इस प्रजाति के गढ़वाल क्षेत्र के अलकनंदा व भागीरथी बेसिन और कुमाऊं क्षेत्र में कोसी और रामगंगा नदियों से पाये जाने की सूचना भी मिली हैं।

फैमिलीः सिप्रिनिडे (Cyprinidae)

3. स्टोन सकर (Stone Sucker) *Garra gotyla*

अधिकतम आकार 15 सेमी
IUCN स्टेटसः Least concern
प्लेट I 21

इनका शरीर बेलनाकार होता है, सिर निचली ओर से चपटा, थूथन गोल, मुंह का आगे की ओर बढ़ा हुआ भाग काफी विकसित होता है और उस पर एक मध्यम आकार का (Median) लोब होता है। इनका मुंह छोटा और सिर के निचली ओर या वेंट्रल सरफेस पर स्थित होता है। मुंह पर एक सकर के आकार की संरचना होती है, स्केल्स मध्यम आकार के होते हैं और छाती व पेट पर स्केल्स बिल्कुल नहीं होते। इनका शरीर और सिर हरे काले रंग का होता है। स्केल्स पीले रंग के व पेट सफेद रंग का होता है। यह जल धाराओं की चट्टानों के बीच की सतह पर चिपकी रहती हैं और मुख्यतः एक कोशिकीय एल्गी या शैवाल और मलबे को खाती हैं। गह आम तौर पर हिमालय की धाराओं व नदियों में पाई जाने वाली सामान्य सी मछली है। यह प्रजाति गढ़वाल क्षेत्र की अलकनंदा, भागीरथी, भिलंगना, गुलार, गंगा, यमुना, नयार, हिम्वाल, खोही, सौंग और कुमाऊँ क्षेत्र की कोसी, रामगंगा, सरजू, गगास, सुयाल, सारदा और गौला नदियों में काफी संख्या में पाई जाती हैं (बडोला 2009)।

फैमिलीः सिप्रिनिडे (Cyprinidae)

4. बारील (Baril) *Barilius bendelisis*

अधिकतम आकार 22 सेमी
IUCN स्टेटसः Least concern
प्लेट I 21

इसके शरार के दोनों पार्श्व दबे हुये होते हैं और उन पर 12 गहरे रंग की पट्टियां बनी होती हैं (ये पट्टियां इनके छोटे बच्चों में स्पष्ट रूप से दिखाई देती हैं लेकिन

वयस्कों में नहीं)। इनके शरीर पर छोटे–छोटे स्केल्स होते हैं। इनका मुंह चौड़ा और अंतिम सिरे पर स्थित होता है। शरीर चांदी के रंग का होता है जिस पर काले धब्बे होते हैं। इनके फिन्स नारंगी रंग के होते हैं। इनका वास–स्थान तीव्र प्रवाह वाली धाराओं में और निचले क्षेत्र (Low land) की धाराओं में होता है। इनका भोजन पानी में जमीन से बहकर आये हुये कीट–पतंगे और जंतु होते हैं। *Barilius bendelisis* या बारील हिमालयी क्षेत्र की धाराओं व नदियों में बहुतायत से पाई जाती हैं। गढ़वाल क्षेत्र की अलकनंदा, नंदाकिनी, पिंडर, मंदाकिनी, भागीरथी, भिलंगना, गुलार, गंगा, यमुना, नयार, हिम्वाल, खोही, सौंग और कुमाऊँ क्षेत्र की कोसी, रामगंगा, सरजू, गोरी, लोकवादी, काली, गगास और सुयाल नदियों में इनकी काफी संख्या रिपोर्ट की गई है।

फैमिलीः सिप्रिनिडे (Cyprinidae)

5. रोजी बार्ब (Rosy Barb) *Punitus conchonius*

अधिकतम आकारः 14 सेमी

IUCN स्टेटसः Least concern

प्लेट। 21

इनके बार्ब्स छोटे और शरीर laterally रूप से दबा होता है और मुंह अंतिम सिरे (Terminal) पर होता है। इनके शरीर के पिछले भाग पर एक गोल काला धब्बा बना होता है। इनके डॉर्सल फिन की पहली 'रे' मजबूत और आरीदार (Serrated) होती है। नर मछली चमकदार गुलाबी रंग की होती है जिसके फिन्स काले रंग के होते हैं। मादा मछली चांदी से सफेद रंग की होती हैं। यह निचले स्थानों की धाराओं, नदियों, नहरों और तालाबों में पाई जाती हैं और इनका भोजन मलबा, धागेदार एल्गी और कीड़े होते हैं। यह प्रजाति गुलर, गंगा, यमुना, टौंस, नयार, हिम्वाल, खोही, सौंग और कुमाऊँ क्षेत्र की कोसी, रामगंगा, सरजू, सुयाल और गौला नदियों में इनकी काफी संख्या पाई जाती है।

6. अलवान स्नो ट्राउट (Alwan Snow Trout) *Schizothorax richardsonii*

अधिकतम आकारः 60 सेमी

IUCN स्टेटसः संवेदनशील (Vulnerable)

प्लेट। 21

इनका शरीर बेलनाकार, सिर नीचे की ओर से चपटा, गोलाकार व थूथन चिकना होता है। इनका सक्टोरियल माउथ सिर के नीचे की ओर स्थित होता है, इनके स्केल्स बहुत छोटे होते हैं। इनके शरीर का डॉर्सल क्षेत्र व सिर स्लेटी रंग का, शरीर के दोनों पार्श्व (flanks) और पेट चांदी से सफेद रंग के होते हैं। बड़े आकार की

मछलियों में दोनों पाश्र्व (Flanks) सुनहरे रंग के होते हैं। यह निचले स्थानों की धाराओं, नदियों, नहरों और तालाबों में पाई जाती हैं और इनका भोजन डेट्राइटस, धागेदार एल्गी और कीड़े होते हैं। यह सामान्यतः हिमालयो नदियों और नालो में पाई जाती है।

फैमिलीः सिसोरिडे (Sisoridae)

7. (गूंच Goonch) *Bagarius bagarius*
अधिकतम आकारः 2 मी
IUCN स्टेटसः संकटग्रस्त प्रजाति होने की कगार पर (Vulnerable)
प्लेट । 22

यह बहुत बड़ी कैट फिश है। जिसका सिर उपर व नीचे से चपटा होता है। इसके शरीर का निचला भाग भी चपटा होता है। इनके झाड़ूनुमा बार्बेल्स के कारण इनको अन्य सिसोरिडी कैटफिश से अलग करके भली भांति पहचाना जा सकता है। इनके थोरेसिक रीजन में एडहेसिव पैड्स नहीं होते। इनके शरीर का रंग भूरे रंग का होता है जिस पर चारों ओर तीन या चार काली पट्टियां बनी होती हैं। इसके पूरे शरीर पर पीले रंग के धब्बे बने होते हैं। शरीर का निचला भाग सफेद होता है। इनकी छाती (Pectoral) और पृष्ठीय (Dorsal) फिन मजबूत और आरीदार कांटे से सहायतित होते हैं। यह हिमालयी क्षेत्र की नदियों में रैपिड्स और तालाबों में पाये जाते हैं। गढ़वाल क्षेत्र की गुलर, गंगा, यमुना, नयार, हिम्वाल, खोही, सौंग और कुमाऊँ क्षेत्र की कोसी, रामगंगा, सारदा, ढेला, बोर, फीका, झकरा और बेगुल नदियों में इनकी काफी संख्या रिपोर्ट की गई है।

फैमिलीः बागरीडे (Bagridae)

8. गंजेटिक मिस्टस (Gangetic Mystus) *Mistus cavasius*
अधिकतम आकार 40 सेमी
IUCN स्टेटसः Least concern
प्लेट । 22

यह मध्यम आकार की कैटफिश है। इनका सिर ऊपर व नीचे की और से दबा हुआ होता है और शरीर के पाषर्व भी दबे हुये होते हैं। इनमें पृष्ठीय (डॉर्सल) फिन से सटे लंबे एडिपोज पृष्ठीय (डॉर्सल) फिन होते हैं जो अन्य मिस्टस मछलियों में नहीं होते। इसके अलावा इनके लंबे मुँह के दोनों ओर (मैक्सिलरी) बार्बेल्स होते हैं जो गूदा फिन के अंत तक जाते हैं। इसके साथ–साथ शरीर पर मांसल या मस्कुलर पट्टियां बनी होती जो शरीर के दोनों ओर स्पष्ट रूप से दिखाई देती हैं। शरीर का

रंग सिल्वर व पीले रंग का और सिर गहरे स्लेटी रंग का होता है। यह सामान्यतया निचले स्थानों की धाराओं, नदियों और जलाशयों में पाई जाती हैं। यह जलीय कीड़े मकोड़े और कीट पतंगों को खाती है। यह प्रजाति गढ़वाल क्षेत्र की निचली गंगा और सौंग नदी में और कुमाऊँ क्षेत्र की कोसी, शारदा, ढेला, बोर, फीका, झकड़ा और बेगुल नदियों में पाई जाती है।

फैमिली: चान्निडे (Channidae)

9. जायंट मुरॅल (Giant Murrel) *Channa marulius*

अधिकतम आकार: 1.2 मी

IUCN स्टेटस: Least concern

प्लेट | 22

इनका शरीर गोल, सर्प के जैसा होता है। इनके शरीर व सिर पर स्केल्स होते हैं। इनके सिर के स्केल्स बड़े होते हैं और पुष्पगुच्छ (Rosette) के समान होते हैं। इन मछलियों के दुम (कॉडल) फिन पर आंख जैसा धब्बा होता है और इसके कारण इन्हें अन्य Channa से अलग से पहचाना जा सकता है। इनका शरीर पीले से भूरे रंग का, शरीर के पार्श्व पीले रंग के और स्केल्स नारंगी रंग के शेड्स लिये होते हैं। इनके शरीर के पार्श्व भाग पर 6 चौड़ी काली पट्टियां बनी होती हैं। इनका वास–स्थान निचले स्थानों की नदियो, जलाशयों और तालाबों में होता है जहां ये छोटी–छोटी मछलियों को व जमीन से बहकर आये हुये कीटों को खाते हैं। उत्तराखण्ड में इस प्रजाति की मछलियां निचली गंगा, कोसी, रामगंगा, शारदा, ढेला, बोर, फीका, झाकरा और बेगुल नदियों में बहुतायत से पाई जाती हैं।

क्या आपको पता है ?

कि भारतीय उपमहाद्वीप में 2,000 से अधिक मछलियों की प्रजातियां मौजूद हैं जो लगभग पक्षियों, स्तनपायी, सरीसृप वर्ग और जल–स्थलचर मेरुदंडधारी प्रजातियों की पूरी संख्या के जितनी है।

क्या आपको पता है ?

कि मछलियों के समूह को 'स्कूल' कहा जाता है।

फैमिलीः चान्निडे (Channidae)

10. ड्वार्फ मुरॅल (Dwarf Murrel) *Channa gachua*

अधिकतम आकार 15 सेमी
IUCN स्टेटसः Least concern
प्लेट । 22

यह छोटे आकार की मुरॅल होती है जिसके शरीर पर किसी प्रकार का निशान या पट्टियां नहीं होती। इनके शरीर का रंग हरा काला होता है। वयस्क का शरीर काले नीले रंग का व फिन के लाल सिरे होते हैं। इनका वास–स्थान धीमे प्रवाह वाली धारायें और उथले रूके हुये पानी के तालाब होते हैं। जलीय कीटों, केकड़ों और छोटी–छोटी मछलियों को खाती है। उत्तराखण्ड में इस प्रजाति की मछलियां गढ़वाल क्षेत्र की निचली गंगा, गूलर, यमुना, टोंस, खोही, मंडल, सौंग, रैंसन, सुसवा और कुमाऊं क्षेत्र की कोसी, रामगंगा, गौला, ढेला, बोर, फीका, झाकरा और बेगुल नदियों में बहुतायत से पाई जाती हैं।

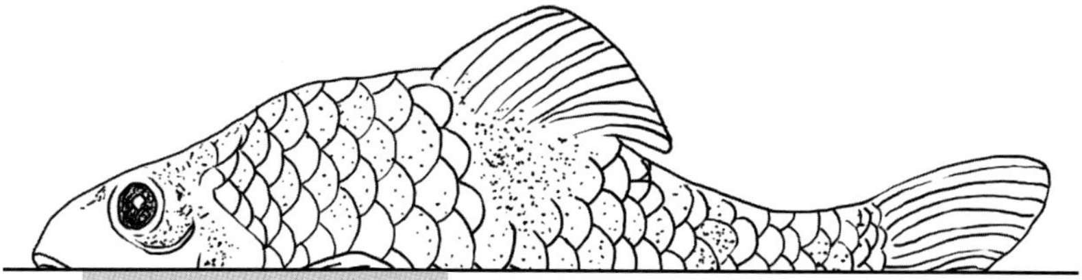

क्या आप बता सकते हैं ?

प्रश्न 1. विश्व की सबसे बड़ी व सबसे छोटी मछली कौन सी है ?

प्रश्न 2. मछलियां पानी के अंदर किस प्रकार से सांस लेती हैं ?

उत्तर पृष्ठ 269 पर देखें।

मछलियां

1. गोल्डन महाशीर

2. सिल्वर महाशीर

3. स्टोन सकर

4. बारील

5. रोजी बार्ब

मछलियां

6. अलवान स्नो ट्राउट

7. गूंच

8. गंजेटिक मिस्टस

9. जायंट मुरॅल

10. ड्वार्फ मुरॅल

उभयचर जीव

जौनसार कैस्केड (Jaunsar Cascade Frog) *Amolops jaunsari*

उभयचर जीव

संजय सोंधी

जल-थलचर जीव शीत रक्तधारी होते हैं। ये लार्वा अवस्था में जल के अंदर रहते हैं और वयस्क अवस्था में जल और थल दोनों पर ही रह सकते हैं। कुछ भूमि पर और कुछ पेड़ों, झाड़ियों या पानी के किनारे नरकलों पर रहते हैं। इनमें से कुछ तो भूमि के नीचे रहते हैं। आइये इन रात्रि में विचरण करने वाले प्राणियों के जीवन में झांककर तो देखें .....

भारत में 383 से भी अधिक उभयचरों की प्रजातियां रहती हैं। पिछले दशक में कई नई प्रजातियां भी खोजी जा चुकी हैं और आने वाले वर्षों में भी कई अन्य के विषय में जानकारी मिलेगी। इससे पता चलता है कि हम उभयचरों के विषय में कितना कम जानते हैं।

मेंढक का जीवन चक्र

मेंढक का जीवन चक्र जल और भूमि के ही अंदर पूरा होता है। ये इकोसिस्टम के स्वास्थ्य की जानकारी देने वाले सबसे अच्छे संकेतक या इंडिकेटर हैं। एक मेंढक का जीवन चक्र वयस्क नर व मादा के संसर्ग से प्रारंभ होता है। यह तभी संभव है जब मादा उभयचरों संसर्ग के लिये पूरी तरह से तैयार हो और उसके शरीर में अनिषेचित अंडा (unfertilized egg) विकसित हो। संसर्ग की प्रक्रिया के दौरान नर मेंढक, मादा को जिस स्थिति में पकड़कर रखता है उसे एंप्लेक्सस कहते हैं और इसके बाद वह अंडे को निषेचित करता है। मादा निषेचित अंडे को पानी में या पानी वाले स्थान के पास रखती है। एक बार जब अंडे को सेया (hatched) जाता है तो उसमें से टैडपोल (tadpole) निकलकर आता है। टैडपोल भोजन करके विकसित होते हैं और छोटे–छोटे मेंढक (froglets) बन जाते हैं। यही नन्हें मेंढक बाद में वयस्क मेंढक बनते हैं।

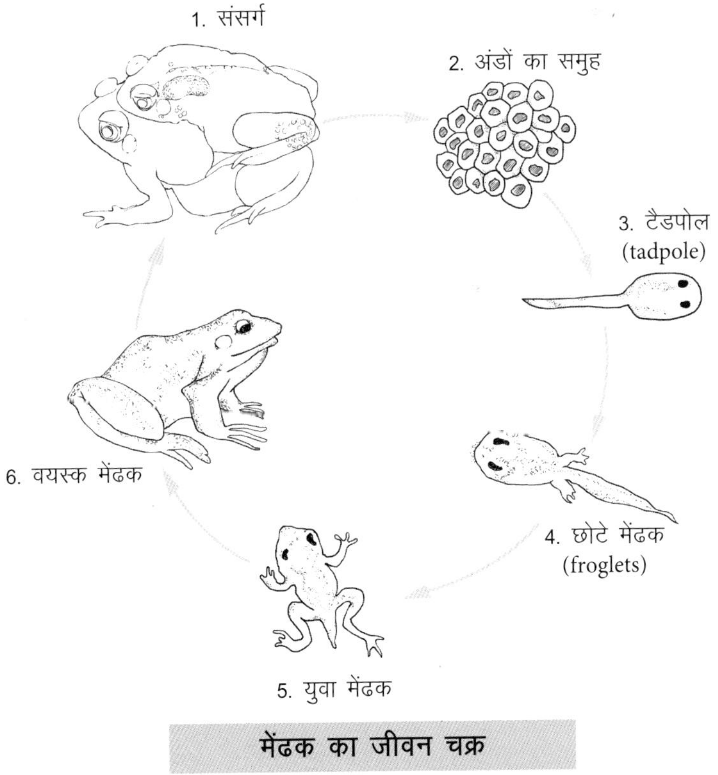

मेंढक का जीवन चक्र

मेंढक कहां पाये जाते है

उभयचर मानसून में या गर्मियों के मौसम में रात को विचरण करते हैं। अधिकांश उभयचर बरसात के मौसम में प्रजनन करते हैं। इस मौसम में नर, मादा को आकर्षित करने के लिये एक विशेष प्रकार की आवाज लगाता है अतः मेंढकों को देखने के लिये यह सबसे अच्छा समय है। ये अनेक प्रकार के स्थानों पर रहते हैं जैसे चट्टानी जंगलों में, तालाबों में, जंगली जल धाराओं में, पर्वतीय धाराओं में, कृषि भूमि और कई अन्य स्थानों पर रहते हैं।

जल–थलचर जीव को पहचानना

जल–थलचर जीव को पहचानना सरल नहीं है खासकर इसलिये कि ये विविध रंगों व निशान वाले होते हैं। उभयचरों को अच्छी तरह से पहचानने के लिये उनकी शारीरिक संरचना का विस्तृत विवरण जानना आवश्यक है पर यहां पर हमारा उद्देश्य यह नहीं है। नीचे दिये गये रेखाचित्र में दिये गये शरीर के कुछ भागों से मेंढकों को पहचानने में सहायता मिल सकती है। इतना कहना काफी होगा कि इस चित्र से व पुस्तक में दिये गये विवरण से पाठकों को मालूम हो जायेगा कि वे किस प्रजाति के मेंढक को देख रहे हैं। पुस्तक में दिये गये आकार में थूथन (Snout) से मलद्वार तक की औसत लंबाई दी गई है।

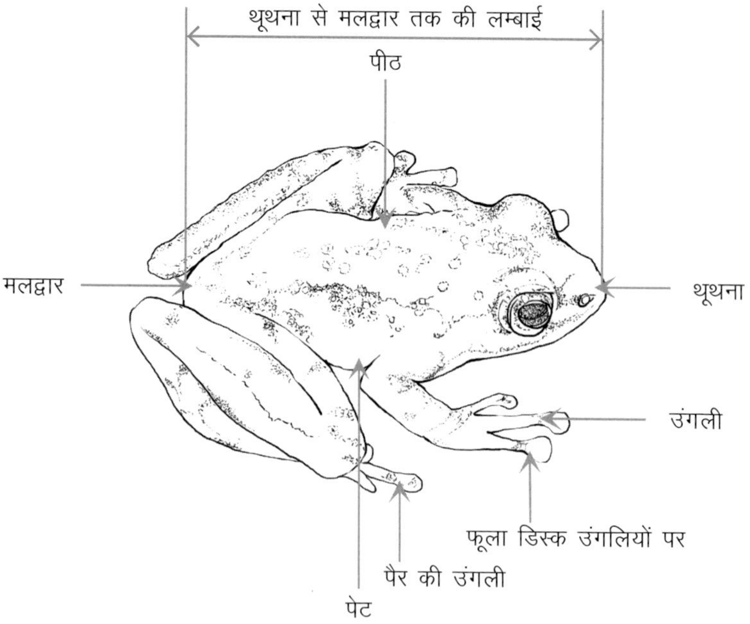

मेंढक के शरीर के भाग

1. कॉमन इण्डियन टोड (Common Indian Toad) *Duttaphrynus melanostictus*

आकारः 100 मिमी

प्लेट । 23

यह बड़ा स्थल मेंढक है जिसके शरीर पर काले नुकीले मस्से जैसी संरचनायें होती हैं। इसका रंग भूरे से लाल भूरा से पीला हो सकता होता है। इसके सिर पर बड़ी बड़ी ग्रंथियां होती हैं जो मेंढक को टोड से अलग करती हैं। यह भारत का सबसे आम उभयचर है और यह गांव से लेकर शहरों तक सभी स्थानों पर पाया जाता है। यह रात के समय बहुत सक्रिय हो जाते हैं और लगभग वर्ष भर इनको देखा जा सकता है। बहुधा यह घरों के अंदर भी प्रवेश कर जाते हैं। यह टोड मैदानी भागों से लेकर पहाड़ी क्षेत्रों तक 2000 मी तक की ऊंचाई पर पाये जाते हैं। यदि आप टोड को पकड़ें तो संभव है कि ये आपके हाथ पर अत्यंत गंदी बदबू छोड़ सकता है। यह टोड की रक्षा प्रणाली है। यह शिकारियों से बचने के लिये अपने सिर की ग्रंथियों से एक प्रकार का विष छोड़ता है। हिमालयी टोड *Duttaphynus himalayanus* (1a.) इसी टोड की तरह से दिखने वाला टोड है जो 3,000 मी तक की ऊंचाई पर पाया जाता है।

2. इण्डियन बुल फ्रॉग (Indian Bull Frog) *Hoplobatrachus tigerinus*

आकारः 130 मिमी

प्लेट । 23

अनुसूची IV

यह भारत का सबसे बड़ा मेंढक है। इसका रंग भूरा होता है जिस पर हल्के पीले रंग की धारियां होती है। इसकी पीठ पर अनेकों लंबी धारीनुमा मस्से होते हैं। छोटे मेंढकों के सिर से पीठ की तरफ पीली और हरी धारियां होती हैं। यह गांवों में तालाबों और धाराओं के आस–पास पाया जाता है और जंगलों के किनारे और खेत खलिहानों में पाया जाता है। गर्मियों और मानसून में यह रात के समय सक्रिय हो जाता है। यह मुख्यतः कीट पतंगे खाता है परंतु यह छोटे–छोटे जीव जंतु जैसे कीड़े, छोटे मेंढक और छोटे कछुए भी खा सकता है। इस मेंढक को अक्सर स्थानीय समुदाय खाते

क्या आपको पता है ?

कि भारत में उभयचरों की 383 प्रजातियां पाई जाती हैं। इनमें से 80 से अधिक प्रजातियों को पिछले दो वर्षों में ही खोज निकाला गया है। इसके अलावा कई अन्य प्रजातियों को भविष्य में खोजा जायेगा। आप भी नयी मेंढकों की प्रजातियां ढूंढने में सहायता कर सकते हैं।

हैं और गोवा में इसे 'जम्पिंग चिकन' नाम की व्यंजन के नाम से परोसा भी जाता है। हालांकि इसको मारना गैरकानूनी है क्योंकि वन्यजीव सुरक्षा अधिनियम 1972 के अंतर्गत शिड्यूल IV में शामिल किया गया है।

3. स्किटरिंग फ्रॉग (Skittering Frog) *Euphlyctis cyanophlyctis*

आकारः 65 मिमी

प्लेट । 23

अनुसूची IV

यह मध्यम आकार का भूरे रंग का मेंढक है जिसे अक्सर पानी में तैरता हुआ देखा जा सकता है। तैरते समय इसके शरीर का आधा भाग पानी में डूबा रहता है। इसका रंग भूरे से लेकर लाल भूरा होता है। इसके पैरों में और कभी कभी पूरे शरीर में भी भूरे रंग के धब्बे पाये जाते हैं। यह ठहरे हुये पानी के छोटी छोटी ताल–तलैयों, तालाबों और धाराओं में पाया जाता है। यह पानी से कभी भी दूर नहीं रहता। गर्मियों व मानसून के मौसम में यह रात को सक्रिय रहता हैं। यदि कभी आप मेंढक को छूने की कोशिश करें तो वह तुरंत पानी में ऊपर ही ऊपर छलांग लगा देता है इसीलिये इसे छपछपा कर उड़ जाने वाला मेंढक (स्किटरिंग फ्रॉग) कहा जाता है। इस मेंढक का शिकार खेत खलिहानों में किया जाता है जबकि इसका शिकार करना गैरकानूनी है।

4. पैडीफील्ड या क्रिकेट फ्रॉग (Paddyfield or Cricket Frog) *Fejervarya limnocharis*

आकारः 60 मिमी

प्लेट । 23

अनुसूची IV

यह मध्यम आकार का भूरे रंग का मेंढक है जिसके पूरे शरीर पर छोटे–छोटे मस्सों के आकार की संरचना पाई जाती है। इसकी पीठ पर हल्के रंग की संकरी धारी के अलावा एक उल्टे 'V' अक्षर जैसा निशान होता है। यह बहुत सामान्य मेंढक है और चावल के खेतों में बड़ी संख्या में पाया जाता है। वर्षा ऋतु में जब यह प्रजनन करता है तो सभी मेंढक एक स्वर में रात में आवाजें निकालते हैं जिसको दूर–दूर तक सुना जा सकता है। इन मेंढकों को मैदानी भागों से हिमालय में 1,500 मी की ऊंचाई तक देखा जा सकता है।

5. स्टॉलिक्जाज फ्रॉग (Stolickza's Frog) *Nanorana vicina*

आकारः 110 मिमी

प्लेट । 23

अनुसूची IV

इस बड़े मेंढक को केवल पश्चिमी हिमालय में 1,500 मी से 3,000 मी ऊंचाई पर स्थित पहाड़ी जल धाराओं में ही देखा जा सकता है। यह गहरे भूरे रंग का मेंढक

है जिसकी पीठ, शरीर के दोनों ओर और पैरों पर कई गहरे रंग के धब्बे होते हैं। इसके पंजे जालदार होते हैं जिनकी सहायता से इसको धाराओं में तैरने में सहायता मिलती है। सामान्यतया गर्मियों और मानसून के मौसम में इसे रात के समय बहते पानी की चट्टानों और पत्थरों पर बैठा हुआ देखा जा सकता है। यह अधिकांशतया मौन रहता है यहां तक कि प्रजनन काल में भी इसको 'पा' (Paa) मेंढक भी कहा जाता है जो पूर्वी नेपाल की भाषा का शब्द है जिसको सभी खाने वाले मेंढकों के लिये प्रयोग किया जाता है। हालंकि इसका शिकार करना गैरकानूनी है क्योंकि यह कानूनी रूप से सुरक्षित प्रजाति है।

6. डुबोइस फ्रॉग (Dubois's Frog) *Nanorana minica*

आकारः 35 मिमी

प्लेट । 23 अनुसूची ।V

इस छोटे मेंढक को हिमालय की 1,000 मी से 2,500 मी ऊंचाई पर स्थित पहाड़ी जल धाराओं में ही देखा जा सकता है। यह भूरे रंग का होता है और इसकी पीठ व जालीदार पैरों पर छोटे–छोटे मस्सेनुमा रचनायें होती हैं। इस मेंढक को इसकी पक्षियों जैसी "पिक पिक पिक" .... की आवाज से भली भांति पहचाना जा सकता है जिसको आप किसी भी धारा पर रात के समय सुन सकते हैं। यह बहते पानी की चट्टानों और उनके खोहों (crevices) से आवाज देता है। यह काफी सुस्त होता है परंतु जैसे ही आप इसके पास जाने का कोशिश करेंगे तो यह तुरंत पानी में छलांग लगा देता है।

क्या आपको पता है ?

कि सेसिलियन्स (Caecilians) हाथ पैर विहीन जल-थलचर जीव होते हैं जो केंचुए जैसे लगते हैं और अधिकतर यह भूमि के अंदर रहते हैं। सेसिलियन की कई प्रजातियां पूर्वोत्तर भारत में और पश्चिगी घाट में पाई जाती हैं।

क्या आपको पता है ?

कि कई लोगों का मानना है कि कुछ उभयचर विषैले होते हैं जबकि भारत में विषैले उभयचर नहीं होते।

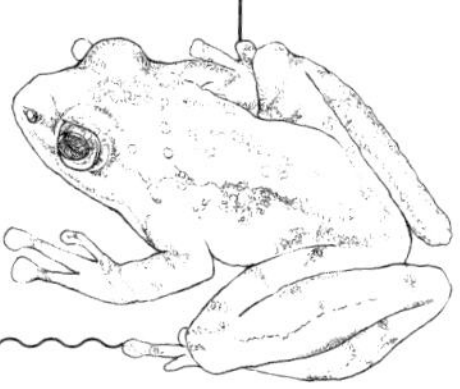

7. मस्केइ बरोइंग फ्रॉग (Maskeyi's Burrowing Frog) *Sphaerotheca maskeyi*

आकारः 45 मिमी

प्लेट । 24

यह गठीला, मध्यम आकार का मेंढक हल्के रंग का होता है जिसके शरीर में कई छोटे–छोटे मस्से होते हैं। इसकी ऊपरी पीठ पर एक गहरे रंग का धब्बा होता है और इसके साथ–साथ सफेद या हल्के पीले रंग की धारी सिर से पीठ के अंतिम छोर तक होती है। यह मेंढक अधिकांशतया भूमि के अंदर रहता है और केवल वर्षा ऋतु में ही बाहर निकल कर आता है जब यह तालाबों और झीलों में प्रजनन करता है। इसको पूरी अरावली और शिवालिक की पहाड़ियों में सभी जगह देखा जा सकता है। क्या आपको मालूम है कि बरोइंग मेंढक के पैरों पर फावड़े जैसी बाहर की ओर निकली हुई संरचना होती है जिसकी सहायता से यह भूमि के अंदर खोद के छुप जाता है।

8. आर्नेट नैरो–माउथ्ड फ्रॉग *Microhyla ornata*
(Ornate Narrow-mouthed Frog)

आकारः 35 मिमी

प्लेट । 24

यह छोटा मेंढक भूरे रंग का होता है और इसकी पीठ पर गहरे रंग का निशान होता है। इसका थूथन नुकीला होता है और शरीर त्रिकोणाकार होता है। यह मेंढक गर्मियों और मानसून को मौसम में गांवों में, जंगलों के किनारों पर और पानी के आस–पास सामान्यरूप से देखा जाता है। प्रजनन के समय कई नर मेंढक जलाशयों के किनारे घास में छुप कर बैठे रहते हैं और साथ में मिलकर जोर–जोर से एक स्वर में आवाजें निकालते हैं और फिर एकदम से ही सारे मेंढक मौन हो जाते हैं। मेंढकों के शरीर का छद्मावरण (camouflage) इस प्रकार का होता है कि घास में इन्हें पहचानना बहुत कठिन हो जाता है चाहे वे आपके पैरों के पास ही आवाजें क्यों न लगा रहे हों।

9. मार्बल्ड बॅलून फ्रॉग (Marbled Balloon Frog) *Uperodon systoma*

आकारः 65 मिमी

प्लेट । 24

यह भूरे रंग का मेंढक है जिसके शरीर पर पीले रंग के निशान होते हैं। इसका थूथन छोटा व भोथरा (blunt) होता है। बॅलून मेंढक की त्वचा काफी ढीली–ढाली होती है और इस कारण यह काफी बूढ़ा दिखाई देता है। यह मानसून के दौरान काफी सक्रिय होता है जब यह गांव और जंगलों के किनारे पानी के तालाबों, खाइयों और खेतों में दिखाई देता है। बॅलून मेंढक अधिकतर भूमि के नीचे रहते हैं और केवल मानसून आने पर ही बाहर निकल कर आते हैं। यह मुख्यतः दीमक खाते हैं। प्रजनन काल में बहुत सारे मेंढक एक साथ मिलकर काफी शोर करते हैं।

10. असमीज कास्केड फ्रॉग (Assamese Cascade Frog) *Amolops formosus*

आकारः 70 मिमी

प्लेट । 24

यह सुंदर, हरा मेंढक पहले पूर्वोत्तर भारत का रहने वाला माना जाता था लेकिन हाल ही में इसे पश्चिमी हिमालय के केदारनाथ वन्यजीव अभयारण्य और कुछ अन्य जंगलों में भी देखा गया। इस मेंढक की उंगलियों और अंगूठे में बड़ी–बड़ी डिस्क (disc) पाई जाती है जिसके कारण इन्हें बरसाती मौसम में पहाड़ी धाराओं के प्रवाहों में चट्टानों और बड़े बड़े पत्थरों से चिपके रहने में सहायता मिलती है जहां पर ये आम तौर से रात के समय पाये जाते हैं। इनकी टांगे लंबी होती हैं और अपने शत्रु से पीछा छुड़ाने के लिये ये लंबी छलांग लगा सकते हैं।

दुधवा रीड फ्रॉग का झागदार घोंसला

11. दुधवा रीड फ्रॉग (Dudhwa Reed Frog) *Chiromantis dudhwaensis*

आकारः 30 मिमी

प्लेट । 24

इस छोटे मेंढक को वर्ष 1992 में दुधवा नेशनल पार्क में खोजा गया था जो अपेक्षाकृत रूप से विज्ञान की एक नई प्रजाति की खोज थी। यह हल्के पीले भूरे रंग मेंढक है जिसके शरीर पर कोई निशान नहीं होते। हालांकि कुछ मेंढकों में इसकी पीठ की तरफ एक जोड़ी गहरे रंग की पट्टियां होती हैं। यह मेंढक बरसात के मौसम में पानी के पास नरकलों और झाड़ियों के बीच में पाया जाता है जहां यह प्रजनन करता है। यह मुख्यतः तराई क्षेत्र में पाया जाता है। इसके अलावा यह मेंढक शहरों जैसे देहरादून के बाहरी ओर पाया जाता है और पहले की मान्यता के विपरीत काफी सामान्यरूप से पाया जाता है। यह मेंढक झागदार घोंसले बनाता हैं जो पत्तियों से लटके रहते हैं और इसी में यह अंडे देता है।

12. कॉमन ट्री फ्रॉग (Common Tree Frog) *Polypedatus maculatus*

आकारः 70 मिमी

प्लेट । 24

यह पीले भूरे रंग का मेंढक है और कभी कभी इसकी पीठ पर गहरे रंग के धब्बे पाये जाते हैं। यह जंगलों और धाराओं के किनारे पाये जाते हैं और नरकल के खेतों व झाड़ियों और पेड़ों की निचली शाखाओं में पाये जाते हैं। इसकी आवाज तेज और टाइपराइटर की ध्वनि की तरह "टुक टुक टुक" जैसी होती है जिससे इनको रात में ढूंढने में आसानी रहती है। यह मेंढक जंगलों के पास के घरों में बाथरूम में घुस जाते हैं। इसकी टांगे लंबी होती हैं जिससे इन्हें अपने शत्रुओं से बचकर लंबी छलांग लगाने में सहायता मिलती है। यह मेंढक भी झाड़ियों और छोटे–छोटे पेड़ पौधों में झागदार घोंसले बनाते हैं जिनमें ये पानी की सतह के ऊपर अंडे देते हैं।

क्या आपको पता है ? कि मेंढकों को पश्चिमी हिमालयी क्षेत्र सहित भारत के कई भागों में खाया जाता है। हालांकि कई प्रजातियों को वन्यजीव सुरक्षा अधिनियंम के अंतर्गत सुरक्षा मिली हुई है। अतः इनको मारकर खाना गैरकानूनी है। इसके अतिरिक्त, मेंढक जीवन चक्र में कीटों की संख्या को नियंत्रित रखने में भी सहायता करते हैं। अतः यदि आप किसी को मेंढक खाते हुये पायें तो आप उन्हें चेतावनी दे सकते हैं कि वे कानून का उल्लंघन कर रहे हैं और प्रकृति के सुंदर संतुलन को भी बिगाड़ रहे हैं।

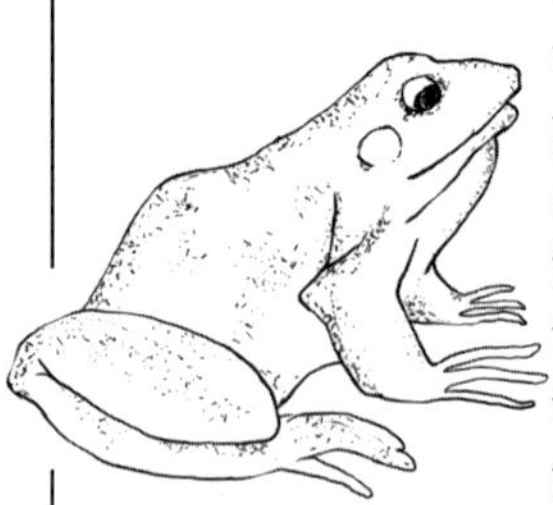

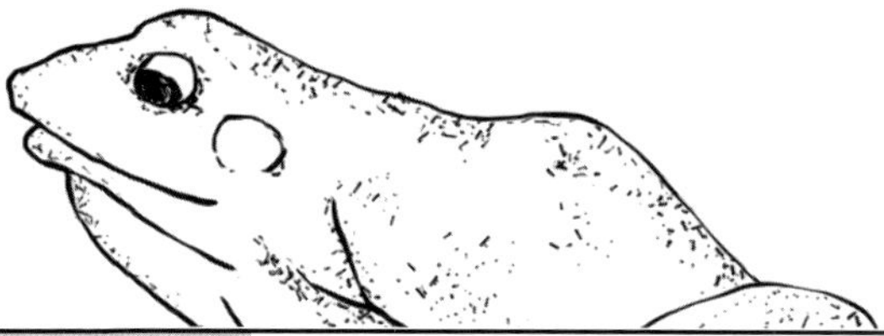

क्या आप बता सकते हैं ?

प्रश्न 1. इंटरनेशनल यूनियन फॉर कन्ज़रवेशन ऑफ नेचर (International Union for Conservation of Nature IUCN) का मानना है कि विश्वभर में 32% से अधिक मेंढकों की आबादी खतरे में है। आप क्या सोचते हैं कि ऐसा क्यों है?

प्रश्न 2. मेंढक और टोड के बीच क्या अंतर है?

प्रश्न 3. मेंढक और टोड की प्रकृति में क्या भूमिका है?

उत्तर पृष्ठ 269–270 पर देखें।

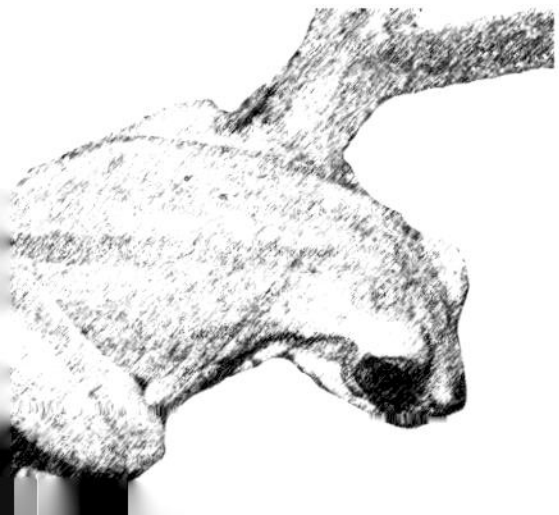

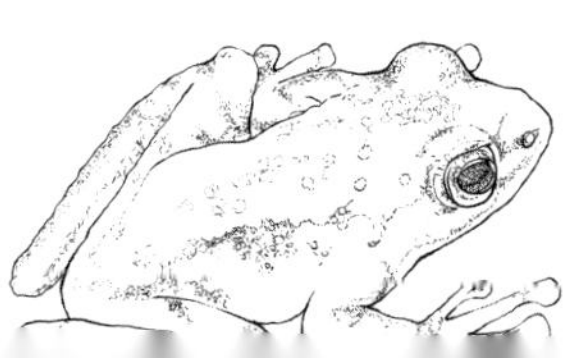

उभयचर जीव

1. कॉमन इण्डियन टोड

1 क. हिमालयन टोड

3. स्किटरिंग फ्रॉग

2. इण्डियन बुल फ्रॉग

4. पैडीफील्ड फ्रॉग

5. स्टॉलिक्जाज फ्रॉग

6. डुबोइस फ्रॉग

उभयचर जीव

7. मस्केड़ बरोइंग फ्रॉग

8. ऑर्नेट नैरो माउथ्ड फ्रॉग

9. मार्बल्ड बॅलून फ्रॉग

10. असमीज़ कास्केड फ्रॉग

11. दुधवा रीड फ्रॉग

11 क. दुधवा रीड फ्रॉग

12. कॉमन ट्री फ्रॉग

रेप्टाइल्स या सरीसृप वर्ग

ब्लैक पाँड टर्टल (Black Pond Turtle) *Melanochelys trijuga*

रेप्टाइल्स या सरीसृप वर्ग

डॉ० सत्य प्रिय गौतम भल्ला और संजय सोंधी

सरीसृप, शीतरक्तधारी मेरूदंडधारी जीव होते हैं। उत्तराखण्ड में इनकी उपस्थिति काफी बड़ी संख्या में है और इस समूह में अनेक प्रकार के जीव जंतु आते हैं। अकेले भारत में ही इनकी 530 से अधिक प्रजातियां हैं जिनमें सांप, छिपकलियां, कछुए और मगरमच्छ आदि शामिल हैं। उत्तराखण्ड राज्य में इनकी 47 प्रजातियों को रिकार्ड किया गया है। उत्तराखण्ड में अभी इन पर ठीक से अध्ययन नहीं किया गया है लेकिन संभव है कि भविष्य में इनकी और अधिक प्रजातियां मिल सकते हैं। क्या आप भी उत्तराखण्ड के सरीसृप का अध्ययन करने में अपना योगदान देना चाहेंगे ?

वर्तमान समय में सरीसृप वर्ग, बीते वर्षों के बड़े व विविधतापूर्ण समूह की अपेक्षा एक छोटे से भाग का प्रतिनिधित्व करते हैं। करोड़ों साल पहले ये न केवल भूमि पर पाये जाते थे बल्कि ये बड़ी संख्या में समुद्र में भी रहा करते थे। रेप्टाइल्स धरती पर 20 से 25 करोड़ वर्ष पूर्व पहले पहल आये और इनका स्वर्णिम काल केवल 7 करोड़ वर्ष पहले तक ही रह पाया। इसके बाद इनसे भी अत्यधिक विकसित पक्षियों व स्तनपायी जीवों के समूह आये। रेप्टाइल्स की कई प्रजाति अब लुप्तप्राय हो गई हैं और उनमें से भी आज तक केवल 4 समूह ही बचे हुये हैं। पहले समूह का प्रतिनिधित्व एकमात्र टुआटारा प्रजाति द्वारा किया गया, दूसरे समूह में कछुए (टर्टल व टॉरटॉइज), तीसरे में मगरमच्छ और घड़ियाल और चौथे में छिपकली और कैमॅलियॉन या गिरगिट और सांप आते हैं।

रेप्टाइल्स वर्ग के अंतर्गत सांपो की 270 प्रजातियां, छिपकलियों की 230, ताजे पानी के कछुओं की 26 और भारत के समुद्री कछुओं की पांच प्रजातियां शामिल हैं। भारत में रेप्टाइल्स, खारे पानी के मगरमच्छ (*Crocodylus porosus*) और सबसे लंबे विषैले सांप किंग कोबरा (*Ophiophagus hannah*) और छिपकलियों व टर्टल्स की संख्या सबसे बड़ी है। भारत में गिरगिट (*Chameleo zeylanicus*) की केवल एक ही प्रजाति पाई जाती है।

उत्तराखण्ड में छिपकललियों की 13 प्रजातियां, मगरमच्छ की 2, सांपो की 26 और टर्टल्स की 6 प्रजातियां पाई जाती हैं। हालांकि इस क्षेत्र में इनका भली भांति अध्ययन नहीं किया गया है। हो सकता है कि इस क्षेत्र से अभी कुछ अन्य प्रजातियों को रिकॉर्ड किया जाना बाकी हो।

रेप्टाइल्स का जीवन चक्र नर व मादा के संसर्ग से प्रारंभ होता है। मादा रेप्टाइल कई प्रकार के स्थानों पर अपने अंडे देती हैं जैसे चट्टानें, भूमि के अंदर, रेत में और कई बार पेड़ों पर भी। सेने के बाद अंडों से शिशु रेप्टाइल निकलकर आते हैं। अधिकतर वयस्क रेप्टाइल अपने बच्चों की देखभाल नहीं करते। शिशु रेप्टाइल विकसित होने के लिये अपनी त्वचा को गिरा देते हैं।

रेप्टाइल्स का पर्यवेक्षण और पहचान करना

शीतरक्तधारी होने के कारण रेप्टाइल्स सूर्य से या अपने आस–पास के वातावरण से गरमी लेते हैं। अतः सर्दियों के मौसम में अधिकांश रेप्टाइल्स निष्क्रिय हो जाते हैं और अपने बिलों या रहने के छिद्रों में सोते रहते हैं। इनका अध्ययन व पर्यवेक्षण का सबसे अच्छा समय गर्मियों या मानसून का मौसम है। अधिकांश रेप्टाइल गर्मियों या मानसून में प्रजनन करते हैं जिस समय उनके शिशुओं के लिये शिकार या भोजन काफी मात्रा में उपलब्ध होता है।

रेप्टाइल्स को पहचानने के लिये काफी बारीकी से जांच करने की आवश्यकता होती है जैसे उनके शरीर पर स्केल्स या शल्कों की संख्या या छिपकलियों के शरीर पर स्केल्स के पैटर्न की जांच

विशेषकर इसलिये क्योंकि रेप्टाइल्स कई प्रकार के रंगो व निशान वाले होते हैं। अतः रेप्टाइल्स की सटीक जांच पड़ताल के लिये यह अतिआवश्यक है कि ये आपके सामने मौजूद हों जो कि एक सामान्य पर्यवेक्षणकर्ता के लिये संभव नहीं है। फिर भी इस पुस्तक में दिये गये चित्र व संक्षिप्त विवरण से कई प्रजातियों को बिना वैज्ञानिक सत्यापन के, मात्र पर्यवेक्षण के आधार पर ही पहचाना जा सकता है। नीचे दिये हुये चित्र में छिपकली के शरीर के भागों का चित्र दिया गया है जिसके आधार पर पहचान कर सकते हैं। छिपकलियों, सांपों और मगरमच्छों का यहां जो आकार दिया गया है वह वयस्क जंतु की थूथन से लेकर इसके मलद्वार तक की लंबाई है। ऐसा छिपकलियों के लिये किया गया है परंतु इसी प्रकार से सांपों के लिये भी यही सिद्धांत लागू होता है।

सभी रेप्टाइल्स में से सांप हमें सबसे अधिक आकर्षित करते हैं या सांपों के विषय में हम सबसे अधिक जानना चाहते हैं। सांप विविध प्रकार के वास–स्थानों पर रहते हैं जैसे धान के खेतों से लेकर खुले रेतीले क्षेत्रों से घने वर्षा वनों तक, सदाबहार जंगलों, कीचड़ भरे तालाबों, 4500 मी तक ऊंची पहाड़ियों और यहां तक कि समुद्र में भी पाये जाते हैं। रेप्टाइल्स प्रकृति में एक महत्वपूर्ण भूमिका निभाते हैं। ये कई प्रकार के कीट पतंगो, खरगोश प्रजाति के जंतुओं, छोटे सांपों, पक्षियों, मेंढकों और अन्य छोटे–छोटे जंतुओं को भी खाते हैं अत: ये किसान के मित्र कहे जा सकते हैं। इसके अलावा

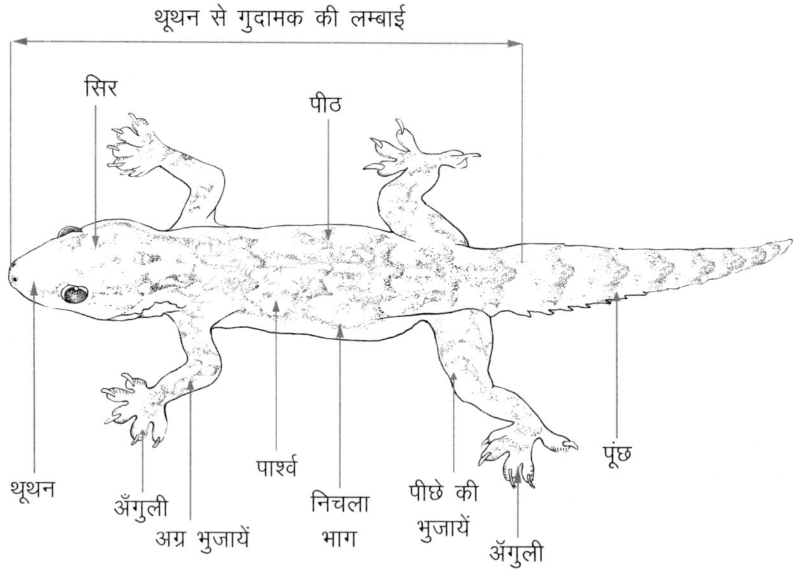

छिपकली के शरीर के विभिन्न भाग

कई रेप्टाइल, जीवन चक्र का हिस्सा भी होते हैं और ये कुछ पक्षियों व जंतुओं का भोजन होते हैं। दुर्भाग्यवश लोग रेप्टाइल्स से भयभीत होते हैं खासकर सांपो से और उन्हें मार देते हैं। आशा करते हैं कि इस पुस्तक को पढ़ने के बाद लोग समझ सकेंगे कि सांपों से घृणा नहीं की जानी चाहिये बल्कि प्रकृति का एक हिस्सा होने के कारण उन्हें प्रेम किया जाना चाहिये।

सांप

डॉ० सत्य प्रिय गौतम भल्ला

सांप के हाथ पैर नहीं होते और ये शीतरक्तधारी रेप्टाइल्स होते हैं जिनके शरीर पर स्केल्स या शल्क होते हैं। लोग इनसे अनावश्यक रूप से घृणा करते हैं और इन्हें मार भी देते हैं बिना यह जाने हुये कि इनमें से अधिकांश विषैले नहीं होते और चूहे को खाकर ये हमारी सहायता भी करते हैं। हम ऐसी आशा करते हैं कि इस पुस्तक को पढ़ने के बाद लोग सांपो से भयभीत होना छोड़ देंगे।

1. किंग कोबरा (King Cobra) *Ophiophagus hannah*

विषैला

आकार: 3.0 मी

प्लेट । 25 अनुसूची ॥

यह विश्व का सबसे लंबा व विषैला सांप होता है और भारत का तीसरा सबसे बड़ा सांप है। इसका फन कम चौड़ा होता है परंतु ये कोबरा से काफी लंबा होता है। यह प्रजाति घने जंगलों में रहती है। इसका रंग पश्चिमी घाट क्षेत्र में धुंधले हरे रंग से

लेकर काला होता है और उत्तरी भारत में काफी हल्के रंग का होता है। इनके शिशु एकदम काले रंग के होते हैं और इनके शरीर पर पीली या भूरी पट्टियां होती हैं। ये पट्टियां शिशुओं में अधिक स्पष्ट होती हैं और बड़े होते–होते ये धूमिल हो जाती हैं। इस सांप को इसकी उग्रता के लिये जाना जाता है। इसका विष अन्य कोबरा सांपों की अपेक्षा कम विषैला होता है लेकिन काटने पर अपने शिकार के शरीर में ये विष की बहुत अधिक मात्रा को डाल सकता है। इसका भोजन अन्य सांप होते हैं परंतु यह अन्य रेप्टाइल्स को भी खा सकता है। विश्व में यह अकेला सांप है जो अंडे देने के लिये घोंसला बनाता है जो पत्तियों से बना होता है। मादा कोबरा सांप पत्तियों का घोंसला बनानें और उसको बचाने का कार्य करती है। इसको हमद्रयाद (Hamadryad) भी कहा जाता है।

2. कोबरा (Cobras) *Naja naja*

विषैला **नाग**

आकारः 1.0 मी

प्लेट । 25 अनुसूची ॥

यहां पर उत्तराखण्ड में पाई जाने वाली नाग की तीन प्रजातियों की सूची दी गई है। स्पेक्टेकल्ड कोबरा *Naja naja* इनमें से सबसे आम कोबरा है और यह बगीचों से लेकर खेतों और खुले स्थानों सहित विभिन्न वास–स्थानों में पाया जाता है। यह अधिकतर रात को विचरण करते हैं। सेन्ट्रल एशियन कोबरा के फन पर कोई खास निशान नहीं होते। इसको काला कोबरा भी कहा जाता है। यह उत्तराखण्ड में बहुत ही कम पाया जाता है।

स्पेक्टेकल्ड कोबरा	मोनोकल्ड कोबरा	सेन्ट्रल एशियन कोबरा
Naja naja	*Naja kaouthia*	*Naja oxiana*
फन पर चश्मे जैसे निशान	फन पर आंख के आकार का निशान	फन पर कोई विशेष निशान नहीं

3. कॉमन क्रेट (Common Krait) *Bungarus caeruleus*

विषैला

आकारः 1.0 मी

प्लेट । 25 अनुसूची ।V

इस नीले काले रंग के, चिकने व चमकदार सांप के शरीर पर सफेद पट्टियां होती हैं जो सिर की ओर धूमिल और पूंछ की ओर आते–आते चमकदार हो जाती हैं। इस सांप के छुपने की जगहें मुख्यतः चट्टानी क्षेत्र, चींटियों के बिल, चूहों के बिल, पत्थरों और ईंटों के ढेर है। यह रात को विचरण करता है और अपनी ही प्रजाति के सांपों

को खाता है यद्यपि यह चूहे, मेंढक और छिपकलियों को भी खा लेता है। इसका विष काफी घातक होता है और इसके शिकार पर यह तंत्रिका और रक्त को विषैला करने (न्यूरोटॉक्सिन और हिमोटॉक्सिन) का कार्य करता है और दम घुटने के कारण मर जाता है। आम तौर पर इसको कॉमन वुल्फ स्नेक समझ लिया जाता है लेकिन इसकी पीठ पर छःकोणीय (Hexagonal) शल्क पाये जाते हैं और यही विशेषता इसे कॉमन वुल्फ स्नेक से अलग करती है।

4. रस्सल्स वाइपर (Russell's Viper) *Daboia russelii*

विषैला

आकारः 1.0 मी

प्लेट । 25 अनुसूची ॥

यह पीले भूरे रंग, गठीले शरीर वाला सांप है जिसके शरीर पर सिर से पूंछ तक काले रंग के तीन अंडाकार धब्बे की पक्तियाँ होती हैं। इस सांप की पूंछ छोटी, बेलनाकार शरीर और सिर विशेषरूप से तिकोना और संकरी गरदन होती है। इसके नथुने बड़े होते हैं और आंखो की पुतलियां उर्ध्वाकार (vertical) होती हैं। यह भारतीय वाइपर सांपों में सबसे बड़ा होता है। परेशान किये जाने पर वाइपर सांप की फुफकार प्रेशर कुकर की सीटी जैसी तेज हो जाती है। सामान्यतया यह रात को दिखाई देते हैं यद्यपि ये काफी सुस्त होते हैं। खतरे का आभास होते ही यह शरीर को मोड़कर 'S' का आकार ले लेता है और फुर्ती से वार करता है। ये मुख्यतः चूहे का शिकार करते हैं पर केकड़ों, मेंढकों और छिपकलियों का शिकार भी करते हैं। मादा वाइपर अपने जैसे ही नन्हें शिशुओं को जन्म देती है। अक्सर बहुधा, इस सांप को देखकर कॉमन सैंड बोआ और इण्डियन रॉक पाइथन का भ्रम हो जाता है।

5. कॉमन कैट स्नेक (Common Cat Snake) *Boiga trigonata*

कुछ कम विषैला

आकारः 0.7 मी

प्लेट । 25 अनुसूची ।V

इसके शरीर का रंग हल्का भूरा होता है जिस पर काली किनारियों वाले स्लेटी रंग की गोलाई लिये हुये पट्टियां होती हैं। इनका शरीर पतला व लंबा और सिर चपटा होता है। इनकी आंखे बड़ी–बड़ी और पुतलियां बिल्ली की तरह खड़ी होती हैं। इनके सिर पर एक स्पष्ट 'Y' के आकार का निशान देखा जा सकता है। इसके स्केल्स चिकने व चमकदार होते हैं। यह सांप रात को विचरण करता है और पेड़ पर चढ़ने में इसे महारत हासिल है। इसको मुख्यतः छोटे पेड़ों व झाड़ियों पर देखा जा सकता है। क्रोध में होने पर यह अपने शरीर को कुंडलाकार कर लेता है, पूंछ को बार–बार हिलाता है और खुला मुंह करके आक्रमण करता है। इस सांप के विषदंत इसके मुंह के पीछे की ओर होते हैं। इसका विष हल्का होता है और मनुष्य के लिये घातक

नहीं होता। यह अपने शिकार को विष से लकवाग्रस्त कर देता है। इसका भोजन छिपकलियां, चूहे और पक्षी हैं।

6. ब्राह्मनी वर्म स्नेक (Brahminy Worm Snake) *Indotyphlops braminus*
विषहीन सांप
आकारः 0.2 मी
प्लेट I 25
अनुसूची II

यह भारत का सबसे छोटा सांप है और केंचुए का तरह दिखाई देता है। इसका शरीर चमकदार भूरे काले रंग का होता है। इसका सिर व पूंछ गोलाई लिये होता है। इसके जबड़े अन्य सांपों की तुलना में छोटे होते हैं और पूंछ का सिरा नुकीला होता है। इसकी आंखे एकदम छोटी होती हैं जो मनुष्यों को दिखाई नहीं देती हैं। सामान्यतया भूमि के अंदर रहने वाला यह सांप चींटी, दीमकों के अंडे और कीड़े मकोड़े खाता हैं। ये सांप पार्थिनोजेनेटिक होता हैं अर्थात् मादा, नर के संसर्ग के बिना ही निषेचित अंडे देती है। यह सांप उत्तराखण्ड की निचली पहाड़ियों में पाया जाता हैं।

7. कॉमन वुल्फ स्नेक (Common Wolf Snake) *Lycodon aulicus*
विषविहीन सांप
आकारः 0.4 मी
प्लेट I 25
अनुसूची IV

यह छरहरा, चमकदार, चिकने स्केलों वाला सांप है। इसके काले या गहरे भूरे रंग के शरीर पर सफेद पट्टियां बनी होती हैं। इन पट्टियों का नमूना सामान्य क्रेट की तरह ही होता है। लेकिन वुल्फ स्नेक के सिर की ओर की पट्टियां गहरे रंग की और पूंछ की ओर की पट्टियां हल्के रंग की होती हैं जबकि क्रेट में ये इसके ठीक विपरीत होती हैं। इसके अतिरिक्त सामान्य क्रेट में पीठ पर षटकोणीय स्केल्स होते हैं। यह रात में विचरण करता है। छेड़ने पर वैसे तो यह शांत रहता है परंतु कभी–कभार काट भी लेता है। वैसे तो यह भूमि पर रहता है पर यह पेड़ पर भी आसानी से चढ़ जाता है। आम तौर पर यह मानव बस्तियों के आस–पास पाया जाता है और घरों में रहने वाली छिपकली को खाता है।

8. चैकर्ड कीलबैक (Checkered Keelback) *Xenochrophis piscator*

विषविहीन सांप

आकारः 1.0 मी

प्लेट । 26 अनुसूची ।V

यह काला, भूरा या पीला विविध रंगो वाला होता है और इसके शरीर पर सफेद व काले रंग के चारखाने बने होते हैं। इसकी आंखों के पीछे दो स्पष्ट काली रेखायें बनी होती हैं। इसके शल्क पलटे हुए, कील्ड (keeled) होते हैं। अधिकांश सांपो की तरह इनमें भी मादा नर से लंबी होती है। यह दिन और रात दोनों समय सक्रिय रहता है। छेड़े जाने पर यह अपने फन को चपटा कर लेता है। यह पानी के पास पाया जाता है और मछलियों व मेंढकों को खाता है। इसका वास–स्थान पहाड़ियों व मैदानों में खेतों, पानी की धाराओं और तालाबों के आस–पास होता है।

9. स्ट्राइप्ड कीलबैक (Striped Keelback) *Amphiesma stolatum*

विषविहीन सांप

आकारः 0.5 मी

प्लेट । 26 अनुसूची ।V

इस भूरे रंग के छरहरे शरीर वाले सांप के सिर से पीठ तक दो पीली धारियां बनी होती हैं। इसका गला सफेद या पीला होता है। यह दिन के समय सक्रिय रहता है और मछलियां और मेंढक खाना पसंद करता है। एक भ्रांतिपूर्ण मत है कि यदि एक कीलबैक को मारा जाय तो कई और कीलबैक पैदा हो जाते हैं। यह विश्वास इस कारण पैदा हुआ क्योंकि प्रजनन के समय मादा कीलबैक का कई नर कीलबैक पीछा करते हैं। यह मैदानी क्षेत्रों व छोटी पहाड़ियों में खेतों, तालाबों और नमी वाले घास के मैदानों में पाया जाता है।

क्या आप जानते हैं......

कि पाइथन माँ अपने अंडे के चारों ओर स्वयं को लपेट लेती है और अपने शरीर को कंपकपाती रहती है ताकि उसके अंडे सेये जाने तक गर्म रह सकें।

10. इण्डियन रैट स्नेक (Indian Rat Snake) *Ptyas mucosa*
विषविहीन सांप **धामन**
आकारः 2.0 मी
प्लेट । 26 अनुसूची IV

यह पीले भूरे, काले, स्लेटी और हरे जैसे विविध रंगों में पाया जाता है। इसका सिर नुकीला होता है जो इसकी गरदन से चौड़ा होता है और इसके दोनों जबड़ों में काली खड़ी रेखायें होती हैं। क्रोधित होने पर यह अपनी गरदन फुलाकर काट लेता है। यह साँप अधिकतर भूमि पर रहता है तथा यह पेड़ों पर बहुत अच्छी तरह से चढ़ सकता है। यह तेज गति वाला, सक्रिय सांप है जो दिन के समय सक्रिय (डायर्नल) है। इसके भोजन में चूहे, पक्षी, छिपकलियां, और मेंढक शामिल होते हैं। इसको धामन या घुडा पिछड़ भी कहा जाता है। प्रजनन के समय दो नर सांप आपस में लिपट कर नृत्य (combat dance) करते हैं और एक दूसरे को पछाड़कर शक्ति प्रदर्शन का प्रयास करते हैं। यह एक सामान्य सांप है जो कई प्रकार के स्थानों जैसे खेत, जंगल और पहाड़ों में रहता है।

11. कॉमन ट्रिंकेट स्नेक (Common Trinket Snake) *Coelognathus helena*
विषविहीन सांप
आकारः 0.80 मी
प्लेट । 26 अनुसूची IV

यह हल्के भूरे रंग का सांप है जिसके शरीर के अगले भाग में क्रॉसबार बने होते हैं। इसके शरीर के पिछले भाग में दो स्पष्ट गहरे रंग की धारियां होती हैं जो पूंछ तक जाती हैं। इनके होंठ पीले या सफेद रंग के होते हैं। खतरे में होने पर यह शरीर को 'S' के आकार में मोड़ लेता है और आक्रमण करने के लिये अपना मुंह खोल लेता है और बार–बार आक्रमण करता है। यह दिन रात दोनों में ही बहुत ही सक्रिय रहता है। भूखा होने पर यह चूहे को पसंद करता है लेकिन छिपकलियां, मेंढक और छोटे सांपो को भी खा सकता है। पाइथन की तरह यह अपने शिकार को घोंट कर जीवों को मारता है ताकि उसका दम घुट जाये। यह निचली पहाड़ियों व मैदानों में सड़क व जंगलों के किनारे झाड़ियों में पाया जाता है।

12. कॉपर-हेडेड ट्रिंकेट स्नेक *Coelognathus radiata*

(Copper-headed Trinket Snake)

विषविहीन सांप

आकारः 1.0 मी

प्लेट । 26 अनुसूची IV

इसका रंग पीला, भूरा या स्लेटी होता है। इसकी पीठ पर सिर के पीछे से चार काले रंग की धारियां बनी होती हैं। पूंछ की ओर जाते–जाते ये धारियां लंबाकार धब्बों में बदल जाती हैं। इनका सिर तांबई या धुंधले नारंगी रंग का होता है। यह अधिकतर भूमि पर रहता है परंतु कई बार पेड़ों पर भी चढ़ जाता है। पिछली प्रजाति की तरह खतरे में होने पर यह अपने शरीर को 'S' के आकार में मोड़ लेता है। यह 2,300 मी तक की ऊंचाई पर तलहटी और मैदानी क्षेत्र में पाया जाता है।

13. कौलर्ड ब्लैक-हैडेड स्नेक *Sibynophis collaris*

(Collared Black-headed Snake)

विषविहीन सांप

आकारः 0.50 मी

प्लेट । 26 अनुसूची IV

यह स्लेटी रंग के सिर वाला भूरे रंग का सांप होता है। इसकी गरदन के निचली ओर और आंख के पीछे दो चौड़ी काली पट्टियां बनी होती हैं। इन पट्टियों के बाद एक समानांतर हल्की पीली पट्टी बनी होती है। यह दिन के समय सक्रिय होता है और पत्तियों के ढेर में पाया जाता है। यह सांप–की–मौसी और अन्य छोटे रेप्टाइल्स को खाता है। इसे हिमालय में 2,300 मी तक की ऊंचाई तक की तलहटी और मैदानी क्षेत्र में देखा जा सकता है।

क्या आप जानते हैं......

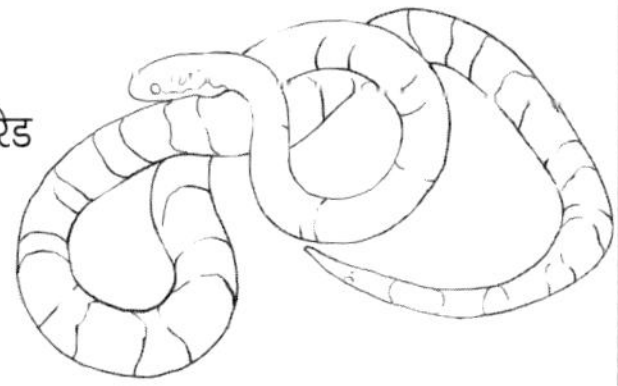

कि कुछ सांप जैसे पिटवाइपर में विशेष प्रकार के इंफ्रारेड रिसेप्टर या पिट होते हैं जिससे इनको उष्ण रक्तधारी शिकार को सूंघने में सहायता मिलती है, जिनको ये घुप अंधेरे में भी घात लगाकर मार गिराते हैं। ये इतने संवेदनशील होते हैं कि तापमान में 0.003 डिग्री सेल्सियस की गिरावट को भी भाप जाते हैं। इन तापमान व दृष्टि संबंधी सूचनाओं से इन्हें अपने आस पास के वातावरण का सामान्य खाका खींचने में सहायता मिलती है। कई बार टिक्स या किलनी और माइट्स इनके शरीर को अपनी शरणगाह बना लेते हैं।

14. बर्मीज़ पाइथन (Burmese Python) *Python bivittatus*

विषविहीन सांप **बर्मीज़ अजगर**

आकारः 5 मी तक

प्लेट । 26 अनुसूची ।

यह विश्व के सबसे भारी सांपों में से एक है। यह बहुत भारी शरीर और चिकने स्केल्स वाला सांप है जिसके शरीर पर चमकदार पीले रंग या गहरे भूरे रंग के धब्बे (blotch) बने होते हैं। इसके शरीर में पूर्णरूप से विकसित पैर जैसी संरचना या spurs बने होते हैं जो मलद्वार के दोनों ओर अवशेषी पैर (Vestigial legs) होते हैं। पाइथन के नथुनों के पास दो छोटे स्लिट बने होते हैं जो इनके तापमापी संवेदनशील अंग होते है। इस सांप का शरीर बाहरी ओर से गोलाई लिये हुये और बीच में बहुत मोटा होता है जो सिर व मलद्वार की ओर पतला (tapering) होता जाता है। इनकी आंखे छोटी व पुतलियों खड़ी होती हैं। इसके सिर पर एक स्पष्ट 'V' के आकार की रचना होती है। इण्डियन रॉक पाइथन *Python moluris* (जिसके उत्तराखण्ड में पाया जाने का कोई रिकॉर्ड उपलब्ध नहीं है) की तरह इसके सिर पर गुलाबी रंग नहीं होता और यही अंतर रॉक पाइथन और बर्मीज़ पाइथन को अलग करता है। यह चूहे, पक्षियों, और हिरन का शिकार उनको घोटकर करता है जिससे उनका दम घुट जाता है। यह जंगलों, घास के मैदानों और जलीय स्थानों में पाया जाता है। बहुधा लोग इसको पालते हैं और कई बार इसका शिकार इसकी खाल व इसके मांस के लिये करते हैं। वैसे ये गैरकानूनी गतिविधियां हैं क्योंकि पाइथन को वन्यजीव सुरक्षा अधिनियम की अनुसूची I में रखा गया है।

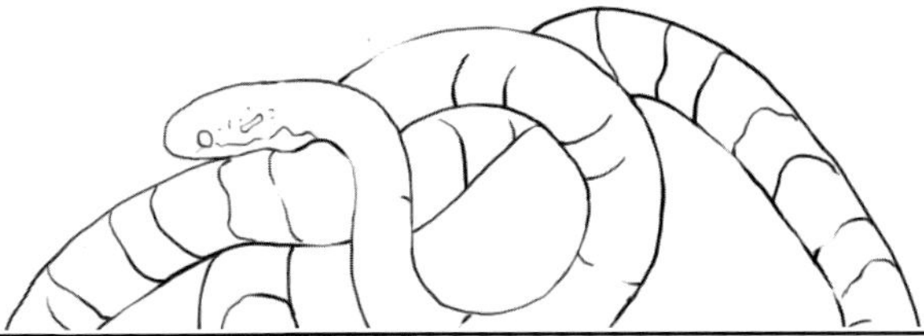

क्या आप बता सकते हैं ?

प्रश्न 1. क्या सांप दूध पीना पसंद करते हैं ?

प्रश्न 2. जीवन चक्र में सांपों की भूमिका क्या है ?

उत्तर पृष्ठ 270 पर देखें।

सांप

1. किंग कोबरा

2. स्पेक्टेकल्ड कोबरा

2a. मोनोक्लेड कोबरा

3. कॉमन क्रेट

4. रस्सल्स वाइपर

5. कॉमन कैट स्नेक

6. ब्राह्मनी वर्म स्नेक

7. कॉमन वुल्फ स्नेक

सांप

8. चैकर्ड कीलबैक

9. स्ट्राइप्ड कीलबैक

10. इण्डियन रैट स्नेक

11. कॉमन ट्रिंकेट स्नेक

12. कॉपर-हेडेड ट्रिंकेट स्नेक

13. कौलर्ड ब्लैक-हैडेड स्नेक

14. बर्मीज़ पाइथन

छिपकलियां

संजय सोंधी

छिपकलियों के हाथ पैर होते हैं यद्यपि कुछ छिपकलियों में हाथ पैर नहीं होते हैं। ये शीतरक्तधारी सरीसृप हैं जो धरती, पेड़, और झाड़ियों में रहती है और यहां तक कि इनमें से कुछ भूमि के नीचे भी रहती हैं। इनमें से कई रंग बदल सकती है। उत्तराखण्ड में छिपकलियों की 15 प्रजातियां रहती हैं। इस पुस्तक में उनमें से 10 का विवरण दिया गया है। इनके विषय में विस्तार से जानने के लिये पढ़ें ....

---

1. नॉर्थर्न हाउस गेको (Northern House Gecko) *Hemidactylus flaviviridis*
आकारः 6.0 सेमी + पूंछ **छिपकली**
प्लेट I 27

यह स्लेटी भूरे से लेकर पीले भूरे रंग की छिपकली होती है जिसका रंग पेट की ओर हल्का पीला होता है। यह रात के समय सक्रिय रहती है। यदि यह दिन के समय दिखाई देती है तो इसके शरीर पर पट्टियां दिखाई पड़ सकती हैं। यह शहरों व गांवों में घरों की दीवारों पर देखी जा सकती है। अन्य घरेलू छिपकलियों की तरह इनके पैरों में भी पैड (pad) पाये जाते हैं जिससे इन्हें किसी भी सतह को पकड़े रहने में सहायता मिलती है (चित्र 1 क)। किसी शिकारी द्वारा जब इन पर आक्रमण किया जाता है तो यह अपनी पूंछ गिरा देती है जो शत्रु को धोखा देने के लिये शरीर से अलग होने के बाद भी हिलती रहती है। धीरे–धीरे गेको छिपकली की पूंछ फिर से विकसित हो जाती है। यह प्रकाश के पास रहने वाले कीड़े मकोड़े, दीमकों और पतंगों को खाती है। इसकी तेज 'चक–चक–चक–चक' की आवाज से इनकी उपस्थिति का आभास इनके वास्तव में दिखाई पड़ने से पहले ही हो जाता

है। उत्तराखण्ड में आप इनको मैदानी इलाकों व तलहटी क्षेत्र से 800 मी तक की ऊंचाई वाली पहाड़ियों पर देख सकते हैं।

2. ब्रुक्स गेको (Brook's Gecko) *Hemidactylus brookii*

आकारः 6.0 सेमी + पूंछ

प्लेट । 27

यह भूरे रंग की गेको है जिसके शरीर व पूंछ पर काले रंग के धब्बों की एक श्रृंखला सी बनी होती है। इनकी आंखों के दोनों ओर काले रंग की रेखायें बनी होती हैं। अन्य गेको की तरह से इनके पैरों में भी पैड्स (pad) बने होते हैं जिसकी सहायता से किसी भी सतह से चिपकी रह सकती हैं। यह भी अपनी पूंछ गिरा कर फिर से नई पूंछ उगा सकती है। ये छिपकलियां घरों में रात को, नालियों और जंगलों के किनारों पर पाई जाती हैं। इसकी आदतें घरों में पाई जाने वाली छिपकलियों से मिलती जुलती हैं। उत्तराखण्ड में आप इनको मैदानी इलाकों व तलहटी क्षेत्र से 800 मी तक की ऊंचाई वाली पहाड़ियों पर देख सकते हैं।

3. गार्डन लिज़र्ड (Garden Lizard) *Calotes versicolor*

आकारः 10 सेमी + पूंछ **गिरगिट**

प्लेट । 27

यह भूरे रंग की अगामिड होती है जिसकी पीठ पर सिर से पूंछ तक कांटो की श्रृंखला सी बनी होती है। नर का सिर सूजा हुआ होता है। प्रजनन काल में इनका सिर व शरीर लाल रंग का हो जाता है। इसी कारण इनका सामान्य नाम ब्लड सकर या रक्तचूशक पड़ा। हांलांकि यह छिपकली न तो हानिकारक होती है और न ही अपने नाम के अनुरूप खून चूसती है। मादा व शिशुओं के शरीर पर दो हल्की रेखायें सिर से पूंछ तक बनी होती हैं और इनकी पीठ पर गहरे भूरे रंग के निशान बने होते हैं। अगामिड लाल भूरे और कभी–कभी हरे जैसे अनेक रंगों की होती है। इसके अलावा यह खतरे में रंग भी बदल सकती है। दिन के समय यह छोटी–छोटी झाड़ियों और पेड़ों पर पाई जाती है और भोजन की खोज में भूमि पर भी उतर कर आ सकती है। यह पूरे भारत में पाई जाती है।

क्या आप जानते हैं......

कि मनुष्यों में बढ़ती उम्र के साथ उनकी त्वचा भी बढ़ती है परंतु रेप्टाइल्स में ऐसा नहीं होता। जैसे जैसे उनकी आयु बढ़ती है उनकी त्वचा उस अनुपात में नहीं बढ़ती। अतः जब रेप्टाइल आकार में बढ़ते हैं तो वे अपनी त्वचा को गिरा देते हैं। इस प्रक्रिया को मोल्टिंग (moulting) कहते हैं।

4. वैस्ट हिमालयन रॉक अगामा *Laudakia tuberculata*
(West Himalayan Rock Agama)
आकारः 14 सेमी + पूंछ **छिबाड़**
प्लेट । 27

यह स्लेटी भूरे रंग की छिपकली है। प्रजनन करने वाले नर के सिर व शरीर पर नीला रंग होता है जबकि इनके शिशुओं के शरीर पर काले सफेद धब्बे होते हैं। जैसा कि इसके नाम से ही प्रतीत होता है यह हिमालय में चट्टानों और बड़े–बड़े पत्थरों के बीच पाई जाती है। यह दिन के समय सक्रिय रहती है और अक्सर पुलों के आस पास पाई जाती है। लोग इसे भ्रमवश विषैला मान लेते हैं परंतु यह बिल्कुल हानिकारक नहीं है। बहुधा इसे चट्टानों पर धूप सेकते हुये देखा जा सकता है। रॉक अगामा पश्चिमी और मध्य हिमालय में 300 से 3,000 मी तक की ऊंचाई वाली पहाड़ियों पर पाई जाती है।

5. शिवालिक फैन-थ्रोटेड लिज़र्ड *Sitana sivalensis*
(Shivalik Fan-throated Lizard)
आकारः 5.0 सेमी + पूंछ
प्लेट । 27

यह भूरे रंग की अगामिड (एक प्रकार की छिपकली जिसका सिर बड़ा होता है) है जिसकी पीठ पर ईंट या डायमंड (diamond) के आकार के निशान होते हैं। इसकी आंख के चारों ओर भी काले धब्बों की श्रृंखला बनी होती है। इसके पिछले पैरों में चार ही अंगूठे होते हैं (जबकि अन्य अगामिडों के पांच अंगूठे होते हैं)। ये दिन के समय सक्रिय होते हैं। इसको नदियों के किनारे या इनके आस पास के जंगलों में चट्टानों के बीच या पत्तियों के ढेर के बीच देखा जा सकता है। नर के गले में नीली त्वचा का एक फ्लैप (flap) या टुकड़ा जैसा होता है जिसको यह प्रजनन काल में मादा को आकर्षित करने के लिये बाहर निकालता है। खतरा भांपते ही यह अपने पिछले पैरों पर कुछ दूरी तक भाग सकता है। यह शिवालिक की पहाड़ियों में पाया जाता है।

6. कुमाऊँ माउंटेन अगामा *Japalura kumaonensis*
(Kumaon Mountain Agama)
आकारः 5.0 सेमी + पूंछ
प्लेट । 28

यह भूरे रंग की अगामिड है जिसकी पीठ पर दो हल्के पीले रंग की धारियां होती हैं। इन धारियें के बीच काले रंग के उल्टे त्रिकोणों की श्रृंखला होती है। यह दिन के समय सक्रिय रहती है और पत्तियों के बीच रहती है। अपने रंगों के कारण यह पत्तियों में भली भांति छुप जाती है। खतरा भांपते ही यह तुरंत पेड़ पर चढ़ जाती

है। यह पहाड़ी छिपकली है जिसको कुमाऊँ हिमालय क्षेत्र में 1,800 से 2,800 मी तक की ऊँची पहाड़ियों में देखा जा सकता है। गढ़वाल हिमालय में यह कम ही दिखाई पड़ती है।

7. कील्ड ग्रास स्किंक (Keeled Grass Skink) *Eutropis carinata*

सांप-की-मौसी

आकारः 13 सेमी + पूंछ

प्लेट । 28

स्किंक (skink) सांप की तरह से दिखने वाली छिपकली होती है जिसके शरीर पर चमकदार स्केल्स (scales) होते हैं। यह तांबे जैसे भूरे रंग की होती है। इस स्किंक के शरीर के दोनों ओर दो हल्के रंग की धारियां होती है। प्रजनन काल में नर का सिर व शरीर लाल रंग का हो जाता है। यह दिन के समय सक्रिय रहती है और पत्तियों के ढेर के बीच या चट्टानों के बीच पाई जाती है। इस स्किंक को अक्सर बाग बगीचों और जंगली रास्तों पर भी देखा जा सकता है। इसी की तरह की एक छोटी स्किंक जिसका नाम लिटिल ग्रास स्किंक (*Europis macularia*) है वह भी इसी प्रकार के वास–स्थानों में पाई जाती है। इसके शरीर के दोनों ओर सफेद धब्बे होते हैं। इनकों सॉप की मौसी भी कहा जाता है। ये दोनों ही प्रकार की स्किंक पूरे भारतवर्ष में छोटी–छोटी पहाड़ियों व मैदानों में पाई जाती हैं।

8. हिमालयन रॉक स्किंक (Himalayan Rock Skink) *Asymblepharus himalayanum*

आकारः 6.0 सेमी + पूंछ

प्लेट । 28

यह तांबई रंग की छोटी स्किंक अन्य स्किंक्स जैसी ही दिखाई देती है। यह पश्चिमी हिमालय में 300 से 4,000 मी तक ऊँची पहाड़ियों में पाई जाती है। यह एकमात्र ऐसी स्किंक है जिसे बहुत ऊँची पहाड़ियों पर देखा जा सकता है। प्रजनन काल में

क्या आप जानते हैं......

कि छिपकलियां सर्दियों के मौसम में भूमि के नीचे जाकर सो जाती हैं। ये शीतरक्तधारी हैं और अपने शरीर के रक्त को नियंत्रित नहीं कर सकती हैं। अतः शीतकाल में ये ये अपना शरीर मोड़कर बिलों या छिद्रों में चली जाती हैं और पूरे शीतकाल वहीं निष्क्रिय पड़ी रहती हैं।

नर स्किंक के शरीर के दोनों ओर लाल रंग आ जाता है। यह भी दिन के समय सक्रिय रहती है और चट्टानों व पत्तियों के ढेर के बीच रहती है। लोगों का मानना है कि यह ऊँचाई पर स्थित गांवों की फसलों का नुकसान करती है जबकि वास्तव में यह कीट पतंगों को खाकर यह किसानों की सहायता ही करती है।

9. व्हाइट-स्पॉटेड सपल स्किंक *Lygosoma punctata*
(White-spotted Supple Skink)
आकारः 8.0 सेमी + पूंछ
प्लेट I 28

यह तांबई रंग की स्किंक जैसी ही दिखाई देती है। इसके शरीर पर दो चौड़ी पीले रंग की पट्टियां होती है। कई वयस्क और बच्चों की पूंछ लाल होती है। यह स्किंक भी दिन के समय नमी वाले वनों में सक्रिय होती हैं जबकि अन्य स्किंक सूखे स्थानों में रहना पसंद करती हैं। यह semi fossorial है अर्थात यह अधिकतर भूमि के नीचे बड़े–बड़े पत्थरों के नीचे रहती हैं। यह चींटियों और दीमकों को खाती है और जंगली क्षेत्र में तलहटी क्षेत्रऔर मैदानी स्थानों में रहती है।

10. इण्डियन मॉनीटर लिज़र्ड *Varanus bengalenesis*
(Indian Monitor Lizard)
आकारः 100 सेमी + पूंछ **घोरपड**
प्लेट I 28 अनुसूची I

यह भारत में पाई जाने वाली सबसे बड़ी छिपकली है जिसका रंग भूरा, थूथन गोलाई लिये हुये लंबा सा होता है और पूंछ लंबी होती है। इनके बच्चे गहरे भूरे रंग के होते हैं जिनके शरीर पर सफेद और पीले रंग के धब्बे होते हैं। मॉनीटर लिजर्ड भी दिन के समय सक्रिय रहती है। यद्यपि यह अधिकतर भूमि पर शिकार करती है लेकिन यह पानी में जाकर रह सकती है व पेड़ पर भी चढ़ सकती है। यह चूहे, पक्षी, मेंढक, सांप व कीट पतंगों को खाती है। अक्सर पक्षियों के व रेप्टाइल्स के घोंसलों पर आक्रमण करके उनके अंडों को खा जाती हैं। मॉनीटर लिजर्ड को इसकी खाल व मांस के कारण मार दिया जाता है। इसके अंडों को भी लोग खाते हैं हालांकि इसको वन्यजीव अधिनियम के अनुसूची I के अंतर्गत सुरक्षा दी गई है और इसके अंडों को खाना व इसका शिकार करना गैरकानूनी है। यह पूरे भारतवर्ष में खुले जंगलों व झाड़ झंकाड़ वाले स्थानों में पाई जाती है।

क्या आप बता सकते हैं ?

प्रश्न 1. रेप्टाइल्स शीतरक्तधारी (cold-blooded) मेरुदंडधारी जंतु होते हैं इसका क्या अर्थ है?

प्रश्न 2. प्रकृति में छिपकलियों की क्या भूमिका है?

उत्तर पृष्ठ 270 पर देखें।

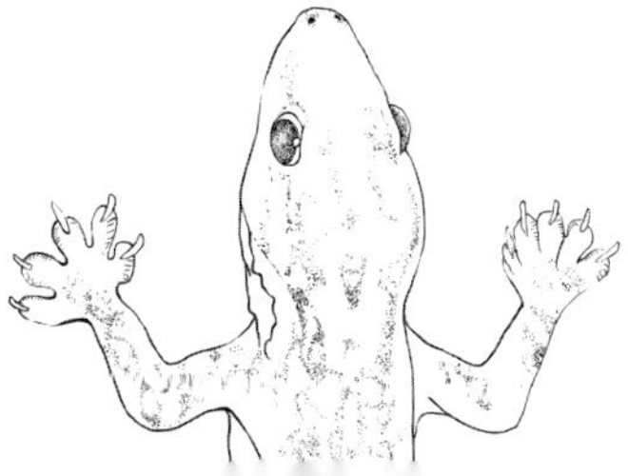

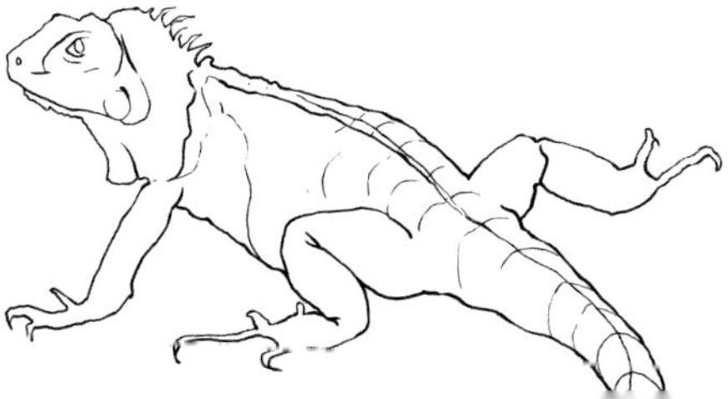

छिपकलियां

1. नॉर्थर्न हाउस गेको

1 क. नॉर्थर्न हाउस गेको के पैर

2. ब्रुक्स गेको

3. गार्डन लिज़र्ड (नर)

3. गार्डन लिज़र्ड (मादा)

4. वैस्ट हिमालयन रॉक अगामा

5. शिवालिक फैन-थ्रोटेड लिजर्ड

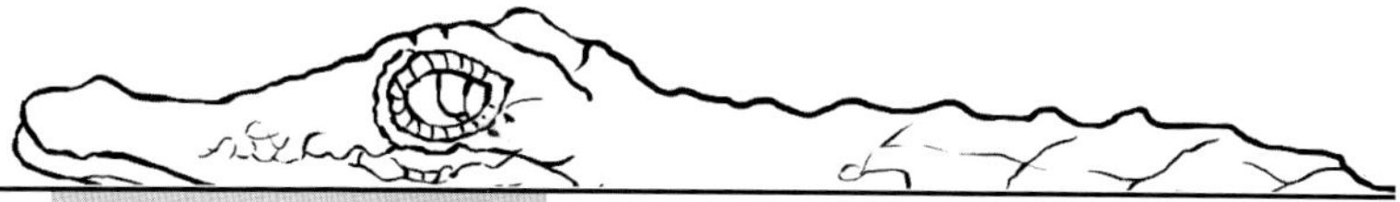

क्या आप बता सकते हैं ?

प्रश्न 1. नमकीन पानी के क्रोकोडाइल्स को निम्न भी कहा जाता है.....

क. एस्टुराइन क्रोकोडाइल

ख. सॉल्टीज (Salties)

ग. क्रोकोडाइल्स पोरोसस *Crocodylus porosus*

घ. ऊपर दिये गये सभी विकल्प

प्रश्न 2. निम्न में से क्रोकोडाइल्स की गति करने का तरीका कौन सा नहीं है?

क. पानी के बाहर अपनी आंखे और नथुने निकालकर तैरना।

ख. पानी के बाहर अपना आधा शरीर निकालकर कूदना।

ग. 70 किमी प्रति घंटा की रफ्तार से गति करना।

घ. पानी से बाहर निकलकर कूदना फांदना।

उत्तर पृष्ठ 271 पर देखें।

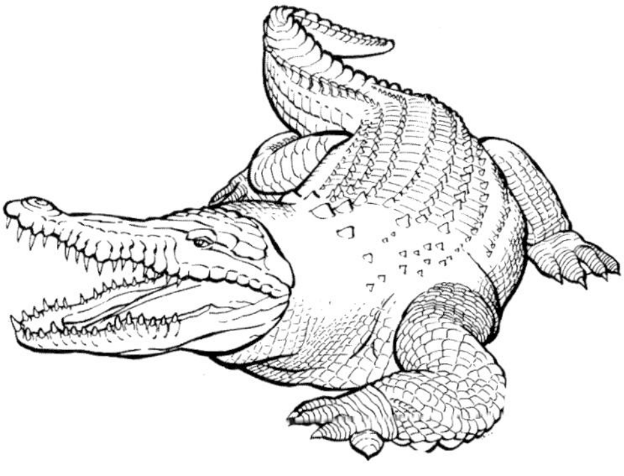

मगरमच्छ

1. मगर

1 क. मगर

मगरमच्छ

2. घड़ियाल (मादा)

2 क. घड़ियाल (नर)

कछुए और टर्टल्स

डॉ० सत्य प्रिय गौतम भल्ला

टर्टल्स एवं कछुए, खोल (carapaces) वाले होते हैं और इनके हाथ-पैर होते हैं। इनमें से कुछ भूमि पर रहते हैं जबकि कुछ पानी में रहते हैं। इनको शतजीवी या सौ वर्षों तक जीवित रहने वाला माना जाता है। क्या आपने कभी अपने क्षेत्र में कछुओं को देखा है ? यदि हां तो उत्तराखण्ड में पाये जाने वाले कुछ कछुओं और टर्टल्स के विषय में भी जान लेते हैं।

---

1. गैंजेटिक सॉफ्टशेल टर्टल *Nilssonia gangetica*
(Gangetic Soft-shell Turtle)
शेल की लंबाई: 94 सेमी
प्लेट । 31 अनुसूची ।

इस कछुए का थूथन बहुत स्पष्ट, ट्यूब (tube) के आकार का, लंबीगरदन और खोल चपटा होता है। इन शारीरिक लक्षणों के कारण इसने स्वयं को नदियों में रहने के अनुकूल बना लिया है। इसका खोल जैतूनी (ऑलिव) हरा या पूरी तरह से हरा होता है जिस पर पीले रंग का बॉर्डर (border) होता है। इसके हाथ–पैर भी हरे होते हैं जबकि टर्टल के शरीर के नीचे की ओर खोल स्लेटी या क्रीम रंग का होता है। इसका सिर चौड़ा होता है जिस पर अनेकों काले रंग की धारियां शरीर के मध्य भाग से हर तरफ जाती हैं। इस टर्टल का वास–स्थान गहरी नदियां, जल धारायें, बड़ी नहरें, झील व तालाब होते हैं जिनमें कीचड़ या रेत भरा होता है। यह मांसाहारी व शाकाहारी दोनों ही होता है। यह नदियों में बहकर आये हुये मृत जीव जंतुओं को भी खाता है।

2. इण्डियन फ्लैप-शेल टर्टल (Indian Flap-shell Turtle) *Lissemys punctata*
शेल की लंबाई: 35 सेमी
प्लेट । 31 अनुसूची ।

यह भारत की सबसे आम टर्टल प्रजाति है जिसका शरीर हरे रंग का होता है और उस पर पीले रंग के धब्बे होते हैं। इसका रंग व धब्बे हल्के से गहरे रंग के हो सकते हैं। इसका थूथन भी ट्यूब (tube) के आकार का, गरदन लंबी और शेल अंडाकार होता है। इसके शरीर के पिछले भाग में कोमल फ्लैप (flap) जैसी रचना होती हैं जिनके नीचे इसके पिछले पैर होते हैं जिनको यह सिकोड़ सकता है और फिर बाहर निकाल सकता है। शरीर के अगली ओर का फ्लैप लचीला होता है और यह इसके नीचे अपने सिर व गरदन को सिकोड़ सकता है। मादा टर्टल नर से बड़ी होती है। यह अनेक प्रकार के वास–स्थानों व जलवायु में रह सकता है। यह मांसाहारी व शाकाहारी दोनों होता है और मृत जंतुओं को भी खाता है।

3. ब्लैक पॉन्ड् टर्टल (Black Pond Turtle) *Melanochelys trijuga*
शेल की लंबाई: 38 सेमी
प्लेट । 31 अनुसूची ।

यह मुख्यतः ताजे पानी का टर्टल है। इसका खोल गहरे भूरे रंग से काले रंग तक का होता है और इसमें तीन नुकीले उभार (keel) होते हैं, एक मध्य भाग में और दो शरीर के दोनों ओर। इस टर्टल का मध्यम आकार का चौड़ा सिर होता है जिस पर काफी छोटा थूथन होता है। इसके सिर पर नारंगी से लेकर पीले धब्बे बिखरे होते हैं। इसके शरीर का अंदरूनी भाग एक समान भूरे रंग का होता है जिसके किनारे पर हल्का रंग होता है। जैसे ही इसको छेड़ा जाता है तो यह अपने शरीर में बनी गंध ग्रंथियों से एक विशेष प्रकार की दुर्गंध छोड़ता है। यह रात, दिन, सांझ, सवेरे हर समय सक्रिय रहता है। ब्लैक पॉन्ड् टर्टल जलाशयों के किनारे की जलीय वनस्पति खाता है और मांसाहारी व शाकाहारी दोनों होता है। टर्टल की इस प्रजाति का समुद्री यात्रायें करने वाले लोगों ने पश्चिमी भारतीय महासागर के कुछ द्वीपों में भी प्रवेश करवा दिया है।

क्या आप जानते हैं......

कि टर्टल्स धरती पर 20 करोड़ वर्षो से पहले से पाये जाते हैं। ये स्तनपायी जीवों, पक्षियों, मगर, सांपो और यहां तक कुछ छिपकलियों से पहले ही विकास क्रम में आ चुके थे।

4. ट्राइकैरीनेट हिल टर्टल *Melanochelys tricarinata*
(Tricarinate Hill Turtle)
शेल की लंबाई: 20 सेमी
प्लेट । 31 अनुसूची ।

यह छोटा, काला टर्टल है जिसके खोल पर तीन स्पष्ट पीले रंग की पट्टियां बनी होती हैं। इसके पैरों में स्पष्ट पंजे बने होते हैं लेकिन पंजे जाल वाले नहीं होते। यह अधिकतर भूमि पर रहने वाला टर्टल है। जब इसको परेशान किया जाता है या छेड़ा जाता है तो अपने शत्रु को भयभीत करने के लिये अपने शरीर एक प्रकार की दुर्गंध छोड़ता है। यह शाकाहारी व मांसाहारी दोनों होता है जो फल, कीट, केकड़े, सीप व घोंघे और अन्य छोटे जीव–जंतुओं को खाता है। उत्तराखण्ड में इसको तलहटी में तराई के जंगलों में देखा जा सकता है। विश्व में सिर्फ यह भारत में ही पाया जाता है।

5. यलो-हैडेड टॉर्टोइज (Yellow-headed Tortoise) *Indotestudo elongata*
शेल की लंबाई: 34 सेमी
प्लेट । 31 अनुसूची ।

इसका खोल (Carapace) विशेषरूप से लंबा और कुछ संकरा होता है। इसके खोल का रंग गहरे पीले भूरे रंग का होता है जिस पर काले धब्बे होते हैं। प्रजनन काल के अलावा इसका सिर हल्का पीला होता है। इस समय नर व मादा दोनों ही की आंखो व नथुनों पर गुलाबी रंग सा छा जाता है। मादा के पिछले पंजों विशेषरूप से लंबे होते हैं और नर की अपेक्षा बहुत अधिक मुड़े हुये होते हैं। ऐसा माना जाता है कि मादा के पंजों का अनुकूलन घोंसले बनाने में सहायता करने के लिये इस प्रकार से होता है। यह खासतौर से सागौन के जंगलों में रहता है जहां पर आर्द्रता बहुत अधिक होती है। लंबाई लिये हुये शरीर वाला यह टॉर्टोइज सवेरे और शाम काफी सक्रिय होता है। इसकी आंखे कम प्रकाश वाले स्थानों पर देखने की अभ्यस्त होती हैं। यह शाकाहारी व मांसाहारी दोनों होता है और पानी में बहकर आये हुये मृत जीव जंतुओं को भी खाता है। यह नियमित रूप से कीड़े व हरी पत्तियां और फल भी खाता है।

6. इण्डियन रूफ्ड टर्टल (Indian Roofed Turtle) *Pangshura tecta*
शेल की लंबाई: 15 सेमी
प्लेट । 31 अनुसूची ।

इनका सिर मध्यम आकार का होता है और थूथन बाहर की ओर निकला हुआ, छोटा, और नुकीला होता है। इसके जबड़े पीले रंग के और गरदन काले रंग की होती है जिस पर अनेकों पीली धारियां बनी होती हैं। इसका खोल भूरे रंग का

होता है जिस पर कभी कभी पीले या नारंगी रंग का बॉर्डर बना होता है। खोल के मध्य में लाल या नारंगी रंग की पट्टी बनी होती है। मध्यभाग में कील (keel) काफी स्पष्ट होती है और इस पर पीछे की ओर से बाहर निकली हुई मजबूत कांटे जैसी संरचना होती है। मादा का आकार नर से बड़ा होता है। यह पानी में पाया जाने वाला टर्टल है जो धीमे बहाव वाली धाराओं, नहरों, ऑक्सबोज़, तालाबों और मानव द्वारा बनाये गये पानी के तालाबों में पाये जाते हैं। यह शाकाहारी व मांसाहारी दोनों प्रकार का भोजन करते हैं जिसमें जलीय पौधे जैसे वॉटर हाइसिंथ और खरपतवार, जीव जंतु जैसे केकड़े और घोंघे शामिल होते हैं। यह पानी में बहकर आये हुये मृत जीवों को भी खाता है।

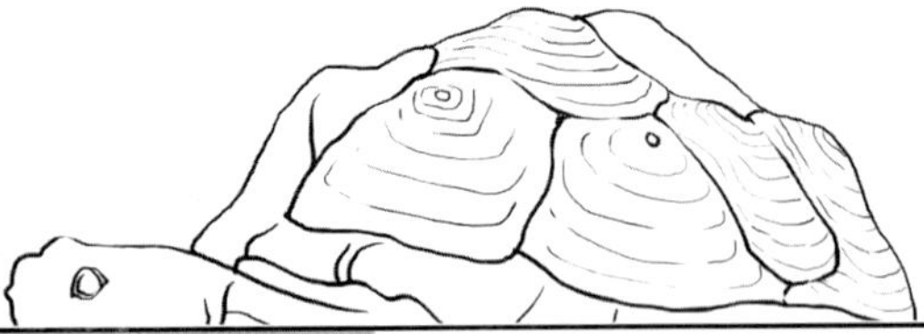

क्या आप बता सकते हैं ?

प्रश्न 1. कछुओ के खोल मोटे क्यों होते हैं जबकि टर्टल्स के खोल हल्के होते हैं?

प्रश्न 2. कैरापेस (carapace) और प्लासट्रॉन (plastron) क्या हैं?

प्रश्न 3. कछुआ पानी में कितनी देर तक तैर सकता है?

उत्तर पृष्ठ 271 पर देखें।

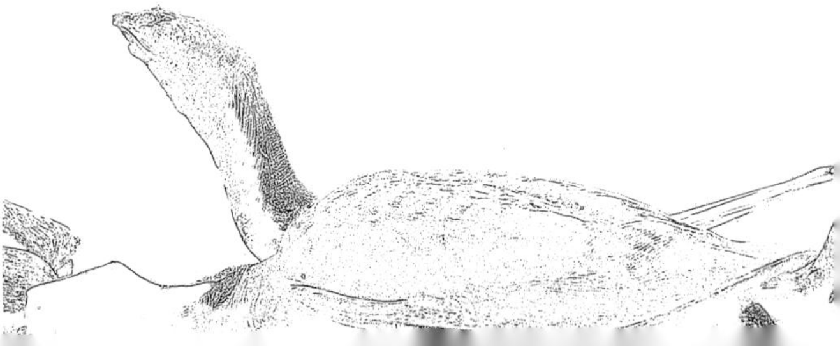

कछुए और टर्टल्स

1. गैंजेटिक सॉफ्टशेल टर्टल

2. इण्डियन फ्लैप-शेल टर्टल

3. ब्लैक पॉन्ड् टर्टल

4. ट्राइकैरीनेट हिल टर्टल

5. येलो-हैडेड टॉर्टोइज

6. इण्डियन रूफ्ड टर्टल

तितलियां और पतंगे

हार्लीक्विन मॉथ (Harlequin Moth) *Campylotes histrionicus*

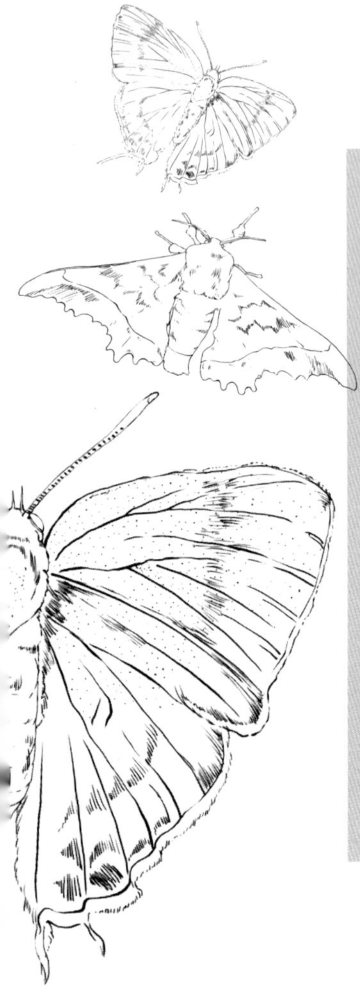

तितलियां और पतंगे

संजय सोंधी

तितलियां और पतंगे ही ऐसे कीट हैं जिनके पंखों पर स्केल्स (scale) होते हैं। यदि आपने कभी किसी मरी हुई तितली या पतंगे को हाथ से पकड़ा हो तो आपके हाथों में पाउडर (powder) के समान स्केल्स अवश्य चिपके होंगे। यह तितलियों और पतंगों के स्केल्स हैं जो इनको इतने सुंदर रंग देते हैं। आइये इन सुंदर कीटों के साथ हम भी उड़ान भरें ......

तितली ओर पतंगे में अंतर

तितलियां	पतंगे
• ये अधिकतर दिन के समय उड़ती हैं।	• ये अधिकतर रात के समय उड़ते हैं।
• इनके एंटीना (antennae) क्लब्ड (clubbed) होते हैं यानि एंटीना का टिप (tip) मोटा होता है।	• इनके एंटीना क्लब्ड नहीं होते है। परन्तु पतले या पंख जैसे होते हैं।
• इनके पंख एक दूसरे से जुड़े नहीं रहते। इनकी उड़ान शक्तिशाली होती है।	• इनके पंख जुड़े होते हैं, इनकी उड़ान कमजोर व फड़फड़ाहट भरी होती है।
• इनके कैटरपिलर्स सामान्यतया बालों वाले नहीं होते।	• इनके कैटरपिलर्स बालों वाले होते हैं।
• ये कोषावस्था (chrysalis) बनाते हैं।	• ये कोया (cocoons) बनाते हैं।

तितलियां

संजय सोंधी

तितलियां ऐसी कीट होती हैं जिनके पंखों पर स्केल्स (scales) होते हैं। दिन में उड़ने वाले ये नाजुक प्राणी संभवतया सबसे अधिक रंगो वाले होते हैं। आइये उत्तराखण्ड की ऐसी ही पंखो वाली इन 50 परियों की प्रजाति के साथ हम भी उड़ चलें ....

विश्व में तितलियों की लगभग 18,000 ज्ञात प्रजातियां हैं। भारत में लगभग इनकी 1,300 प्रजातियां हैं। ऐसा अनुमान लगाया गया है कि उत्तराखण्ड में इनकी 490 प्रजातियां हो सकती हैं जिनमें से इस पुस्तक में लगभग 50 का विवरण दिया गया है। भारत में तितलियों की छः फैमिली पाई जाती हैं जिनमें ब्ल्यूज, ब्रश–फुटेड तितलियां, व्हाइट और येलो स्वालोटेल्स और मेटलमार्क्स हैं। इनमें से प्रत्येक फैमिली की तितलियों का विवरण इस पुस्तक में दिया गया है।

अन्य कीटों की तरह तितलियां शीतरक्तधारी होती हैं। इसका अर्थ है कि वे अपने शरीर का तापमान नियंत्रित नहीं कर पाती हैं अतः अपने वातावरण और सूर्य के तापमान से अपने शरीर को गर्म रखती हैं। इसका अर्थ यह भी है कि अत्यधिक ठंड जैसे शीतकाल में अधिकांश तितलियां सक्रिय नहीं रह पातीं। वर्षा–ऋतु में जब धूप की कमी रहती है तो तितलियां भी उसी समय सक्रिय हो पाती हैं जब हल्की धूप दिखाई पड़ती है। अतः तितलियों की गतिविधि के लिये सबसे अच्छा मौसम मानसून से पहले व मानसून के बाद का रहता है।

तितलियों का जीवन चक्र

तितलियों का जीवनचक्र नर व मादा तितली के संसर्ग से प्रारंभ होता है। इसके बाद मादा तितली कुछ विशेष पौधों पर अपने अंडे देती है। तितलियों के कैटरपिलर्स केवल कुछ ही पौधों की प्रजातियों को खा सकते हैं अतः वे इन्हीं

पौधों पर अंडे देती हैं। कुछ सप्ताह के बाद अंडों से छोटे–छोटे कैटरपिलर्स बाहर निकल आते हैं। ये कैटरपिलर्स पौधों की पत्तियों को खाते हैं और तेजी से बढ़ते हैं। बढ़ते हुये ये अपनी त्वचा को गिरा देते हैं। इनमें से कुछ अपनी त्वचा को स्वयं ही खा जाते हैं। कुछ सप्ताह के बाद कैटरपिलर्स प्यूपा बनने के लिये तैयार हो जाते हैं। कैटरपिलर्स स्वयं के द्वारा बनाये गये सिल्क के धागे को प्यूपा के चारों ओर लपेट देते हैं। जब अंदर की ओर कैटरपिलर लिये हुये प्यूपा तैयार हो जाता है तो बाहर से यह निर्जीव सा दिखता है लेकिन अंदर रह रहे प्यूपा के अंदर बहुत से परिवर्तन होने लगते हैं। कैटरपिलर से धीरे–धीरे तितली बनना प्रारंभ होता है। कुछ ही सप्ताहों में कैटरपिलर से तितली बनकर तैयार हो जाती है और प्यूपा को तोड़कर बाहर आ जाती है। कुछ मिनटों के लिये यह स्वयं को सुखाती है और फिर उड़कर अपना जीवन चक्र पूरा करने के लिये उड़ जाती है।

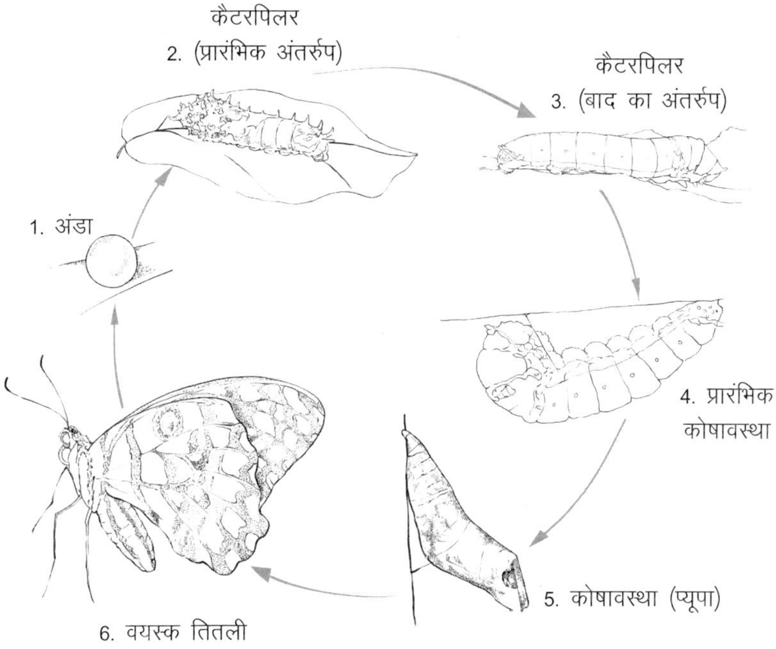

तितलियों का जीवन चक्र

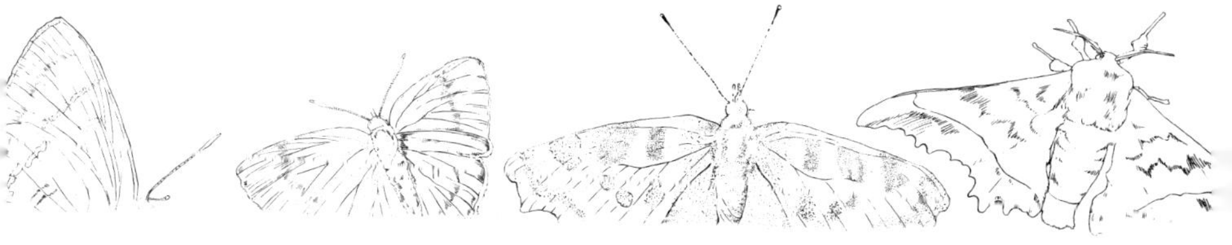

तितलियों को पहचानना

प्रारंभिक स्तर पर किसी भी अध्ययनकर्ता को तितलियों का पर्यवेक्षण करने की आवश्यकता होती है और इसी प्रकार से वह तितलियों की भली भांति पहचान कर सकता है। जब भी मैं तितलियों का प्रशिक्षण सत्र प्रारंभ करता हूं तो मैं प्रशिक्षुओं को तितली का चित्र बनाने को कहता हूं। यह बहुत महत्वपूर्ण है कि आप तितलियों के शरीर के ऊपरी (खुले पंखों का) व निचले भाग (पंख बंद होने पर) को ध्यान से देखें और अपने पर्यवेक्षणों को नोट करें। यदि आप इनका आकार, रंग और इनके शरीर के निशानों को नोट कर सकें तो आप बहुत अच्छी शुरूआत कर सकते हैं। तितलियों की प्रजाति के अध्ययन के लिये तितली के आकार का अर्थ है जब तितली अपने पंख खोलकर बैठी हो तो उसके पंखों का फैलाव (wingspan)। तितलियों की प्रजातियों में बहुत विविधतायें होती हैं। कई तितलियों में नर और मादा बिल्कुल भिन्न होते हैं। अन्य प्रजातियों में मौसम के अनुसार उनके आकार भी भिन्न होते हैं। कई तितलियां अन्य तितलियों की न केवल आकार में बल्कि उड़ान में भी नकल करती हैं। अतः ये महत्वपूर्ण है कि आप सावधानी पूर्वक इनको देखें। कुछ तितलियों के चित्र बनाने के बाद आप पहचान करने के लिये इनकी तस्वीर ले सकते हैं। यदि जिस तितली को आपने देखा है उसका चित्र इस पुस्तक में प्लेट में नहीं दिया गया है तो आप इस पुस्तक के अंत में दी गई वेबसाइट या अन्य पुस्तकों की सहायता भी ले सकते हैं। आपको तितलियों के साथ उड़ान भरने के लिये शुभकामनायें........

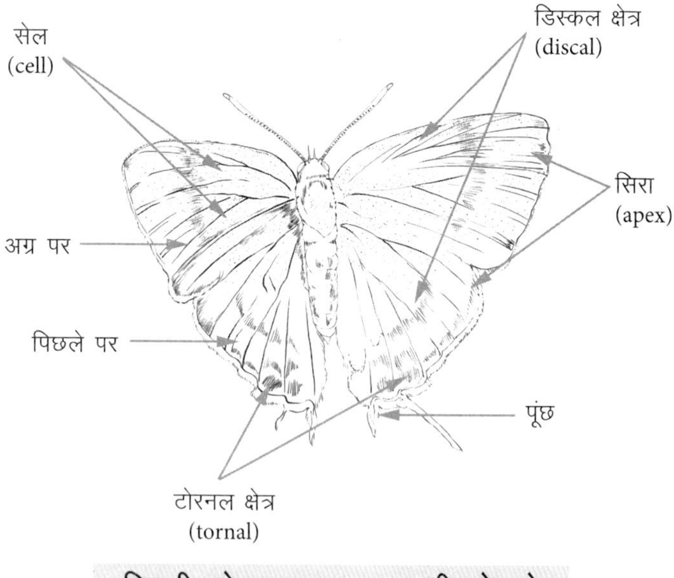

तितली को पहचानना – ऊपरी ओर से

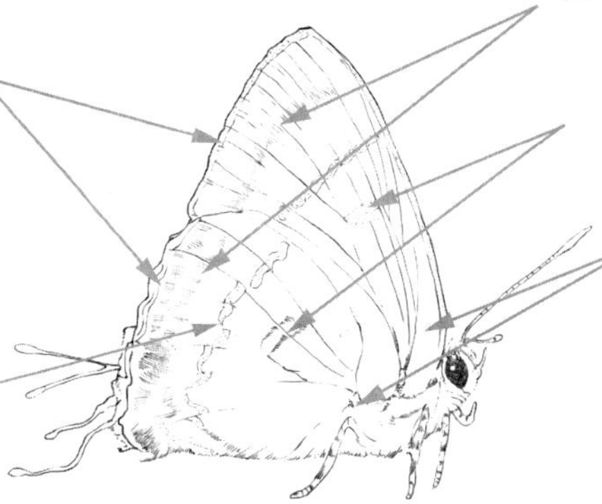

तितली को पहचानना – नीचे की ओर से

स्किपर्स (फैमिली: Hesperiidae)

स्किपर्स छोटी से लेकर मध्यम आकार की तितलियों का समूह है। इनमें से कई तीव्र गति से उड़ने वाली तितलियां हैं और इसीलिये इनको स्किपर्स कहा जाता है। कई स्किपर्स भूरे रंग की होती हैं लेकिन कुछ हरे, पीले और लाल रंग की भी होती हैं। कई स्किपर्स के कैटरपिलर (caterpillar) का भोजन घास और बांस हैं। तितलियां सुबह सवेरे और शाम के समय काफी सक्रिय होती हैं जबकि इनमें से कुछ तेज ध ूप में भी उड़ सकती हैं। ये पक्षियों की बीट, फूलों का मकरंद और मृत कीटों को भी खाती हैं।

1. वॉटर स्नो फ्लैट (Water Snow Flat) *Tagiades litigiosa*

आकार: 37–44 मिमी

प्लेट । 32

यह भूरे रंग की तितली है जिसका ऊपरी पिछला पंख सफेद होता है। इसके ऊपरी पिछले पंख पर काले धब्बों की श्रृंखला बनी होती है। यह तेजी से उड़ती है और सामान्यतया अपने पंखों को बंद करके नहीं बल्कि चपटा करके बैठती है इसी कारण इसका नाम वॉटर स्नो फ्लैट पड़ा। यह फूलों का मकरंद और पक्षियों की बीट खाती है। नर तितली बहुधा नमी वाले स्थानों पर जाती है। इसको अक्सर तलहटी से 2,000 मी ऊंचाई तक के जंगलों के किनारे और जल धाराओं पर देखा जा सकता है। ठीक इसी तरह की एक अन्य प्रजाति की तितली स्पॉटेड स्नो फ्लैट *Tagiades menaka* के पिछले सफेद पंखों पर अतिरिक्त काले धब्बे होते हैं।

2. वेस्ट हिमालयन पाइड फ्लैट (West Himalayan Pied Flat) *Pseudocoladenia fatih*

आकारः 40–46 मिमी

प्लेट । 32

यह लाल भूरे रंग की तितली है जिसके अगले पंखों के ऊपरी ओर पीले और सफेद धब्बे होते हैं। पिछले पंखों के ऊपरी ओर भूरे रंग के धब्बे होते हैं। अन्य फ्लैट तितलियों की भांति यह भी अपने पंखों को खोल कर रखती है। इसको बहुधा किसी पत्ती की ऊपरी सतह पर बैठकर धूप सेंकते हुये देख सकते हैं। यह फूलों का मकरंद चूसती है। इसको तलहटी से 2,100 मी ऊंची पहाड़ियों में जंगलों के रास्ते पर और जंगलों की जल धाराओं के आस पास देखा जा सकता है।

3. चेस्टनट एंगल (Chestnut Angle) *Odontoptilum angulata*

आकारः 40–45 मिमी

प्लेट । 32

चेस्टनट एंगल भी अन्य फ्लैट की तरह से अपने पंखों को चपटा करके बैठती है। इसके शरीर के ऊपरी भाग में लाल भूरे, काले और सफेद रंग के निशान होते हैं जो एकदम स्पष्ट होते हैं। यह तेज गति से उड़ती है और फूलों का मकरंद, पक्षियों की बीट और नमी वाली मिट्टी पे खाती है। यह बहुधा धूप सेंकती है। यह तलहटी से 2,400 मी ऊंची फुटहिल्स के जंगलों और जंगलों के आस–पास की जल धाराओं पर रहना पसंद करती हैं।

4. स्पॉटेड डीमन (Spotted Demon) *Notocrypta feisthamelii*

आकारः 38–50 मिमी

प्लेट । 32

इस मध्यम आकार की स्किपर को आप आधे पंख खोले हुये किसी पत्ती की ऊपरी सतह पर धूप सेंकते हुये देख सकते हैं। यह भूरे रंग की तितली है और इसके अगले पंखों के ऊपरी व निचली ओर एक दूसरे से जुड़े सफेद धब्बों की श्रृंखला होती है। इसके शरीर में अगले पंखों के शीर्ष भाग (apex) में सफेद धब्बे होते हैं। अगले पंखों के निचली ओर की सफेद पट्टी हमेशा पंख के किनारे को छूती है। डीमन

क्या आप जानते हैं......

कि कई तितलियां स्वयं की रक्षा के लिये छद्मावरण (Camouflage) ओढ़ लेती हैं। अतः तितलियां ऑटम लीफ और ओक लीफ, पत्ती जैसी ही दिखाई देती हैं।

तितली को आम तौर पर जंगलों के रास्तों पर और किनारों पर देखा जा सकता है। यह तीव्र गति से उड़ने वाली तितली है और अपने मुंह की एक ट्यूब जैसी रचना (Proboscis) से फूलों का मकरंद चूसती है। इसको तलहटी से 2,400 मी तक ऊंची पहाड़ियों में जंगली क्षेत्र में देखा जा सकता है। इसी की तरह की एक अन्य प्रजाति रेस्ट्रिक्टेड डीमन (*Notocrypta paralysos*) है जिसमें अगले पंखों के नीचे की ओर सफेद पट्टी होती है लेकिन यह पंख के किनारों को छूती नहीं है। कॉमन बैंडेड डीमन (*Notocrypta curvifascia*) के आगे के पंखों के सिरे पर सफेद धब्बे नहीं होते हैं।

5. इण्डियन ऑलकिंग (Indian Awlking) *Choaspes benjaminii*

आकारः 50–60 मिमी

प्लेट । 32

इस सुंदर हरे से रंग की तितली के पिछले पंखों के किनारे नारंगी रंग के होते हैं और दोनों पंखों के निचली ओर काली नसें होती हैं। यह तितली आम तौर पर सुबह सवेरे या शाम के समय सक्रिय रहती है। यह तेजी से उड़ती है और भोजन के लिये फूलों के मकरंद, पक्षियों की बीट और नम मिट्टी पर निर्भर करती है। इसको जंगलों के किनारों पर कैंप की रसोई में देखा जा सकता है। यह तलहटी के वनों से लेकर 2,400 मी ऊंचाई तक देखी जा सकती है।

ब्ल्यूज (फैमिलीः Lycaenidae)

ब्ल्यूज, तितलियों की बड़ी फैमिली है जो ऊपर की ओर से मुख्यरूप से नीले रंग की होती हैं इसी से इनका नाम ब्ल्यूज (blues) तितली पडा। हालांकि सभी ब्ल्यूज नीली नहीं होतीं, कुछ हरे रंग की, नारंगी, लाल, सफेद या भूरी होती है। इनमें से अधिकांश तितलियां छोटी होती हैं और इनमें से कई प्रजाति बहुत शक्तिशाली उड़ान भरती हैं जबकि अन्य फडफड़ाकर धीरे–धीरे उड़ती हैं। कई ब्ल्यूज की पूंछ होती है जिसका उपयोग वे अपने शत्रु को भ्रमित करने के लिये करती हैं जिसको देखकर उनको तितली के एंटीना का भ्रम होता है। कुछ चींटियां ब्ल्यूज के कैटरपिलर्स की देखभाल करती हैं।

6. रेड पियेरो (Red Pierrot) *Talicada nyseus*

आकारः 30–36 मिमी

प्लेट । 32

रेड पियेरो चित्ताकर्षक रंगो वाली तितली होती है। इसके पिछले पंखों के ऊपरी व निचली ओर लाल रंग की किनारी के कारण इनको पहचानना अत्यंत आसान है। इस तितली की उड़ान कमजोर फड़फड़ाहट भरी होती है। इसको उन बाग–बगीचों में देखा जा सकता है जहां कैलन्चोई (kalanchoe) पौधा होता है जिसके पत्ते खाकर

इसके कैटरपिलर पलते हैं। पहले रेड पियेरो केवल भारत के दक्षिणी भागों में और उत्तर पूर्व भारत में पायी जाती थी। हालांकि बीते वर्षों में कैलन्चोई पौधों के अन्य स्थानों पर फैलने के साथ ही अब इनको नये क्षेत्रों में भी देखा जा सकता है। अब इसको उत्तराखण्ड में तलहटी से 2,000 मी तक की ऊंची पहाड़ियों में भी देखा जा सकता है। इसकी उपस्थिति पिछले दशक में देहरादून, मसूरी और भीमताल में भी रिकॉर्ड की गई है।

7. यॅमफ्लाइ (Yamfly) *Atymnus loxura*

आकारः 36–40 मिमी

प्लेट। 32

यॅमफ्लाइ नारंगी रंग की लंबी पूंछ वाली तितली होती है। इस तितली को बहुधा किसी पत्ती की ऊपरी सतह पर अपने चमकदार नारंगी रंग और अगले पंखों के शीर्ष पर काले रंग का प्रदर्शन करते हुये देखा जा सकता है। निचली ओर इनका रंग कुछ भूरे रंग के निशानों के साथ पीला होता है। इस तितली की उड़ान धीमी है और इसे जंगली रास्तों और जल धाराओं के किनारों पर देखा जा सकता है। यह फूलों का मकरंद और पक्षियों की बीट पर भोजन करती है। इसका नाम यॅमफ्लाइ इस कारण पड़ा क्योंकि इनके कैटरपिलर्स यॅम (खाम आलू या चुपड़ी आलू) के पत्ते खाते हैं। लाल चींटियां यॅमफ्लाइ के कैटरपिलर्स की देखभाल करती है।

8. पर्पल सैफ्फायर (Purple Sapphire) *Heliophorus epicles*

आकारः 28–33 मिमी

प्लेट। 32–33

इस छोटी पूंछ वाली तितली के शरीर का निचला भाग चमकदार पीले रंग का होता है और इस पर चटख लाल किनारी या मार्जिन बनी होती हैं। ऊपरी ओर नर तितली के शरीर पर बैंगनी रंग की चमक रहती है, अगले पंखों पर नारंगी धब्बे होते हैं और पिछले पंखों पर नारंगी रंग का बॉर्डर होता है। यह मुख्यतः जंगली प्रजाति है और इसको जंगल के रास्तों पर पत्तियों पर धूप सेंकते हुये देखा जा सकता है। इनको यदि आप नजदीक से देखें तो आप देख सकते हैं कि यह तितली अपने पिछले पंखों को आपस में रगड़ती है और उस समय इसकी एंटीना (antennae) जैसी पूंछ दिखाई पड़ती है जिसके कारण इसके शत्रु भ्रमित हो जाते हैं। यह तलहटो से लेकर जंगली रास्तों से 2,100 मी ऊंचाई तक पाई जाती हैं। हाल में ही पिथौरागढ़ की गोरी घाटी से इसे पुनः खोजा गया है। पूर्वी हिमालय व उत्तर पूर्व भारत में साधारणतया पाई जाती है। यह प्रजाती उत्तराखण्ड में कई वर्षो बाद अस्कोट, पिथौरागढ़ में पाई गई है।

9. सौरल सैफ्फायर (Sorrel Sapphire) *Heliophorus sena*

आकारः 28–33 मिमी

प्लेट I 33

पिछली प्रजाति की तरह पूंछ वाली सैफ्फायर निचली ओर से स्लेटी रंग की लेकिन इसके दोनों पंखों के निचली ओर बहुत चौड़ा लाल बॉर्डर और इस बॉर्डर के बाहरी ओर एक सफेद पट्टी होती है। इसकी उड़ान काफी धीमी होती है और इसे हिमालय के 600 से 2,500 मी ऊंचे स्थानों पर सड़क के किनारे और बगीचों में घास और झाड़ियों पर देखा जा सकता है। इसको सोर्रेल या चुटकी पौधे (*Rumex hastatus*) के आस पास देखा जा सकता है जिस पर इसके कैटरपिलर्स पलते हैं।

10. व्हाइट-बॉर्डर्ड कॉपर (White-bordered Copper) *Lycaena panava*

आकारः 26–30 मिमी

प्लेट I 33

यह तितली पश्चिमी हिमालय की 1,500 से 3,500 मी की ऊंचाई पर मध्यम से ऊंचे स्थानों पर रहती है। इसके अगले पंखों के निचली ओर चमकदार नारंगी रंग होता है जबकि पिछले पंख स्लेटी रंग के होते हैं। पिछले पंख के किनारे पर सफेद रंग की पट्टी होती है जिसके कारण इसका नाम व्हाइट–बॉर्डर्ड कॉपर पड़ा। इसी की तरह की एक अन्य प्रजाति कॉमन कॉपर *Lycaena phlaeas* में पिछले पंखों में सफेद रंग नहीं होता। ऊपर की ओर ये तितलियां नारंगी रंग के निशान लिये हुये भूरे रंग की होती है। इनको खुले रास्तों या घास के चरागाहों में पाया जाता है।

11. कॉमन सेरूलियन (Common Cerulean) *Jamides celeno*

आकारः 27–40 मिमी

प्लेट I 33

यह पूंछ वाली ब्ल्यू वास्तव में ऊपरी ओर से नीली है। कॉमन सेरूलियन ऊपरी ओर से चमकदार नीले रंग की और नीचे की ओर से धूमिल स्लेटी रंग की होती है इसके अगले पंखों पर दो जोडी सफेद धारियां और पिछले पंखों पर तीन जोड़ी सफेद धारियां बनी होती हैं। यह जंगलों में रहना पसंद करती है लेकिन इसको बाग–बगीचों, जंगली रास्तों पर और जल धाराओं के किनारे भी देखा जा सकता है। जब प्रजनन काल नहीं होता तो यह तितली सूखे मौसम के प्रकार (dry season form) में दिखाई पड़ती है। सूखे मौसम में इसका रंग काफी धूमिल हो जाता है और अपने छद्मावरण के कारण यह स्वयं को शत्रुओं से बचाने में सफल हो जाती है। यह मैदानी क्षेत्रों और तलहटी से 2,000 मी ऊंची पहाड़ियों में पाई जाती है।

12. लाँग-बैंडेड सिल्वरलाइन (Long-banded Silverline) *Spindasis lohita*

आकारः 32–42 मिमी

प्लेट । 33

इस तितली के शरीर के निचले भाग में लाल रंग की पटिट्यां सी बनी होती हैं और मध्य भाग में चांदी के रंग की धारियां बनी होती हैं। इसी कारण इनका नाम सिल्वरलाइन पड़ा। इसकी दो पूंछे होती हैं। नर तितली के ऊपरी ओर एक चमकदार नीला धब्बा होता है। सिल्वरलाइन फूलों का मकरंद व पक्षियों की बीट और नमी वाले स्थानों पे भोजन करती हैं। यह जंगली रास्तों पर तलहटी क्षेत्र से 1,700 मी ऊंचे स्थानों की जल धाराओं के आस पास पाई जाती हैं।

ब्रश–फुटेड तितलियां (Nymphalidae)

ब्रश–फुटेड तितलियां भारत की सबसे बड़ी तितलियों की फैमिली है। इनके सामने के पैर छोटे होकर ब्रश जैसी रचना पा लेते है। अतः ब्रश–फुटेड तितलियों को पिछले दो जोड़ी पैरों से ही काम चलाना पड़ता है न कि अन्य तितलियों की तरह छः पैरों से। इन तितलियों का वास–स्थान बाग बगीचे, जंगल, झाड़ झंखाड़ वाले स्थान, जल धारायें, और पहाड़ होते हैं। इनमें से अधिकांश तितलियां फूलों का मकरंद पीती हैं लेकिन कुछ मृत जीवों के शवों पर भोजन करती हैं।

13. प्लेन टाइगर (Plain Tiger) *Danaus chrysippus*

आकारः 70–80 मिमी

प्लेट । 33

यह तितली धीमी उड़ान भरती है। यह नीचे और ऊपर की ओर नारंगी रंग की होती है। इसको आम तौर पर खुले स्थानों, बाग बगीचों और खेत खलिहानों में देखा जा सकता है। इस तितली का कैटरपिलर मिल्कवीड (milkweed) पौधे *Calotropis gigantea* या आक को खाता है। इस पौधे से कैटरपिलर कुछ रसायनों को अवशोषित करता है जिसके कारण इसका स्वाद कडुआ हो जाता है और इसके शत्रु इसे खाते नहीं हैं। ये विषैले रसायन वयस्क तितली में भी मौजूद रहते हैं और इसी कारण पक्षी और रेप्टाइल इसको खाना नापसंद करते हैं। इसी की तरह की एक अन्य प्रजाति स्ट्राइप्ड टाइगर *Danaus genutia* के पीले भूरे पंखों पर काली धारियां होती हैं।

14. स्ट्राइप्ड ब्ल्यू क्रो (Striped Blue Crow) *Euploea mulciber*

आकारः 90–100 मिमी

प्लेट । 33

यह तितली क्रो (Crow) फैमिली के अंतर्गत आती है। इनमें से अधिकांश क्रो (Crow) नीचे की ओर से भूरे रंग की और कुछ सफेद धब्बे लिये हुये होती है। स्ट्राइप्ड ब्ल्यू क्रो का नर इसी की तरह का होता है लेकिन नीचे की ओर गहरे भूरे रंग का होता है जिस पर सफेद धब्बे होते हैं। मादा के शरीर पर नीचे की ओर सफेद पट्टियां बनी होती हैं। ऊपर की ओर इस तितली का शरीर अत्यंत नीले रंग की चमक लिये हुये होता है जिसको इस तितली की उड़ान के समय भी भली भांति देखा जा सकता है। क्रो तितली बड़ी संख्या में एकत्र होकर पेड़ पौधों की उखाड़ी हुई या खुली जड़ों पर भोजन करती हैं। इनको आमतौर पर हिमालय के तलहटी क्षेत्रों से पहाड़ियों पर 2,500 मी ऊंचे स्थानों पर देखा जा सकता है।

15. कॉमन मैप (Common Map) *Cyrestis thyodamas*

आकारः 50–60 मिमी

प्लेट । 33

इस तितली को इसके पंखो के ऊपर बने नक्शे जैसी रचना के कारण आसानी से पहचाना जा सकता है। इसकी एक खास तरह की उड़ान होती है जिसमें पंख कुछ तेज गति से हिलते हैं और उसके बाद ये ग्लाईड (glide) करती है। कॉमन मैप सामान्यतया एकाकी होती है और अक्सर इसको जल धाराओं के किनारों पर अपने पंखों को पूरी तरह से चपटा करके नमी वाली मिट्टी पर पीते हुये देखा जा सकता है। इसको हिमालय के तलहटी क्षेत्रों से पहाड़ियो पर 2,700 मी तक ऊंचे स्थानों में देखा जा सकता है।

16. टॉनी राजा (Tawny Rajah) *Charaxes bernardus*

आकारः 80–100 मिमी

प्लेट । 34

यह पीले भूरे रंग की एक बड़ी तितली है जिसकी उड़ान अत्यंत शक्तिशाली है जंगलों की जल धाराओं के पास जो भी तितली दिखे और वह सर्र के पास से उड़ जाये तो वह अवश्य ही टॉनी राजा तितली होगी। यह काफी उग्र होती है और अपने रहने के स्थान (territory) की अच्छी तरह से घूम–घूम कर देखभाल करती है और आप इसे उसी जल धारा के स्थान विशेष पर ऊपर नीचे उड़ते हुये देख सकते हैं। इसे सड़ गले फल, जीव जंतुओं के शव और गोबर आदि पर भोजन करना बहुत पसंद है। कभी–कभी सभी राजा सामूहिक रूप से गोबर पर भोजन करते हुये दिखाई दे सकती हैं। आम तौर पर टॉनी राजा को तलहटी क्षेत्रों से 1,600 मी तक ऊंची हिमालय की पहाड़ियों तक देखा जा सकता है।

17. इण्डियन नवाब (Indian Nawab) *Charaxes bharata*

आकारः 60–75 मिमी

प्लेट । 34

राजा तितली की तरह से नवाब भी शक्तिशाली उड़ान भरती है और इसको जंगली जल धाराओं के पास देखा जा सकता है। इसके पंखों के ठीक मध्य में ऊपर और नीचे दोनों ओर से एक पीले–हरे रंग का धब्बा होता है। राजा की तरह से यह भी सड़े गले फल, जीव जंतुओं के शव और गोबर पर भोजन करने की शौकीन है। कई अवसरों पर ये तितलियां जंतुओं के शव या अपना भोजन छोड़कर उड़कर जाना नहीं चाहती। कॉमन नवाब को तलहटी क्षेत्रों से हिमालय की 1,900 मी तक ऊंची पहाड़ियों में देखा जा सकता है।

18. क्वीन ऑफ स्पेन फ्रिटिलरी (Queen of Spain Fritillary) *Issoria isaea*

आकारः 50–60 मिमी

प्लेट । 34

यह पीले–नारंगी रंग की तितली है जिसके पंखों पर काले रंग के निशान होते हैं। यदि आप इसको ऊंचे–ऊंचे पहाड़ों के चरागाहों में देखें तो निश्चित है कि यह क्वीन ऑफ स्पेन फ्रिटिलरी ही है। इसे धूप बहुत पसंद है और इसको चरागाहों में फूलों पर फुदकते हुये देखा जा सकता है। इसको हिमालय की 1,200 से 5,000 मी तक ऊंची पहाड़ियों में देखा जा सकता है।

19. टॉनी कोस्टर (Tawny Coster) *Acraea violae*

आकारः 50–65 मिमी

प्लेट । 34

यह नारंगी रंग की तितली है जिसके पंखों पर सफेद धब्बों की श्रृंखला सी बनी होती है। पिछले पंखो के मार्जिन पर इन सफेद धब्बों की बाह्य रेखा काले रंग की होती है। इसकी उड़ान भी काफी कमजोर होती है और इसको बाग बगीचों और खुले स्थानों की झाड़ियों और फूलों को पौधों पर मंडराते हुये देखा जा सकता है। इस तितली के कैटरपिलर को झुमक लता या पर्पल पैशन फूल (*Passiflora sp.*) बहुत पसंद हैं। यदि आप टॉनी कोस्टर को पकड़ लें तो यह मरे होने का ढोंग करती है और अपने शत्रु पर एक भयानक दुर्गंध छोड़ती है। यह मैदानी और तलहटी क्षेत्रों से लेकर हिमालय में 1,500 मी तक ऊंची पहाड़ियों में पायी जाती है। ठीक इसी की तरह से दिखाई पड़ने वाली एक अन्य तितली येलो कोस्टर *Acraea issoria* पीले रंग की होती है और यह 700 मी की ऊंचाई से ऊपर पायी जाती है।

20. कॉमन सेलर (Common Sailer) *Neptis hylas*

आकारः 50–60 मिमी

प्लेट । 34

कॉमन सेलर उत्तराखण्ड में पाई जाने वाली कई सेलर्स में से एक है। ये सेलर्स एक दूसरे से काफी मिलती जुलती हैं। इसकी सबसे अच्छी पहचान इनका ऊपरी पंख भूरे रंग का होता है जिस पर सफेद धब्बे और पट्टियां हैं। इसके पंख का निचला भाग लाल भूरे रंग का होता है जिस पर सफेद पट्टियां व धब्बे होते हैं। इसकी उड़ान काफी अलग होती है। ये तेजी से अपने पंखों को फड़फड़ाती है और फिर ग्लाईड (glide) कर दूर उड़ जाती हैं। सेलर्स को धूप सेकना बहुत पसंद है और ये अक्सर फूलों का रस चूसती है। यह मैदानी और तलहटी क्षेत्रों से लेकर हिमालय में 3,000 मी तक ऊंची पहाड़ियों में पायी जाती है।

21. कॉमन सर्जेंट (Common Sergeant) *Athyma perius*

आकारः 60–70 मिमी

प्लेट । 34

पहली नजर में सर्जेंट्स सेलर्स की तरह से दिखाई देती हैं जो ऊपर से भूरे रंग की होती हैं जिस पर सफेद पट्टियां व धब्बे बने होते हैं। हालांकि ये बड़ी होती हैं और इनकी उड़ान भी काफी शक्तिशाली होती है। सर्जेंट्स के पेट पर भी एक सफेद पट्टी होती है जो सेलर्स में नहीं होती। कॉमन सर्जेंट्स की पहचान इनके पिछले पंखों के ऊपरी व नीचे की ओर काले रंग के धब्बों की श्रृंखला है। ठीक इसी प्रकार की एक अन्य प्रजाति हिमालयन सर्जेंट *Athyma opalina* होती है लेकिन उसमें काले रंग के धब्बे नहीं होते। कॉमन सर्जेंट को तलहटी क्षेत्रों से लेकर हिमालय की 2,200 मी तक ऊंची पहाड़ियों में जंगलों के रास्तों पर देखा जा सकता है।

क्या आप जानते हैं......

कि कई पूंछ वाली तितलियां अक्सर अपने पंखो को आपस में रगड़ती हैं। जब वे ऐसा करती हैं तो उनकी पूंछ हवा में लहराती है। इनकी पूंछ को इनका सिर समझने के भ्रम में इनके शत्रु इन पर आक्रमण करते हैं। अतः आपको कई तितलियां बिना पूंछ (जो कि खाई हुई है) दिखाई पड़ सकती हैं।

22. पीकॉक पैंसी (Peacock Pansy) *Junonia almana*

आकारः 60–65 मिमी

प्लेट । 34

यह मध्यम आकार की नारंगी रंग की तितली होती है जिसके पंखों पर ऊपरी व निचली ओर आंखों जैसी संरचना होती है। खुले स्थानों, बाग–बगीचों और जंगलों के किनारों पर पायी जाने वाली यह बहुत ही सामन्य तितली है। यह टेरिटोरियल (territorial) है अर्थात एक ही स्थान या क्षेत्र में इसको आप कई दिनों तक देख सकते हैं। यह धूप सेकना बहुत पसंद करती है और फूलों का रस चूसती है। अन्य पैंसीज की तुलना में इसको सूखे क्षेत्रों में रहना पसंद है। यह तितली का सूखे मौसम का रूप होता है और जब प्रजनन काल नहीं होता तो इसके पंखों पर से आंखों जैसी रचना अदृश्य हो जाती है।

23. चॉकलेट पैंसी (Chocolate Pansy) *Junonia iphita*

आकारः 50–80 मिमी

प्लेट । 35

यह एक अन्य प्रकार की पैंसी है जो ऊपर से भूरे रंग की होती है और इसके पिछले पंखों के ऊपरी ओर भूरी आंख जैसी रचना पाई जाती है। चॉकलेट पैंसी को लेमन पैंसी *Junonia lemonias* समझने की भूल नहीं करनी चाहिये जो ऊपरी ओर से तो भूरे रंग की दिखाई देती है परंतु इसके पंखों पर नारंगी रंग की आंख जैसी रचना दिखाई देती हैं। चॉकलेट पैंसी का वास–स्थान और आदतें पीकॉक पैंसी जैसी ही होती हैं परंतु चॉकलेट पैंसी जल धाराओं के आस पास दिखाई पड़ती हैं।

24. इण्डियन टॉरटॉइजशेल (Indian Tortoiseshell) *Aglais caschmiriensis*

आकारः 80–90 मिमी

प्लेट । 35

मध्यम दर्जे की ऊंचाई पर पाई जाने वाली यह तितली काफी आम है। यह आपको उत्तराखण्ड के किसी भी हिल स्टेशन पर दिखाई पड़ सकती है। हिमालय की 4,300 मी तक ऊंची पहाड़ियों में देखा जा सकता है। यह उन कुछ तितलियों में से एक है जिन्हें आप सर्दियों समेत पूरे साल देख सकते हैं। इनके पंखों के ऊपरी ओर के निशान देख कर आप कोई गलती नहीं कर सकते परंतु नीचे की ओर इसके पंखों का रंग धब्बेदार गहरा भूरा होता है। इसको भी धूप सेकना बहुत पसंद है और अक्सर यह सड़क के किनारे और झाड़ियों पर धूप सेकने के लिये बैठी देख सकते हैं। इसके कैटरपिलर को बिच्छूघास या स्टिंगिंग नेटल या बिच्छू बूटि (*Urtica sp.*) खाना बहुत पसंद है। संभवतः इसी कारण इसको बहुतायत से देखा जा सकता है।

25. इण्डियन ब्ल्यू एडमिरल (Indian Blue Admiral) *Kaniska canace*

आकारः 60–75 मिमी

प्लेट । 35

यह एक मध्यम आकार की तितली है जिसके पंखों के मार्जिन्स लहरदार होते हैं और ऊपर की ओर से इसके पंख काले रंग के और नीली पट्टी लिये हुये होते हैं। यही ब्ल्यू एडमिरल की पहचान है। शक्तिशाली उड़ान वाली यह तितली वनो के किनारे रास्तों पर और जल धाराओं के पास देखी जा सकती है। इसको भी धूप सेंकना बहुत पसंद है और इसको सड़क के किनारे बड़ बड़े पत्थरों पर बैठे हुये देखा जा सकता है। हिमालय में इस तितली को 800 मी से 3,000 मी कि ऊंचाई तक देखा जा सकता है।

26. पेंटेड लेडी (Painted Lady) *Vanessa cardui*

आकारः 55–70 मिमी

प्लेट । 35

यह ऊपरी ओर से केसर भूरे रंग की होती है जिसका एपेक्स या शीर्ष काले रंग का जिस पर सफेद धब्बे होते हैं। संभवतया यह विश्व की सबसे अधिक पाई जाने वाली तितली है क्योंकि बहुत ठंडे आर्कटिक क्षेत्र को छोड़कर यह सभी महाद्वीपों में पाई जाती है। यह भी धूप सेंकने की शौकीन है और इसको खुले क्षेत्रों, घास के मैदानों, बाग–बगीचों और पहाड़ी ढलानों में आम तौर से देखा जा सकता है। इसको देखकर कभी कभी इण्डियन रेड एडमिरल *Vanessa indica* (26 क.) का भ्रम हो जाता है जिसके पंख पर लाल रंग के निशान पाये जाते हैं। इसको हिमालय की तलहटी क्षेत्रों से लेकर 4,500 मी तक ऊंची पहाड़ियों में देखा जा सकता है।

27. ऑरेंज ओकलीफ (Orange Oakleaf) *Kallima inachus*

आकारः 85–110 मिमी

प्लेट । 35

यदि आप इस बड़ी तितली को देख लें तो इसे पहचानना अत्यंत सरल है। जब यह बैठती है तो इसके शरीर का निचला भाग पत्ती की तरह से दिखाई देता है और इसका यही छद्मावरण शत्रुओं से बचाने में सहायता करता है। हालांकि ओकलीफ

क्या आप जानते हैं......

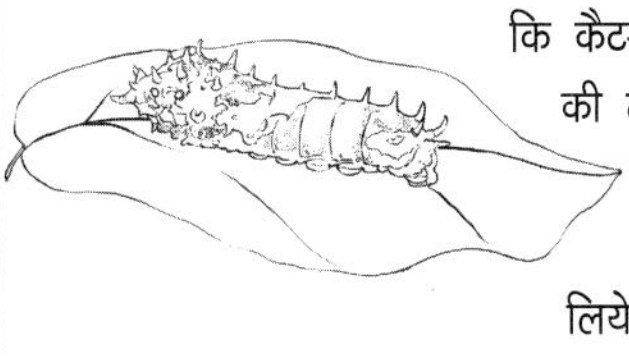

कि कैटरपिलर्स स्वयं को छिपाने के लिये कई प्रकार की तकनीकों का प्रयोग करते हैं। कॉमन कैस्टर का कैटरपिलर किसी पत्ती की बीच की डंडी की तरह से दिखाई देता है और आम तौर पर यह छुपने के लिये पत्तियों की बीच की डंडी पर बैठा रहता है।

जब धूप सेकने के लिये अपने पंख खोलती है तब यह चित्ताकर्षक नारंगी और नीले रंग की दिखाई देती है। ओकलीफ को सड़े गले फलों और शुगर सैप या मीठा रस खाना बहुत पसंद है। यह जल धाराओं के पास के जंगलों के किनारे रहती है परंतु बाग–बगीचों में भी देखी जा सकती है। इसको हिमालय की तलहटी क्षेत्रों से लेकर 2,000 मी तक ऊंची पहाड़ियों में देखा जा सकता है।

28. कॉमन जेस्टर (Common Jester) *Symbrenthia lilaea*

आकारः 45–55 मिमी

प्लेट I 35

यह तीव्र गति से उड़ने वाली तितली है जिसके शरीर के ऊपरी भाग के गहरे भूरे रंग पर नारंगी निशान बने होते हैं। इसकी पूंछ छोटी होती है जो इसको इसी तरह की एक तितली कॉमन लास्कर *Pantoporia hordonia* से अलग करती है। नीचे की ओर से इसका रंग पीला होता है और उस पर भूरे रंग के धब्बे बने होते हैं। यह जंगलों की जल धाराओं के आस पास पाई दिख जाती है और अक्सर उसी स्थान पर दर्जनों तितलियां मंडराती हुई दिखाई देती हैं। यह धूप सेंकने की शौकीन है। इसको हिमालय की तलहटी क्षेत्रों से लेकर 1,500 मी तक ऊंची पहाड़ियों में देखा जा सकता है।

29. कॉमन कैस्टर (Common Castor) *Ariadne merione*

आकारः 55–60 मिमी

प्लेट I 36

यह लाल भूरे रंग की तितली है जिसके ऊपरी पंखों पर काले रंग की लहरदार धारियां जोड़े में बनी होती है। यह धूप सेकना बहुत पसंद करती है और आमतौर पर इसे बाग बगीचों, जंगलो और सड़क के किनारे देखा जा सकता है, या जहां भी अरंडी का पौधा (Castor oil plant) हो जिसके पत्ते खाकर इसके कैटरपिलर पलते हैं। ये उन्हीं स्थानों पर पाया जाता है। ठीक इसी की तरह से दिखाई देने वाली एक तितली एंगल्ड कैस्टर *Ariadne ariadne* है जिसके पंखों पर कम लहरदार धारियां बनी होती हैं और इसके आगे के पंख एपेक्स से नीचे की ओर झुके होते हैं। इन दोनों ही तितलियों को हिमालय के मैदानी और तलहटी क्षेत्रों से लेकर 2,300 मी तक ऊंची पहाड़ियों में देखा जा सकता है।

30. कॉमन पामफ्लाइ (Common Palmfly) *Elymnias hypermnestra*

आकारः 60–80 मिमी

प्लेट I 36

यह नीचे की ओर से लाल भूरी होती है और इसके आगे के पंख के एपेक्स पर सफेद सा धब्बा होता है। इसकी पूंछ छोटी होती है। शरीर के ऊपरी भाग में नर

तितली के आगे के पंखों में नीले से रंग के निशान बने होते हैं और पिछले पंखों पर चमकदार लाल रंग का मार्जिन बना होता है। मादा पामफ्लाइ ऊपरी ओर से एकदम प्लेन टाइगर की प्रतिलिपि होती है। इस तितली को छांव में रहना पसंद है और इसकी उड़ान भी फड़फड़ाहट भरी होती है। यह बगीचों और कम घने जंगलों में पाई जाती है। यह बहुधा ऐसे स्थानों में पाई जाती है जहां इसके कैटरपिलर के लिये भोजन मिल सके जो पाम या खजूर (Chamar Pushpa) (*Arecacea*) की विभिन्न प्रजातियां हैं।

31. कॉमन वॉल (Common Wall) *Lasiommata schakra*

आकारः 55–60 मिमी

प्लेट I 36

यह पहाड़ों की तितली है जहां यह आम तौर पर सड़क के किनारे देखी जा सकती है। यह चट्टानों पर उगी घास, दीवारों और ताल तलैयों पर बैठी देखी जा सकती है। जब यह दीवार पर बैठी होती है तो यह हल्के झटके से हिलती रहती है। इसके पिछले भूरे रंग के पंखों के निचली ओर आंखों जैसी संरचना की पंक्ति पाई जाती है जबकि आगे के पंखों के नीचे की ओर का रंग नारंगी और भूरा होता है। इसको हिमालय की 1,100 से 3,000 मी तक ऊंची पहाड़ियों में देखा जा सकता है।

32. कॉमन फाइवरिंग (Common Fivering) *Ypthima baldus*

आकारः 32–48 मिमी

प्लेट I 36

यह अत्यंत साधारण सी भूरे रंग की तितली है जिसके पिछले पंखों के निचली ओर तीन जोड़ी आंखों जैसे निशान बने होते हैं। ऊपरी ओर यह भूरे रंग की होती है और इसके आगे के पंख के ऊपरी ओर एक बड़ी आंख जैसा निशान होता है और पिछले पंख के ऊपरी ओर दो छोटी–छोटी आंखों जैसे निशान पाये जाते हैं। इसी की तरह दिखने वाली एक अन्य तितली कॉमन फोरिंग *Ypthima huebneri* है जिसके शरीर पर पांच आंखे पाई जाती है। ये दोनों ही तितलिगां सड़क के किनारे और जंगली रास्तों पर आम तौर से दिखाई पड़ती हैं जहां वे जमीन के पास वाली झाड़ियों पर मंडराती रहती है। दोनों ही प्रकार की तितलियों के सूखे मौसम का आकार होता है जिसमें इनके शरीर के आंखों जैसे निशान दिखाई नहीं देते हैं। इनको तलहटी क्षेत्रों से लेकर हिमालय की 2,000 मी तक ऊंची पहाड़ियों में देखा जा सकता है।

33. कॉमन इवनिंग ब्राउन (Common Evening Brown) *Melanitis leda*

आकारः 80–100 मिमी

प्लेट । 36

यह भूरे रंग की तितली है जिनको आप जंगलों में जाते हुये झाड़ियों और पेड़–पौधों के बीच अवश्य देख सकते हैं। यह तितली कुछ दूरी तक उड़कर जमीन में बैठ जाती है। यह आसानी से छद्मावरण या कैमोफ्लाज ओढ़ लेती है। यह पूरे साल उड़ती रहती है। प्रजनन काल में इसके शरीर पर नीचे की ओर आंखों जैसे निशान आ जाते हैं। जब इसका सूखे मौसम जैसा आकार होता है इसके पंखों से आंख जैसी संरचना अदृश्य हो जाती है और तब इसका रंग निचली ओर से भूरा, लाल–भूरा, और यहां तक कि पीला–भूरा हो जाता है। यह अक्सर रात के समय प्रकाश की ओर आकर्षित हो जाती है और घरों में व घरों के बरामदे में प्रवेश कर लेती है। यह प्रत्येक प्रकार के जंगलों में देखी जा सकती है जो कि तलहटी से लेकर 2,300 मी तक ऊंची पहाड़ियों में पाई जाती है।

34. कॉमन ट्रीब्राउन (Common Treebrown) *Lethe rohria*

आकारः 58–70 मिमी

प्लेट । 36

यह भूरे रंग की तितली है जिसके पिछले पंखों के नीचे की ओर के पंखों पर टेढ़ी–मेढी आंख जैसी संरचना पाई जाती है। आगे के पंखों के निचले भाग में छोटी–छोटी आंख जैसी रचनायें पाई जाती हैं। इनको सड़क के किनारे या जंगली रास्तों पर, चट्टानों, पेड़ों और सड़क किनारे के पहाड़ी ढलानों पर बैठा हुआ देखा जा सकता है। यह तितली पेड़ के तने पर ऊर्ध्व बैठती है और मुंह नीचे की ओर रहता है। यह सड़े–गले फल व पेड़ों का रस पर भोजन करती है। इसको तलहटी से लेकर हिमालय की 3,000 मी तक ऊंची पहाड़ियों में देखा जा सकता है।

व्हाइट्स एंड यलोज़ (Pieridae)

यह तितलियां व्हाइट्स और येलोज़ होती है जैसा कि इनके नाम से ही स्पष्ट है। इस समूह की अधिकांश तितलियां सफेद व पीले रंग की होती हैं। हालांकि इस समूह की कुछ तितलियां अनेक रंगों वाली हो सकती है और ये पीले, लाल और नारंगी रंग की भी हो सकती हैं। ये तितलियां अधिकतर धूप सेकना पसंद करती हैं और फूलों के रस चूसती हैं। इनमें से कुछ पेड़ों के ऊंचे फूलों का रस भी चूसती हैं।

35. कॉमन इमीग्रेंट (Common Emigrant) *Catopsilia pomona*

आकारः 55–80 मिमी

प्लेट I 36

यह सामान्य तितली है जो सफेद, पीली या हरी भी हो सकती हैं। यह काफी सामान्य तितली है और यह बगीचों, खुले स्थानों और पहाड़ियों पर पाई जाती है। इसकी उड़ान अत्यंत शक्तिशाली होती है और यह ऊपर नीचे उड़ान भरती है और इसी कारण इसको येलो बाउंडर (Yellow Bounder) भी कहा जाता है। इस तितली के कैटरपिलर्स अमलतास जैसे वृक्षों पर पलते हैं। कभी–कभी तो सैकड़ों कैटरपिलर्स एक ही पेड़ पर दिखाई देते हैं और कुछ ही दिनों में ये पूरे पेड़ की पत्तियों को चट कर जाते हैं। इसको मैदानी इलाकों में और तलहटी से लेकर हिमालय की 4,000 मी तक ऊंची पहाड़ियों में देखा जा सकता है।

36. कॉमन ग्रास येलो (Common Grass Yellow) *Eurema hecabe*

आकारः 40–50 मिमी

प्लेट I 36

यदि आपके बगीचे में कोई धीमी गति से उड़ने वाली, मध्यम आकार की पीले रंग की तितली है तो यह निश्चित रूप से ग्रास यलो है। ग्रास यलो कई प्रकार की होती हैं परंतु कॉमन ग्रास यलो संभवतया सबसे अधिक सामान्य तितली है। इसके आगे के पंख के निचली ओर तीन छोटे काले धब्बे होते हैं। जब प्रजनन काल नहीं होता है तब ये निशान जंग के रंग के हो जाते हैं। ग्रास यलोज को खुले स्थानों, बगीचों और सड़कों पर छोटे–छोटे पौधों पर मंडराते हुये देखा जा सकता है। इसको मैदानी इलाकों में और तलहटी से लेकर हिमालय की 2,500 मी तक ऊंची पहाड़ियों में देखा जा सकता है।

क्या आप जानते हैं......

कि कई बार तितली के अंडे, कैटरपिलर्स या प्यूपा ओवर विंटर (over winter) करते हैं जिसका अर्थ है कि यदि मौसम अनुकूल नहीं है तो ये अपने जीवन चक्र की अगली अवस्था में नहीं जाते बल्कि सही समय का इंतजार करते हैं और अपना जीवन चक्र पूरा करते हैं।

37. डार्क क्लाउडेड येलो (Dark Clouded Yellow) *Colias fieldii*

आकारः 40–65 मिमी

प्लेट । 37

यह एक अन्य येलो तितली है जिसका ऊपरी शरीर नारंगी रंग का होता है। यह अक्सर हिमालय में 1,200 मी से ऊंची पहाड़ी में उड़ती हुई देखी जा सकती है परंतु सर्दियों के मौसम में यह मैदानी इलाकों में चली जाती है। इसकी उड़ान ग्रास यलो की भांति काफी कमजोर है और इसको सड़कों के किनारे, घास के चारागाहों, खेतों में और खुले गांव के क्षेत्र में देखा जा सकता है। इसी की तरह से दिखाई देने वाली एक अन्य तितली पेल क्लाउडेड येलो *Colias erate* है जो डार्क क्लाउडेड येलो की तरह ऊपरी ओर से नारंगी नहीं होती बल्कि निचली ओर हल्के पीले रंग की होती है।

38. कॉमन जज़ेबेल (Common Jezebel) *Delias eucharis*

आकारः 66–83 मिमी

प्लेट । 37

यह पीले रंग की एक अत्यत सुंदर तितली है जिसके पिछले पंखों के नीचे की ओर बड़े–बड़े लाल धब्बे बोते हैं। ऊपर की ओर यह सफेद रंग की होती है जिस पर काले रंग की नसों या veins जैसी संरचना होती है। इसकी उड़ान धीमी परंतु अत्यंत गरिमामय होती है। यह फूलों का रस पीती है और इसको अक्सर बगीचों में देखा जा सकता है। यह फूलों वाले वृक्षों पर भी भोजन के लिये निर्भर रहती है। इसको आमतौर तलहटी से लेकर हिमालय की 1,500 मी तक की ऊंची पहाड़ियों में देखा जा सकता है।

39. हिल जज़ेबेल (Hill Jezebel) *Delias belladonna*

आकारः 80–100 मिमी

प्लेट । 37

यह काले रंग की तितली है जिसके शरीर के ऊपरी व नीचे की ओर सफेद और पीले रंग के निशान बने होते हैं। इसको सामान्यरूप से पहाड़ों पर ऊंचे वक्षों की कैनोपी (canopy) पर गरिमापूर्वक मंडराते हुये देखा जा सकता है। सूखे मौसम में ये बड़ी संख्या में नमी वाले स्थानों पर एकत्र हो जाती हैं। यह फूलों वाले वृक्षों से रस पीना पसंद करती है खासकर फूल वाले वृक्ष जैसे हॉर्स चेस्टनट। यह पहाड़ों पर रहने वाली तितली है और हिमालय के 600 से 3,000 मी तक ऊंचे स्थानों पर अधिकतर देखी जाती है।

40. कॉमन वॉडरर (Common Wanderer) *Pareronia hippia*

आकारः 65–80 मिमी

प्लेट । 37

यह एक आम हल्के नीले रंग की तितली है जिसके पंखों पर गहरे काले रंग की नसें होती हैं। मादा सफेद रंग की होती है, इनमें नर के जैसा नीला रंग नहीं होता। यह तीव्र गति से उड़ने वाली तितली है जिसको जंगली रास्तों पर झाड़ियों और छोटे–छोटे पौधों पर बैठे हुये देखा जा सकता है। नर टैरिटोरियल (territorial) होता है और जंगल के एक ही रास्ते पर ऊपर नीचे उड़ता हुआ दिखाई देता है। इसको तलहटी से लेकर हिमालय की 1,500 मी तक ऊंची पहाड़ियों में देखा जा सकता है।

41. इण्डियन कैबेज व्हाइट (Indian Cabbage White) *Pieris canidia*

आकारः 45–60 मिमी

प्लेट । 37

यदि धीमी गति से उड़ने वाली सफेद रंग की तितली आपको पहाड़ी सड़कों पर उड़ती हुई दिखाई देती है तो वह निश्चित रूप से इण्डियन कैबेज व्हाइट ही है। नीचे की ओर से यह पीली सफेद होती है जिस पर काले रंग के कण या धूल दिखाई देती हैं। इसके पंखों के ऊपरी व निचले भाग पर एक या दो काले धब्बे होते हैं। यह धूप सेकने की शौकीन होती है और फूलों का रस पीती है। इसको तलहटी से लेकर हिमालय की 3,600 मी तक ऊंची पहाड़ियों में देखा जा सकता है। इसी की तरह की एक अन्य तितली लार्ज कैबेज व्हाइट *Pieris brassicae* है जो आकार में बड़ी है और जिसके आग के पंखों का सिरा या एपेक्स बहुत नुकीला होता है। इन दोनों ही प्रकार की तितलियों के कैटरपिलर पत्ता गोभी व सरसों खाना पसंद करते हैं।

स्वॉलोटेल्स (Papilionidae)

स्वॉलोटेल्स सुंदर और बड़े आकार की तितलियां होती हैं। इनमें से काफी तितलियों (राणी की नहीं) की पूंछ होती हैं इसी के कारण इनका नाम स्वॉलोटेल्स पड़ा। यह कई संख्या में हाथी की लीद पर या नमी वाले मिट्टी पर एकत्र होकर अपना भोजन करती हैं। कई स्वॉलोटेल्स के कैटरपिलर्स नींबू के पौधे से अपना भोजन ग्रहण करते हैं।

42. कॉमन मॉर्मन (Common Mormon) *Papilio polytes*

आकारः 90–100 मिमी

प्लेट । 37

यह पूंछ वाली काले रंग की तितली है जिसके पंखों के ऊपरी ओर सफेद धब्बे बने होते हैं। यह भी धूप सेकने की शौकीन होती है और पंख खोलकर बैठती है। यह फूलों का रस चूसती है और बाग बगीचों में देखी जा सकती है। मादा तितली कई प्रकार की होती है जिसके पंखों का ऊपरी भाग पर अधिक लाल रंग होता है। अक्सर नर तितलियां अन्य स्वॉलोटेल के साथ मिलकर कीचड़ के तालाबों या हाथी की लीद पर एकत्र हो जाती हैं। इसको तलहटी से लेकर हिमालय की 1,800 मी तक ऊंची पहाड़ियों में देखा जा सकता है।

43. लाइम स्वॉलोटेल (Lime Swallowtail) *Papilio demoleus*

आकारः 80–100 मिमी

प्लेट । 38

यह पूंछ विहीन, पीले रंग की स्वॉलोटेल होती है। इसके पंखों के निचले भाग पर काले, पीले और नीले निशान होते हैं। यह तेजी से उड़ने वाली तितली है और यह बगीचों, खुले जंगलों और धाराओं के किनारे देखी जा सकती है। जहां की भी नींबू का पेड़ होता है इसको वहां देखा जा सकता है क्योंकि इसके कैटरपिलर नींबू के पत्तों पर पलते हैं।

44. कॉमन येलो स्वॉलोटेल (Common Yellow Swallowtail) *Papilio machaon*

आकारः 75–90 मिमी

प्लेट । 38

यह ऊपरी तौर पर लाइम स्वॉलोटेल की तरह होती है लेकिन इस तितली की पूंछ होती है। यह पहाड़ों पर पाई जाने वाली तितली है जिसको हिमालय में 1,800 मी से 4,000 मी तक ऊंचे चारागाहों व सड़क के किनारे देखा जा सकता है। कभी–कभी सर्दियों के मौसम में यह कम ऊंचाई वाले स्थानों में प्रवास पर चली आती है। अन्य स्वॉलोटेल्स की तरह यह भी फूलों का रस चूसती है और फूलों पर रस चूसने के लिये मंडराती रहती है। चूंकि यह एक तीव्र गति से उड़ने वाली तितली है अतः जंगलों के रास्तों पर आप इसे अपने सामने से तेजी से उड़ते हुये अक्सर देख सकते हैं।

45. कॉमन पीकॉक (Common Peacock) *Papilio bianor*

आकारः 90–130 मिमी

प्लेट । 38

पहाड़ों पर पाई जाने वाली यह तितली दिखने में अत्यंत सुंदर होती है। इसके ऊपरी पंख काले होते हैं और पिछले पंखों के ऊपरी ओर नीले हरे रंग का धब्बा होता है जो उड़ान के दौरान स्पष्ट रूप से दिखाई देता है। इसके आगे के पंख के ऊपरी ओर एक स्पष्ट हरे रंग का धब्बा होता है। यह भी तेज उड़ान भरने वाली तितली है लेकिन अक्सर इसे फूलों पर अपने भोजन के लिये धीमे–धीमे मंडराते हुये देखा जा सकता है। इसको जंगली रास्तों पर नमी वाले स्थानों पर भी देखा जा सकता है जहां यह लंबे समय तक बैठकर भोजन करती है। कभी कभी इसको देखकर पेरिस पीकॉक *Papilio paris* का भ्रम हो जाता है जो देखने में एकदम इसी के जैसी है। यह तलहटी से लेकर हिमालय की 2,100 मी तक ऊंची पहाड़ियों में पाई जाती है।

46. स्पेंगल (Spangle) *Papilio protenor*

आकारः 100–130 मिमी

प्लेट । 38

स्पेंगल एक बड़ी, काली, पूंछ विहीन स्वॉलोटेल है। इसके पिछले पंखों के ऊपरी व निचली ओर लाल धब्बे होते हैं जिनका केंद्र बिंदु काले रंग का होता है। इसकी उड़ान धीमी परंतु गरिमामय होती है और इसको जंगलों के किनारे व जंगली रास्तों पर देखा जा सकता है। यह भी फूलों का रस और सड़े गले फल खाना पसंद करती है। तलहटी क्षेत्र में ये कम ही देखी जाती हैं लेकिन आमतौर पर मध्यम ऊंचाई वाले स्थानों से लेकर 2,500 मी तक ऊंचे स्थानों में इसको देखा जा सकता है।

47. ग्लासी ब्लूबॉटल (Glassy Bluebottle) *Graphium cloanthes*

आकारः 85–95 मिमी

प्लेट । 38

यह नीले हरे रंग की पूंछ वाली स्वॉलोटेल है। इसके दोनों पंखों पर चौड़ा काला बॉर्डर होता है और पिछले पंखों पर नीचे की ओर लाल निशान होते हैं। यह तीव्र गति से उड़ने वाली तितली है और उड़ते समय आप इसकी एक झलक मात्र ही देख सकते हैं। यह भी फूलों का रस चुसती है और नमी वाले स्थानों पर मंडराती रहती है। ठीक इसी की तरह दिखाई देने वाली तितली कॉमन ब्ल्यू बॉटल *Graphium sarpedon* की पूंछ नहीं होती है। इन तितलियों को और इसको तलहटी से लेकर हिमालय की 2,700 मी ऊंची पहाड़ियों में देखा जा सकता है।

48. कॉमन विंडमिल (Common Windmill) *Byasa polyeuctes*

आकारः 110–140 मिमी

प्लेट I 38

यह काले रंग की बड़ी पूंछ वाली तितली है जिसके आगे के व पिछले पंखों पर ऊपर व नीचे की ओर लाल व सफेद रंग के धब्बे होते हैं। इसका लंबा, संकरा पिछला पंख और लाल रंग का शरीर उड़ान के दौरान भी दिखाई पड़ता है और यही इसकी पहचान है। कॉमन विंडमिल की उड़ान धीमी व गरिमामय होती है और सामान्यतया इसको जंगलों की चौड़ी सड़कों पर उड़ते हुये देखा जा सकता है। यह फूलों के पौधों और बटरफ्लाइ बुश *Buddleja sp.* जैसी झाड़ियों पर देखा जा सकता है जहां यह लंबे समय तक फूलों का रस चुसती है। इसको देखकर ग्रेट विंडमिल *Byasa dasarada* का भ्रम हो जाता है क्योंकि यह भी उन्हीं स्थानों पर देखी जा सकती है जहां कॉमन विंडमिल को देखा जाता है। इसको तलहटी से लेकर हिमालय की 2,700 मी ऊंची पहाड़ियों में देखा जा सकता है।

49. गोल्डन बर्डविंग (Golden Birdwing) *Troides aeacus*

आकारः 119–188 मिमी

प्लेट I 38

यह पश्चिमी हिमालय की सबसे बड़ी तितली है। एक बड़ी काली बिना पूंछ वाली तितली, इसके ऊपरी ओर व पिछले पंखो के नीचे की ओर स्वर्णिम पीला होता है। यह एक धीमी गरिमामयी उड़ान वाली है और जमीन से 10–15 फीट ऊपर उड़ती हुई देखी जा सकती है। यह फूलो का शहद खाती है और अक्सर फूलो के बगीचों में घूमती रहती है। यह नदी के किनारों व जंगल के रास्तों पर तलहटी से 1500 मी तक की ऊचाई पर रहना पसंद करती है।

क्या आप जानते हैं......

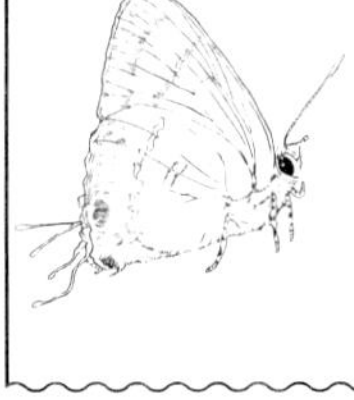

कि कई तितलियों का ड्राइ सीजन फार्म (Dry season form DSF) होता है। प्रजनन काल में तितलियां संसर्ग के लिये बहुत सुंदर दिखना चाहती हैं जो उनका वेट सीजन फार्म (Wet season form WSF) है। जब प्रजनन काल समाप्त हो जाता है तब उनका रंग अदृश्य हो जाता है और ये शत्रुओं को दिखाई नहीं देती हैं।

मेटलमार्क्स (Riodinidae)

तितलियों की इस छोटी फैमिली में पंचेस और जूडीज नाम की तितलियां शामिल हैं। आमतौर से जंगलों में पाई जाने वाली ये तितलियां छांव में रहना पसंद करती हैं।

50. पंचिनेलो (Punchinello) *Zemeros flegyas*

आकारः 35–40 मिमी

प्लेट । 38

यह लाल भूरे रंग की तितली है जिसके पंखों के दोनों ओर सफेद–काले धब्बे बने होते हैं। यह अपने पंखों को आधा खोलकर धूप सेंकती है। जब यह बैठी होती है तब अधिकांषतः झटके से हिलती हैं। इसको आमतौर पर जंगली रास्तों पर, जल धाराओं के किनारे और कभी–कभी बगीचों में भी देखा जा सकता है। यह फूलों का रस चूसती है और भोजन के लिये नमी वाली मिट्टी पे पाई जाती है। पंचिनेलो को तलहटी से लेकर 2,300 मी की ऊंचाई तक उत्तराखण्ड में देखा जा सकता है।

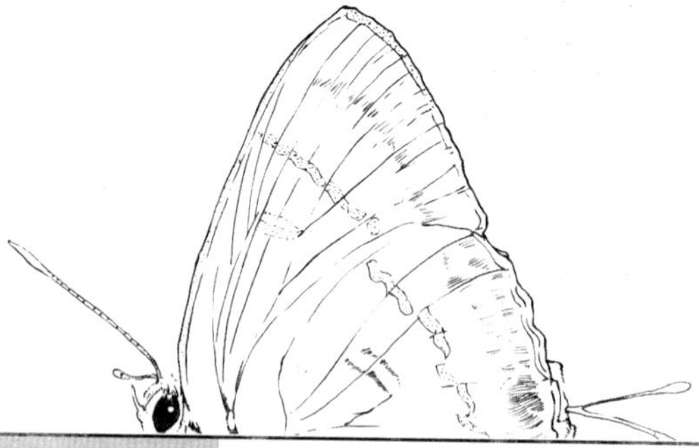

क्या आप बता सकते हैं ?

प्रश्न 1. तितलियां दूसरी तितलियों की नकल क्यों करती हैं ?

प्रश्न 2. चींटियां तितलियों के अंडों की देखभाल क्यों करती हैं ?

प्रश्न 3. नर तितलियां बड़ी संख्या में नमी वाले स्थानों में या हाथी की लीद पर एकत्र होती हैं और इस क्रिया को मड पडलिंग (mud puddling) कहा जाता है. तितलियां मड पडलिंग क्यों करती हैं ?

प्रश्न 4. तितलियां कितने लंबे समय तक जीवित रहती हैं ?

प्रश्न 5. कोई पांच तरीके बताइये जिनसे तितलियां स्वयं को अपने शत्रुओं से सुरक्षित रखती हैं ?

उत्तर पृष्ठ 271-272 पर देखें।

तितलियां

1. वॉटर स्नो फ्लैट

2. वेस्ट हिमालयन पाइड फ्लैट

3. चेस्टनट एंगल

4. स्पॉटेड डीमन

5. इण्डियन ऑलकिंग

6. रेड पियेरो

7. यॅमफ्लाइ

8. पर्पल सैफ्फायर

तितलियां

8 क. पर्पल सैफ्फायर (ऊपरी ओर)

9. सौरल सैफ्फायर

10. व्हाइट–बॉर्डर्ड कॉपर

11. कॉमन सेरूलियन (WSF)

11 क. कॉमन सेरूलियन (DSF)

12. लाँग–बैंडेड सिल्वरलाइन

13. प्लेन टाइगर

14. स्ट्राइप्ड ब्ल्यू क्रो

15. कॉमन मैप

तितलियां

16. टॉनी राजा

17. इण्डियन नवाब

18. क्वीन ऑफ स्पेन फ्रिटिलरी

19. टॉनी कोस्टर

19 क. यलो कोस्टर

20. कॉमन सेलर

21. कॉमन सर्जेंट

22. पीकॉक पैंसी

तितलियां

23. चॉकलेट पैंसी

24. इण्डियन टॉरटॉइजशेल

25. इण्डियन ब्ल्यू एडमिरल

26. पेंटेड लेडी

26 क. इण्डियन रेड एडमिरल

27. ओरेंज ओकलीफ

28. कॉमन जेस्टर

28 क. कॉमन जेस्टर

तितलियां

29. कॉमन कैस्टर

30. कॉमन पामफ्लाइ

31. कॉमन वॉल

32. कॉमन फाइवरिंग

33. कॉमन इवनिंग ब्राउन (DSF)

34. कॉमन ट्रीब्राउन

35. कॉमन इमीग्रेंट

36. कॉमन ग्रास येलो (DSF)

तितलियां

37. डार्क क्लाउडेड येलो

38. कॉमन जेज़ेबेल

39. हिल जेज़ेबेल

40. कॉमन वॉडरर (नर)

41. इण्डियन कैबेज व्हाइट

40 क. कॉमन वॉडरर (मादा)

41 क. कॉमन मॉर्मन (नर)

42 ख. कॉमन मॉर्मन (मादा)

तितलियां

43. लाइम स्वॉलोटेल

44. कॉमन येलो स्वॉलोटेल

45. कॉमन पीकॉक

46. स्पेंगल

47. ग्लासी ब्लूबॉटल

48. कॉमन विंडमिल

49. गोल्डन बर्डविंग

50. पंचिनेलो

पतंगे

संजय सोंधी

पतंगों के पंखों में भी तितलियों की तरह से स्केल्स (scales) बने होते हैं। हालांकि, तितलियों के जैसे अधिकांश पतंगे दिन के समय नहीं बल्कि रात को उड़ते हैं यद्यपि कुछ पतंगे तितलियों की नकल करके दिन के समय भी उड़ते हैं। पतंगों को बरसात के मौसम में प्रकाश स्रोत के आस-पास आसानी से देखा जा सकता है। उनके विषय में अधिक जानने के लिये उत्तराखण्ड के पतंगों का अध्ययन करने के लिये आप सबका स्वागत है ....

पतंगे तितलियों के काफी नजदीकी संबंधी हैं। जैसा कि पिछले अध्याय में बताया जा चुका है कि दोनों ही लेपिडोप्टेरा (lepidoptera) के अंतर्गत आते हैं। विश्व में लेपिडोप्टेरा में पतंगो की 150,000 से 180,000 प्रजातियां हैं तितलियों से लगभग 10 गुना अधिक। ऐसा अनुमान लगाया गया है कि भारत में पतंगों की 10,000 प्रजातियां हैं और संभावना है कि कई अन्य प्रजातियों की अभी खोज की जानी बाकी है। अनुमान है कि केवल पश्चिमी हिमालय में ही पतंगों की 3,000 से 4,000 प्रजातियां हैं।

भारत में पतंगों पर बहुत कम अध्ययन हुआ है। एक इंगलिश व्यक्ति, जी.एफ. हैम्पसन ने भारतीय पतंगों पर व्यापक रूप से पुस्तकें लिखीं। हैम्पसन ने पतंगों पर चार पुस्तकें लिखीं जो उन्होंने सौ साल से पहले 1894 और 1898 में फॉना ऑफ ब्रिटिश इंडिया श्रृंखला के अंतर्गत लिखीं।

तितलियों की तरह पतंगे भी शीतरक्त धारी होते हैं। अधिकांश पतंगे रात को उड़ते हैं अतः इनका अध्ययन करना काफी मुश्किल है। रात में उड़ने के कारण ये अपनी सुरक्षा बेहतर ढंग से कर पाते हैं क्योंकि इनके शत्रु इनको

देख नहीं पाते हैं। इसके अतिरिक्त पतंगे रात को खिलने वाले फूलों से रस चूसते हैं और बदले में फूलों के परागण में सहायता करते हैं। हालांकि सभी पतंगे शहद पर निर्भर नहीं रहते, कुछ सड़े गले फलों व पेड़ों के रस (सैप) पर जीवित रहते है जबकि कुछ ऐसे भी हैं जो वयस्क पतंगों के रूप में बिल्कुल भी नहीं खाते हैं। निःसंदेह सभी पतंगे रात को उड़ते भी नहीं हैं। काफी पतंगे ऐसे होते हैं जो दिन के समय उड़ते हैं।

पतंगों का जीवनचक्र

पतंगों का जीवनचक्र बहुत कुछ तितलियों के समान होता है। तितलियां क्राइसेलिस (या प्यूपा) से निकलती है जो कि कठोर प्रोटीन से बनी एक दशा होती है। इसके विपरीत कई पतंगों का प्यूपा सिल्क के ककून से ढका होता है कई पतंगों के ककून जमीन के अंदर दबे होते हैं जो कि तितलियों के समान नहीं होता।

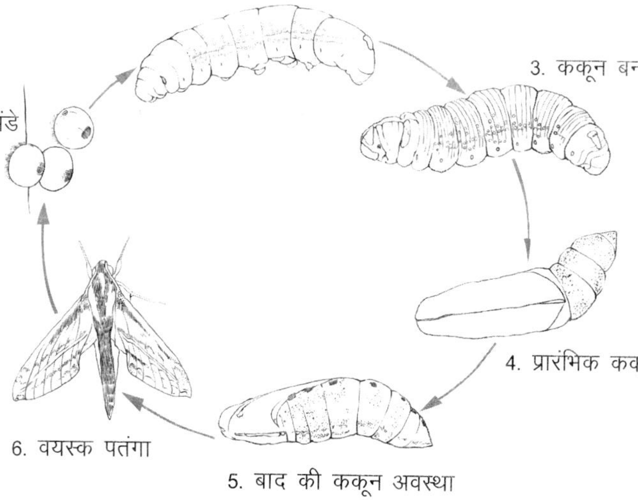

पतंगों की पहचान

पतंगों का पहचान करना अत्यंत कठिन कार्य है खासकर इसलिये कि भारत में इनके विषय में काफी कम मार्गदर्शिकायें मौजूद हैं। पतंगों को पहचानने का सबसे अच्छा तरीका है कि आप पतंगों की कुछ सामान्य फैमिलीज के विषय में जानकारी ले लें। पतंगे के शरीर के विभिन्न भाग भी तितलियों के ही तरह से होते हैं। साथ में दिये गये चित्र से आप अपने देखे हुये कुछ पतंगों की पहचान कर पायेंगे। इस पुस्तक में पतंगों का आकार इनके पंख खुले होने पर इनके पंखों का स्पैन या एक पंख से दूसरे पंख तक की चौड़ाई है।

हमारे घरों में प्रकाश स्रोत के आस–पास पतंगों का अवलोकन करना सबसे अच्छा है। मानसून से पहले और बाद में जब पतंगों का प्रजनन काल होता है उस समय इनका अध्ययन करने का सबसे अच्छा समय होता है यद्यपि ये पूरे साल भर सक्रिय रहते हैं। इनके प्रजनन काल में बड़ी संख्या में पतंगे प्रकाश की ओर आकर्षित होते हैं और यह इनके अध्ययन का सबसे अच्छा समय व तरीका है। यह पुस्तक आपको विभिन्न फैमिलीज के सामान्य रूप से देखे जाने वाले पतंगों की 20 प्रजातियों के विषय में जानकारी देने का प्रयास करेगी। भारत में पतंगे कहां–कहां पाये जाते हैं इसकी बहुत अधिक जानकारी नहीं है और न ही जिस ऊंचाई पर ये उड़ते हैं उसके विषय में कोई ठोस जानकारी है। अतः पतंगों के अध्ययन में रूचि रखने वाले कोई भी व्यक्ति इस विषय पर भारत को महत्वपूर्ण जानकारी दे सकता है। पतंगों के विषय में जानकारी लेने के लिये शुभकामनायें .....

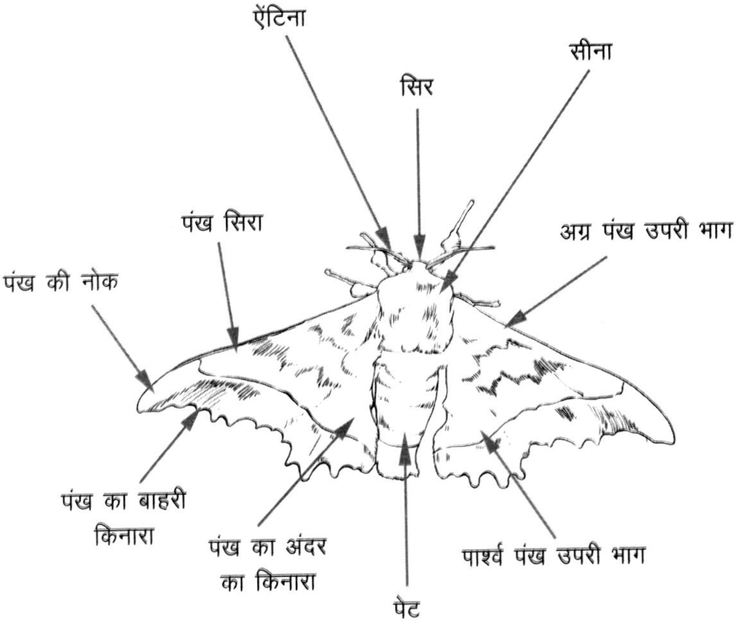

पतंगे के शरीर के भाग

एंपरर और सिल्क पतंगे (फैमिली: Saturniidae)

एंपरर और सिल्क पतंगे या सेटरनिड़्स बहुत सुंदर और बड़े पतंगों का एक समूह है। एंपरर पतंगों में सिल्क, एटलस और लूनार पतंगे भी शामिल हैं। अधिकांश सैटरनिड़्स का जीवन काल बहुत छोटा होता है और ये केवल 2-4 सप्ताह तक की जीवित रहते हैं। अधिकांश वयस्क सैटरनिड़्स के मुंह में अत्यंत आधारभूत भाग होते हैं। ये वयस्क होने पर भोजन नहीं करते हैं। ये कैटरपिलर द्वारा वयस्क अवस्था के लिये एकत्र किये गये भोजन पर ही निर्भर रहते हैं। इनमें से कई पतंगों का सिल्क के रेशे के लिये व्यावसायिक रूप से प्रयोग किया जाता है। भारत के कुछ प्रांतो में सेटरनिड के कैटरपिलर को भोजन के लिये भी खाया जाता है।

1. प्लेन गोल्डन एंपरर मॉथ (Plain Golden Emperor Moth) *Loepa katinka*

आकार: 90–124 मिमी

प्लेट । 39

यह सुनहरे पीले रंग का बड़े आकार का पतंगा है जिसके पंखो पर गुलाबी रंग की बड़ी बड़ी आंखों जैसी संरचना बनी होती है। नर के एंटीना पंख वाले और बड़े होते हैं जब कि मादा के एंटीना कम स्पष्ट होते हैं। मादा पतंगा जब नर से संसर्ग के लिये तैयार हो जाती है तो यह अपने शरीर से एक रसायन जैसी गंध छोड़ती है। नर अपने पंखो वाले एंटीना को मादा को ढूंढने के लिये प्रयोग करते हैं। ऐसा अनुमान लगाया गया है कि नर पतंगा मादा को तीन किमी की दूरी से ही पहचान लेता है। यह प्रकाश की ओर तुरंत ही आकर्षित हो जाता है। इसकी उड़ान अनियमित होती है। इसको तलहटी से 2,000 मी तक ऊंचाई वाले स्थानों में देखा जा सकता है।

2. लूनार मॉथ (Lunar Moth) *Actias selene*

आकार: 130–180 मिमी

प्लेट । 39

यह सुंदर हरे से व सफेद रंग का पतंगा होता है जिसके पंखों पर आंख जैसी संरचना पाई जाती है। इसकी दो लंबी पूंछ होती हैं। नर के एंटीना बहुत स्पष्ट होते हैं। मादा के एंटीना कम विकसित होते हैं। यह पूरे भारत में, दक्षिण पूर्वी एशिया और चीन में भी बहुतायत से पाया जाने वाला पतंगा है। अन्य सैटरनिड़्स की तरह यह पतंगों की फैमिली देर रात में उड़ती है और प्रकाश की ओर आकर्षित होती है। वयस्क लूनार मॉथ के मुंह के भाग अत्यंत बेसिक होते हैं और यह व्यस्क होकर भोजन नहीं करता है।

3. एटलस मॉथ (Atlas Moth) *Attacus atlas*

आकारः 225–250 मिमी

प्लेट । 39

भारत में यह सबसे बड़ा पतंगा है और इसको विश्व में भी इसके पंखों के आधार पर सबसे बड़ी पतंगा माना जाता है। यह लाल भूरे रंग का होता है और इसके दोनों पंखों पर त्रिकोण के निशान बने होते हैं। यह तुरंत ही प्रकाश की ओर आकर्षित हो जाता है। इस पतंगे के पंख इतने बड़े होते हैं कि कई बार आप इनको लकीरों से भरे और टुटे हुए पायेगें, जो कि झाड़ियों और लकड़ियों की शाखाओं में फस जाते है। ऐसा इनके बड़े पंखों और इनकी बेढब उड़ान के कारण होता है। यदि मौसम अनुकूल न हो तो कई बार अंडे से ककून बनने तक पतंगे का जीवन चक्र पूरा होने में डेढ़ वर्ष से भी अधिक समय लग जाता है।

4. रॉयल सिल्क मॉथ (Royal Silk Moth) *Antheraea roylei*

आकारः 120–190 मिमी

प्लेट । 39

यह सिल्क मॉथ के समूह का पतंगा है। यह बड़ा, धूमिल भूरे रंग का पतंगा है जिसके पंखों पर हरे भूरे रंग की आंख जैसी संरचना पाई जाती है। व्यावसायिक रूप से सिल्क के रेशे के लिये पाला जाने वाला सबसे सामान्य पतंगा मलबरी सिल्क मॉथ *Bombyx mori* है। इस पतंगे के कूकन को उबालकर सिल्क का रेशा प्राप्त किया जाता है लेकिन कैटरपिलर अंदर ही मर जाता है। एक अन्य सिल्क का पतंगा टसर सिल्क मॉथ *Antheraea paphia* है जिससे वन्य सिल्क प्राप्त किया जाता है। वन्य सिल्क को निकालने के लिये पतंगे को ककून से बाहर निकलने दिया जाता है और फिर रेशा प्राप्त किया जाता है।

क्या आप जानते हैं......

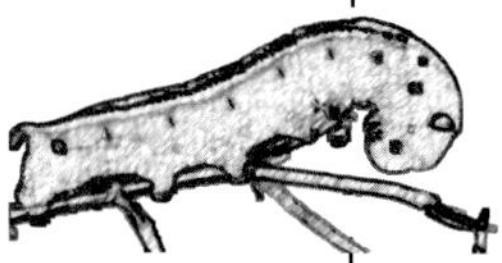

कि हॉकमॉथ कैटरपिलर के शरीर में सिर के पास वाली त्वचा के फोल्ड्स में आंखों जैसी संरचनायें पाई जाती हैं। खतरा भांपते ही कैटरपिलर अपने शत्रु को अपने शरीर के यह निशान दिखाकर डराता है। प्लेट 41 (21)

ब्राह्मिड मॉथ्स
(फैमिली: Brahmaeidae)

5. पेल ब्राह्मिनिड मॉथ (Pale Brahmid Moth) *Brahmaea hearseyi*

आकार: 115–170 मिमी

प्लेट। 39

यह अत्यंत आकर्षक पतंगा अपने बड़े शरीर और हल्के भूरे और काले रंग के निशानों के कारण आसानी से पहचाना जा सकता है। यह हिमालय में पूर्व से दक्षिण पूर्वी एशिया और चीन तक सभी जगहों पर बहुतायत से पाया जाता है। इसको चाइनीज आउल मॉथ भी कहा जाता है और इसको पवित्र माना जाता है। ताइवान में भी वहां की स्थानीय भाषा में लोग इसको पवित्र तितली कहते हैं। इस पतंगे का कैटरपिलर 150 मिमी तक लंबा होता है और इसके सिर पर सींग जुड़े होते हैं जिनके कारण यह ड्रेगन जैसा दिखाई देता है।

आउल मॉथ
(फैमिली: Erebidae)

यह विश्व में पतंगों की सबसे बड़ी फैमिली है जिसके अंतर्गत लगभग 35,000 ज्ञात प्रजातियां शामिल हैं। इन में से कई पतंगों के पंखों पर बड़ी आंख जैसी संरचना पाई जाती है और इसी कारण इन्हें आउल मॉथ कहा जाता है। इनमे से अधिकांश मॉथ सड़े गले फलों को खाना पसंद करते हैं।

6. कॉमन आउल मॉथ (Common Owl Moth) *Erebus macrops*

आकार: 130–160 मिमी

प्लेट। 39

गह बहुत बड़ा भूरे रंग का पतंगा है और इसके पंखों पर आंख जैसी संरचना पाई जाती हैं। इन्हीं आंखों के कारण इनके शत्रु धोखा खा जाते हैं कि यह अपने आकार से काफी बड़ा हो सकता है। भारत में आउल मॉथ्स की अनेकों प्रजातियां हैं परंतु संभवतः यह सबसे आम प्रजाति है। भोजन के लिये आउल मॉथ सड़े गले फलों, चीनी का रस और यहां तक कि शराब को भी पसंद करते हैं। इसके मुंह पर एक ट्यूब जैसी संरचना (प्रोबोसिस) है जिसका सिरा काफी नुकीला होता है और इस पर छोटी–छोटी कांटेदार संरचनायें होती हैं। इस संरचना से पतंगा फलों में छेद करके फलों का रस चूस सकता है। यह प्रकाश स्रोत पर नहीं देखे जाते हैं और काफी सावधान होते हैं।

7. यलो अंडरविंग मॉथ (Yellow Underwing Moth) *Thyas coronata*

आकारः 82–96 मिमी

प्लेट । 39

यह भूरे रंग का पतंगा है और इसके आगे के पंखों पर काला निशान होता है। जब यह पतंगा अपने पंख फैलाता है तब इसके चमकदार पीले पिछले पंख दिखाई देते हैं और इसी के कारण इनका नाम यलो अंडरविंग मॉथ पड़ा है। इनके कैटरपिलर बगीचे के पौधे रंगून क्रीपर या मधुमालती *Combretum indicum* पर पलता है। इस पतंगे को प्रकाश अत्यंत पसंद है। यह सड़े गले फलों को खाना पसंद करता है। इस पतंगे को हिमालय में तलहटी क्षेत्र से 2,300 मी तक की ऊंचाई वाले स्थानों पर देखा जा सकता है।

8. फ्रूट पियर्सिंग मॉथ (Fruit Piercing Moth) *Eudocima salaminia*

आकारः 80–104 मिमी

प्लेट । 39

इस अत्यंत आकर्षक पतंगे के आगे के पंख गहरे हरे रंग के और पिछले पंख नारंगी रंग के होते हैं। यह भी फलों पर छेद बना कर उनका रस चूसता है और संतरा, नींबू और लीचियों को खाना पसंद करता है। फलों का रस चूसने के बाद इन फलों पर अन्य कीट फफूंद आक्रमण कर देते हैं अतः इस पतंगे को हानिकारक कीट समझा जाता है। ये पतंगे पूरे भारतवर्ष, दक्षिण पूर्वी एशिया और ऑस्ट्रेलिया में पाये जाते हैं। इस पतंगे को हिमालय के तलहटी ईलाके से लेकर 2,500 मी तक ऊंचाई वाले स्थानों पर देखा जा सकता है।

हॉकमॉथ्स
(फैमिलीः Sphingidae)

यह भारी शरीर वाले पतंगे होते हैं और इनकी उड़ान काफी शक्तिशाली होती है। ये फूलों का रस चूसते हैं और फूलों पर मंडराते हुये ही ये फूलों का रस चूसते हैं। रस चूसते हुये इनके पंख तेजी से फड़फड़ाते हैं। इनमें से कुछ पतंगे लंबी दूरी तय करके दूर–दूर तक जाते हैं। इनके कैटरपिलर्स का शरीर मोटा होता है और इनकी पूंछ भी होती है। प्लेट 41(21)

9. हमिंगबर्ड हॉकमॉथ (Hummingbird Hawkmoth) *Macroglossum sp.*

आकारः 50–70 मिमी

प्लेट । 40

ये पतंगे दिन के समय उड़ते हैं और ये इतनी तेजी से उड़ते हैं कि आपको इनके पंख मुश्किल से ही दिखाई देते हैं। इनके मुंह में भी लम्बी ट्यूब जैसी संरचना होती

है जिसकी सहायता से ये फूलों पर मंडराते हुये फूलों का रस चूसते हैं। ये एक फूल से दूसरे फूल पर मंडराते रहते हैं और बिना आराम किये लंबे समय तक रस चूसते रहते हैं। इनका नाम भी इनकी खाने की आदत के कारण पड़ा है। इनकी उड़ान हमिंगबर्ड की तरह से होती है जो अमेरिका में पाई जाती है।

10. ग्रेटर डेथ्स हेड हॉकमॉथ *Acherontia lachesis*
(Greater Death's Head Hawkmoth)

आकारः 100–130 मिमी

प्लेट। 40

इन पतंगों के सिर पर स्कल (skull) जैसे निशान पाये जाते हैं अतः इनकी पहचान करना बहुत ही आसान है। इस पतंगे का शरीर गठीला होता है और इसकी उड़ान काफी शक्तिशाली होती है। सर्दियों के मौसम में यह उड़ान भरके हिमालय के ऊंचे स्थानों से तलहटी पहाड़ियों में दूर–दूर तक चले जाते हैं। पकड़े जाने पर यह तेज बारीक जैसी आवाज (squeaks) निकालता है जिसके कारण इनके शत्रु भयभीत हो जाते हैं। इसको मधुमक्खी के छत्तों से शहद खाना बहुत पसंद है। मधुमक्खियों को बेवकूफ बनाने के लिये उनकी सुगंध की नकल भी कर लेता है। यह रात को उड़ता है और अन्य हॉकमॉथ्स की तरह से फूलों का रस पीता है।

11. ग्रेटर याम हॉकमॉथ (Greater Yam Hawkmoth) *Theretra nessus*

आकारः 90–120 मिमी

प्लेट। 40

इस सुंदर पतंगे के पेट का भाग गुलाबी रंग का और पंख भूरे रंग के होते हैं। इसके पिछले पंख (जो अधिकतर इसके बैठने पर छुपे ही रहते हैं) और इसके पेट के दोनों ओर का भाग पीले रंग का होता है इसी के कारण इन्हें अच्छी तरह से पहचाना जा सकता है। अन्य हॉकमॉथ्स की तरह यह भी शक्तिशाली उड़ान भरता है। इसके कैटरपिलर्स यॅम या अरबी के पौधे *Dioscorea sp.* पर पलते हैं। यह पतंगा भारत, दक्षिण पूर्वी एशिया से ऑस्ट्रेलिया तक सभी जगह पाया जाता है।

मंकी मॉथ्स
फैमिलीः Eupterotidae

12. मंकी मॉथ (Monkey Moth) *Eupterote undata*

आकारः 75–110 मिमी

प्लेट। 40

मंकी मॉथ आम तौर पर पीले या भूरे रंग के होते हैं और इनके पंखों पर काली रेखायें बनी होती हैं। ये बड़ी धीमी गति से उड़ने वाले पतंगे होते हैं और संभवतया

जंगलों के कटान से सबसे पहले प्रभावित होने वाले यही पतंगे होते हैं। नर मॉथ के एंटीना बड़े–बड़े व पंखों वाले होते हैं। इनके मुंह के भाग काफी सरल होता हैं और यह वयस्कों की तरह से खाना नहीं खाते हैं। यद्यपि बाह्य रूप से ये सैटरनिड्स की तरह से दिखाई देते हैं लेकिन इनके पंख रंगीन नहीं होते हैं और न ही उन पर किसी तरह के निशान होते हैं। छेड़े जाने पर ये मरे होने का नाटक करते हैं। मानसून के समय ये जंगलों के किनारे प्रकाश की ओर सरलता से आकर्षित हो जाते हैं। मैं अभी भी जानने का प्रयास कर रहा हूं कि इन्हें मंकी मॉथ क्यों कहा जाता है।

टाइगर, फुटमैन और एर्मीन मॉथ्स (फैमिली: Erebidae)

पतंगो की इस फैमिली में तेज रंगों वाले पतंगे आते हैं। इनके शत्रु इनको खाना बिल्कुल भी पसंद नहीं करते हैं अतः अपनी सुरक्षा के लिये ये अपने रंगो का प्रदर्शन करते हैं। टाइगर पतंगे जहां मध्यम आकार के होते हैं, फुटमैन और एर्मीन पतंगे छोटे आकार के होते हैं।

13. रेड-स्पॉटेड टाइगर मॉथ (Red-spotted Tiger Moth) *Mangina argus*

आकार: 65 मिमी

प्लेट । 40

टाइगर मॉथ्स आर्कटिड (Arctid) समूह के पतंगे हैं। लाल धब्बों वाले इस पतंगे के अगले पंख गुलाबी भूरे रंग के होते हैं लेकिन पिछले पंख चमकदार लाल रंग के होते हैं जिन पर काले धब्बे बने होते हैं। कई टाइगर पतंगों के कान होते हैं ताकि वे चमगादड़ की आहट सुन सकें क्योंकि चमगादड़ इनके मुख्य शत्रु होते हैं। इनमें से कुछ चमगादड़ों को भ्रमित करने के लिये एक प्रकार की अल्ट्रासाउंड तरंगे उत्सर्जित करते हैं। टाइगर पतंगों के कैटरपिलर्स के बाल बहुत लंबे होते हैं और इनको वुली बियर्स (Woolly bears) कहा जाता है।

14. फुटमैन मॉथ (Footman Moth) *Cyana bianca*

आकार: 40 मिमी

प्लेट । 40

भारत में फुटमैन पतंगों की कई प्रजातियां मौजूद हैं। ये अपने पंखों को अपने शरीर पर मोड़ लेते हैं और इस कारण इनका शरीर बेलनाकार दिखाई देता है। इन पतंगों का स्वाद भी शत्रुओं को काफी कड़ुआ लगता है। यह पतंगा *Cyana bianca* जंगलों में आम तौर पर पाया जाता है। यह पतंगा कैटरपिलर के लंबे बालों से छोटी जाली दार रचना बनाती है जिसके अंदर ककून को बुना जाता है। तलहटी क्षेत्र के कई वन विश्रामगृहों के बरामदे की छत पर इन पतंगों के कई ककून दिखाई दे सकते हैं।

जियोमीटर मॉथ्स
(फैमिली: Geometridae)

पतंगों की यह विश्व में बड़ी फैमिली है। ये पतंगे अपने पंख चपटे करके रखते हैं और इनके अगले व पिछले पंख हर समय दिखाई देते हैं। इनके शरीर छरहरे होते हैं और इनके एंटीना भी छरहरे ही होते हैं जिनको ये पंखों के मार्जिन के साथ–साथ रखते हैं। इनके कैटरपिलर्स के शरीर के बीच के भाग में पैर नहीं होते हैं अतः ये चलते समय अपने शरीर को लूप (loop) कर लेते हैं। इसी कारण से इनको इंचवर्म्स या लूपर्स कहा जाता है।

15. ग्रीन जियोमीटर मॉथ Green Geometer Moth *Ornithospila avicularia*

आकार: 45–50 मिमी

प्लेट । 40

यह कई ग्रीन जियोमीटरिड मॉथ्स में से एक है। अन्य जियोमीटरिड्स की भांति यह भी अपने पंखो को चपटा करके और एंटीना को अपने पंखों के साथ रखकर बैठता है। नर पतंगे के एंटीना पंखों वाले सफेद रंग के होते हैं। इसके अगले व पिछले पंख हरे रंग के होते हैं। दोनों पंखों पर एक छोटा अंग्रेजी के 'V' अक्षर का निशान बना होता है। यह जंगल में तथा हिमालय के तलहटी क्षेत्र से लेकर 1,500 मी तक की पहाड़ियों में पाया जाता है।

16. पिंक डे फ्लाइंग जियोमीटर मॉथ (Pink Dayflying Geometer Moth) *Eumelea rosalia*

आकार: 40–50 मिमी

प्लेट । 40

यह हिमालय के जंगलों वाले फुटहिल्स में दिन के समय उड़ने वाला अत्यंत सामान्य पतंगा है। यह अधिकतर गुलाबी रंग का होता है लेकिन कई बार इसका रंग पीला भी हो सकता है। इसको पहचानना आसान होता है क्योंकि यह अधिकतर छोटे–छोटे पौधों या झाड़ियों की पत्तियों के नीचे बैठा रहता है। इसके बैठने की भंगिमा ऐसी होती है कि इसका सिर पत्ती से एक कोण पर उठा रहता है। जैसे ही आप जंगलों से होकर गुजरते हैं यह तितली की भांति तुरंत ही उड़ जाता है। इसके कैटरपिलर्स रोहिणी *Mallotus sp.* की पत्तियों पर पलते हैं। यह जंगल में तथा हिमालय के तलहटी क्षेत्र से लेकर 1,500 मी तक की पहाड़ियों में पाया जाता है।

क्या आप जानते हैं......

एटलस मॉथ को इसके पंखों के क्षेत्रफल के आधार पर विश्व का सबसे बड़ा पतंगा माना जाता है लेकिन पंखों की चौड़ाई के आधार पर व्हाइट विच मॉथ सबसे बड़ा पतंगा है और यह अमेरिका में पाया जाता है।

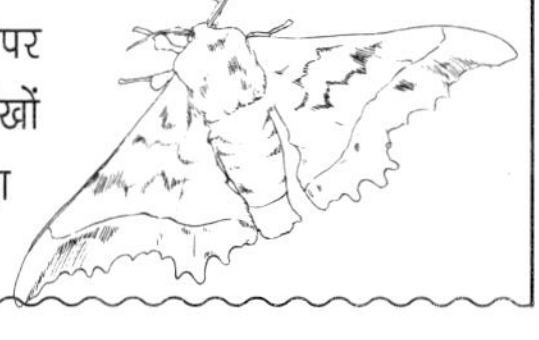

बर्नेट (Burnet) मॉथ्स
(फैमिली: Zygaenidae)

बर्नेट मॉथ्स दिन में उड़ने वाले रंगीन पतंगे होते हैं और टाइगर और स्वालोटेल्स जैसी अरूचिकर तितलियों की नकल करते हैं।

17. पैपिलियो बर्नेट मॉथ (Papilio Burnet Moth) *Gynautocera papilionaria*
आकार: 70–80 मिमी
प्लेट । 41

ज़ैगेनीड पतंगे काफी रंगीन होते हैं और दिन के समय पर उड़ते हैं। यह पतंगा *Gynautocera papilionaria* जब अपने पंख बंद करके बैठा रहता है तो काले रंग का दिखाई देता है। इसके एंटीना स्टील जैसे नीले रंग के और सिर लाल रंग का होता है। जब यह पतंगा उड़ता है तो यह न केवल देखने में बल्कि अपनी उड़ान में भी एकदम स्वालोटेल तितलियों की तरह से दिखाई देता है। यह जिस तितली की नकल करता है उसका स्वाद काफी खराब होता है जिससे शत्रु इसको नहीं खाते हैं। इसको हिमालय के तलहटी क्षेत्र से लेकर 1,500 मी तक ऊंची पहाड़ियों में देखा जा सकता है।

स्नाउट और ग्रास मॉथ्स
(फैमिली: Crambidae)

स्नाउट और ग्रास मॉथ्स छोटे आकार के पतंगे होते हैं और जंगलों के किनारे घास वाले, झाड़–झंखाड़ वाले क्षेत्र में और मैदानों में पाये जाते हैं। ये पतंगे देखने में त्रिकोण जैसे दिखाई देते हैं और इनके एंटीना पीछे की तरफ, शरीर के ऊपर रहते हैं। यह विश्व में पतंगों की सबसे बड़ी फैमिली में से एक है।

क्या आप जानते हैं......

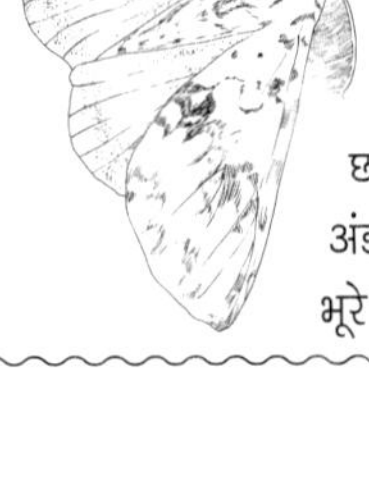

कि पतंगों के कैटरपिलर्स स्वयं को कई प्रकार से सुरक्षित रखते हैं। कुछ हॉकमॉथ के कैटरपिलर्स पकड़े जाने पर पतली चीख जैसी आवाज निकालते हैं। लिमाकॉडिड या स्लग मॉथ के कैटरपिलर्स के शरीर पर कांटेदार रचना बनी होती है और इनको छूने से शरीर पर खुजली होने लगती है। कई पतंगे छुपने के लिये छद्मावरण या कैमोफ्लाज ओढ़ लेते हैं उदाहरण के लिये यलो अंडरविंग के कैटरपिलर्स लकड़ी के टुकड़े या ट्विग की तरह से भूरे रंग का होता है।

18. बीट वेबवर्म मॉथ (Beet Webworm Moth) *Spoladea recurvalis*

आकारः 18–20 मिमी

प्लेट । 41

यह स्नाउट पतंगा आम तौर पर घास में पाया जाता है। इसके पंख भूरे होते हैं जिसपर सफेद पट्टियां बनी होती हैं। इसका थूथन नुकीला होता है। अन्य स्नाउट मॉथ्स की तरह इसके एंटीना भी शरीर पर लिपटे रहते हैं। इसके कैटरपिलर्स पालक और बीटरूट या चुकंदर खाते हैं। ये बगीचों और खेतो में पाये जाते हैं।

19. स्पॉटेड ग्रास मॉथ (Spotted Grass Moth) *Pygospila tyres*

आकारः 35–40 मिमी

प्लेट । 41

यह बड़ा घास का पतंगा है जिसका रंग काला होता है और इसके दोनों पंखों पर नीले–सफेद रंग के धब्बे बने होते हैं। अन्य क्रैमबिड की तरह इसके एंटीना भी शरीर पर लिपटे रहते हैं और इसका आकार त्रिकोण जैसा होता है। इसके कैटरपिलर्स आक के पत्ते या जायंट मिल्कवीड प्लांट खाते हैं। इसको हिमालय के तलहटी क्षेत्र से लेकर 2,500 मी तक ऊंची पहाड़ियों में देखा जा सकता है।

स्लग मॉथ्स
(फैमिलीः Limacodidae)

लिमाकोडीडे या स्लग मॉथ्स के कैटरपिलर्स कीड़े या slug के आकार के होते हैं। इनमें से बहुत से पतंगे वयस्क होने पर खाना नहीं खाते हैं और यदि इनके कैटरपिलर को छू लिया जाय तो इनसे शरीर में खुजली हो जाती है।

20. ग्रीन कोट मॉथ (Green Coat Moth) *Parasa lepida*

आकारः 30–40 मिमी

प्लेट । 41

इसके अगले पंख हरे और भूरे होते हैं जिससे ऐसा लगता है कि इसने हरे रंग का कोट पहना है। इसके कैटरपिलर्स वास्तव में बहुत सुंदर होते हैं। ये हरे होते हैं और इनके शरीर पर दो नीली धारियां बनी होती हैं और साथ ही इनके शरीर पर हरे रंग की कांटेदार रचना होती है जिनके सिरे लाल रंग के होते हैं। लेकिन इन्हें छूने से पहले सावधान रहें क्योंकि इनको छूने से शरीर में तेज खुजली भी हो सकती है। इस पतंगे का ककून इगलू (igloo) की तरह से होता है जो कठोर बालों जैसी रचना से ढका रहता है। जब इस ककून से पतंगा निकल जाता है तो आप इन इगलू जैसे ककूनों को पेड़ों पर या दीवारों पर देख सकते हैं। यह आमतौर पर पूरे भारत में देखे जा सकता हैं। स्लग मॉथ की अन्य भी कई प्रजातियां हैं जो एक जैसी दिखती है।

नोटः इन पतंगों में से कईयों के कॉमन नाम पहली बार रखे गये हैं।

क्या आप बता सकते हैं ?

प्रश्न 1. पतंगे प्रकाश की ओर क्यों आकर्षित होते हैं?

प्रश्न 2. पूर्णिमा की रात को पतंगे कभी कभी ही प्रकाश में आते हैं सत्य या असत्य?

प्रश्न 3. पतंगों की प्रकृति में क्या भूमिका होती है? मनुष्य को पतंगों से क्या फायदा होता है?

प्रश्न 4. क्या पतंगे प्रवास पर जाते हैं?

प्रश्न 5. कुछ पतंगे दिन के समय क्यों उड़ते हैं?

उत्तर पृष्ठ 272 पर देखें।

पतंगे

1. प्लेन गोल्डन एंपरर मॉथ

2. लूनार मॉथ

3. एटलस मॉथ

4. रॉयल सिल्क मॉथ

5. पेल ब्राह्मिनिड मॉथ

6. कॉमन आउल मॉथ

7. यलो अंडरविंग मॉथ

8. फ्रूट पियर्सिंग मॉथ

पतंगे

9. हमिंगबर्ड हॉकमॉथ

10. ग्रेटर डेथ्स हेड हॉकमॉथ

11. ग्रेटर याम हॉकमॉथ

12. मंकी मॉथ

13. रेड–स्पॉटेड टाइगर मॉथ

14. फुटमैन मॉथ

15. ग्रीन जियोमीटर मॉथ

16. पिंक डे फ्लाइंग जियोमीटर मॉथ

पतंगे

17. पैपिलियो बर्नेट मॉथ

18. बीट वेबवर्म मॉथ

19. स्पॉटेड ग्रास मॉथ

20. ग्रीन कोट मॉथ

21. हॉक मॉथ कैटरपिलर

20 अ. ग्रीन कोट मॉथ कैटरपिलर

आर्थ्रोपोड्स-

रेंगने वाले कुछ अन्य कीट या जंतु

राईनौसिरस बीटल (Rhinoceros Beetle)

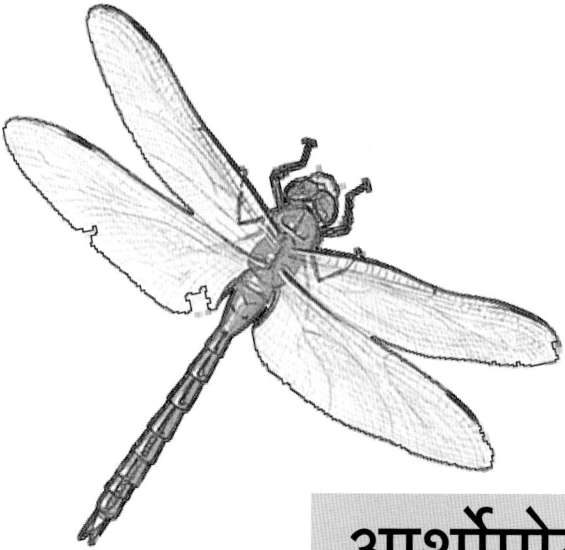

आर्थ्रोपोड्स-

रेंगने वाले कीट या जंतु

संजय सोंधी

ये रेंगने वाले कीट या जंतु सभी जगह पाये जाते हैं। जैसे हमारे घरों में, जंगलों में, घास के मैदानों में और यहां तक कि पानी में भी पाये जाते हैं। यहाँ हम आपको उत्तराखण्ड राज्य के कुछ एसे कीट या जंतु के जीवन में झांकने का अवसर प्रदान करने का प्रयास कर रहे हैं ....

आर्थ्रोपोड्स शीत रक्तधारी जंतुओं का समूह है जिनके मेरूदंड नहीं होता। आर्थ्रोपोडा शब्द का अर्थ है जुड़े हुये पैर जैसे इन सभी प्राणियों के होते हैं। आर्थ्रोपोड्स के अंतर्गत कीट (तितलियां, पतंगे, बीटल, ग्रासहॉपर, चींटियां, मधुमक्खियां और कई अन्य) एराकनिड, (बिच्छू, मकड़ियां) मिरियापॉड्स (सेंटिपीड व मिलीपीड्स और क्रस्टेशियन्स (घोंघे, केकड़े) आदि जंतु शामिल हैं।

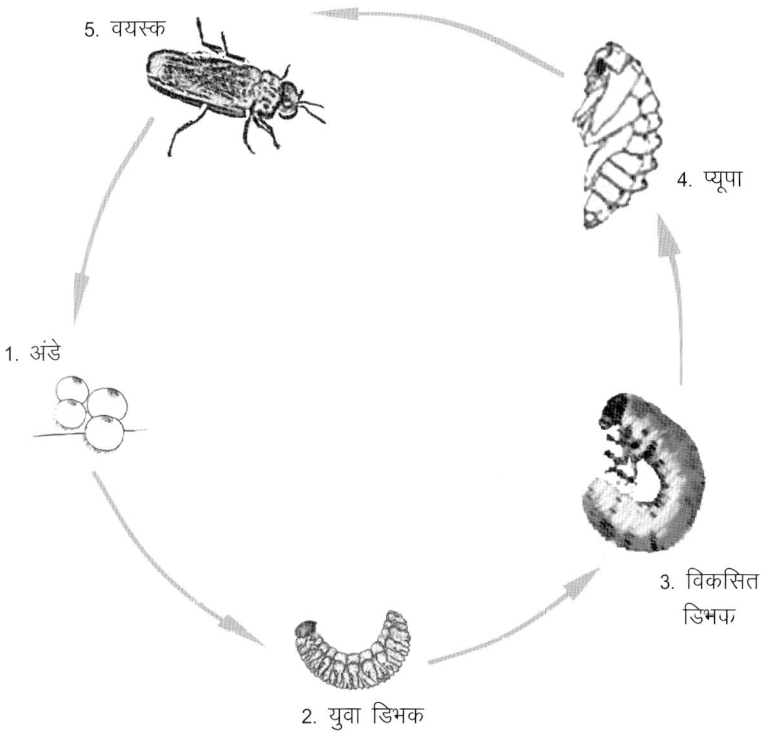

कीटों का जीवन चक्र

आर्थ्रोपोड्स में छः पैरों वाले कीट होते हैं जबकि आर्कनिड्स के आठ पैर होते हैं। आर्थ्रोपोड्स जैसे सेंटिपीड व मिलीपीड्स के अनेकों पैर होते हैं। क्रस्टेशियन्स में केकड़ों के आठ पैर होते हैं जबकि घोंघों और स्लग्स जैसे जीवों के पैर ही नहीं होते। क्या आप हैरत में पड़ गये हैं या फिर इनके विषय में जानने के लिये उत्सुक हैं तो आइये इनके विषय में और अधिक जानकारी ले ली जाय ......

1. फायरफ्लाइ (Firefly) Family: *Lampyridae*

प्लेट I 42

जुगनू

फायर फ्लाइ या जुगनू एक बीटल (भृंग) है जो प्रकाश उत्सर्जित करता है। रात के समय कई जंगल इनके प्रकाश से जगमगा उठते हैं। प्रकाश उत्सर्जित करने वाला बीटल नर होता है। फायरफ्लाइ की कई प्रजातियों में मादा पंखविहीन होती है और कीड़े जैसी दिखाई देती है। इनके अपने शरीर से प्रकाश उत्सर्जित करने का वास्विक कारण तो अज्ञात है परंतु ऐसा माना जाता है कि ऐसा संभवतया ये मादा को संसर्ग के लिये आकर्षित करते हैं।

2. प्लांटहॉपर्स, लीफहॉपर्स, ट्रीहॉपर्स (Planthoppers, Leafhoppers, Treehoppers)

प्लेट I 42

प्लांटहॉपर्स, लीफहॉपर्स और ट्रीहॉपर्स छोटे–छोटे कीट होते हैं जो छेड़े जाने पर अचानक उछल पड़ते हैं। ये कई आकारों के होते हैं लेकिन इनमें से कई बहुत सुंदर रंगों वाले होते हैं। सभी हॉपर्स रस चूसते हैं। इनके मुंह में एक प्रकार की रचना होती है जिससे वे कोमल तनों में छेद करके इनका रस चूसते हैं। कुछ अत्यंत सुंदर प्लांटहॉपर्स को बटरफ्लाइ बग भी कहा जाता है। इन बटरफ्लाइ बग के शिशुओं के (जिन्हें निंफ्स nymphs कहा जाता है) शरीर में कई सफेद धागे जैसी संरचनायें पाई जाती है जिनके कारण इनका शरीर सफेद दिखाई देता है। अक्सर पौधों की पूरी की पूरी शाखा इन सफेद रंग के निंफ्स से ढकी होती है।

3. रॉबरफ्लाई (Robberfly) Family: *Asilidae*

प्लेट I 42

रॉबरफ्लाइ प्रिडेटरी (predatory) मक्खियां होती हैं। ये मक्खियां पत्तियों पर धैर्य के साथ बैठकर शिकार के आने का इंतजार करती हैं। जैसे ही कोई तितली, पतंगा या कीट इसके पास आता है तो रॉबरफ्लाइ इसके ऊपर टूट पड़ती है। वह शिकार को अपने आरी जैसे पैरों में जकड़ लेती है और अपनी लार को इस कीट के शरीर में डाल देती है। इसकी लार से शिकार लकवाग्रस्त हो जाता है और इसको अंदर ही अंदर घोलने लगता है और रॉबरफ्लाइ इसको धीरे–धीरे खा लेती है। अक्सर

रॉबरफ्लाइ उड़ते हुये अपने शिकार को एक स्थान से दूसरे स्थान तक आसानी से ले जाती हैं।

4. प्रेइंग मैंटिस (Praying Mantis)

प्लेट । 42

प्रेइंग मेंटिस मांसाहारी कीट हैं जो अन्य कीटों जैसे पतंगों और तितलियों को खाते हैं। ये चुपचाप अपने पैरों को मोड़कर इस प्रकार से बैठ जाती है मानों प्रार्थना कर रही हो। अपने रंगों का छद्मावरण ओढ़कर ये अपने शिकार को तेजी से अपने आरीनुमा पैरों में दबोच लेती हैं। मादा मैंटिस अपने अंडे एक कठोर, गोलाई वाले खोल में देती हैं जिसे ऊथिका (Ootheca) कहते हैं। कई मामलों में मादा नर को संसर्ग करते करते ही उसे खाना शुरू कर देती है।

5. सिकाडा (Cicada) Family: *Geaena sulphurea*

प्लेट । 42

सिकाडा विश्व के सबसे अधिक शोर करने वाले कीट हैं। अधिकतर ये जंगलों में पेड़ों पर रहते हैं और एक साथ मिलकर बहुत अधिक शोर करते हैं। लेकिन जैसे ही ये शोर करना प्रारंभ करते हैं अचानक से सभी शांत भी हो जाते हैं और चारों ओर शांति सी छा जाती है। ये अपने पैरों को पंखों से रगड़कर इस तरह की ध्वनि उत्पन्न नही करते हैं जैसा अन्य कीट नहीं करते हैं। सिकाडा अपने शरीर के बाहरी कंकाल पर मौजूद एक प्रकार की मोटी झिल्ली का प्रयोग करके तेज आवाज पैदा करते हैं। इस प्रकार की आवाज, मादा को आकर्षित करने के लिये केवल नर सिकाडा करते हैं। मादा से संसर्ग के बाद अक्सर नर सिकाडा मर जाता है। मादा पेड़ की छाल के नीचे अपने अंडे देती हैं। इन अंडों से समय आने पर छोटे–छोटे सिकाडा जिन्हें निंफ्स (Nymphs) कहते है बाहर निकल आते हैं जो जमीन के नीचे चले जाते हैं। इनको वयस्क बनने में लगभग 3 से 17 साल लग जाते हैं और यह इनकी प्रजाति पर निर्भर करता है।

क्या आप जानते हैं......

कि मेघालय के री-भोई जिले में एक सिकाडा को वर्ल्ड कप सिकाडा कहते हैं। सिकाडा को वहां की स्थानीय भाषा में नियांगटेजर कहा जाता है और ये प्रत्येक चार वर्ष बाद, विश्वकप फुटबाल से ठीक एक माह पहले दृष्टिगोचर होते हैं। स्थानीय समुदाय इनके दृष्टिगोचर होते ही एक उत्सव का आयोजन करते है।

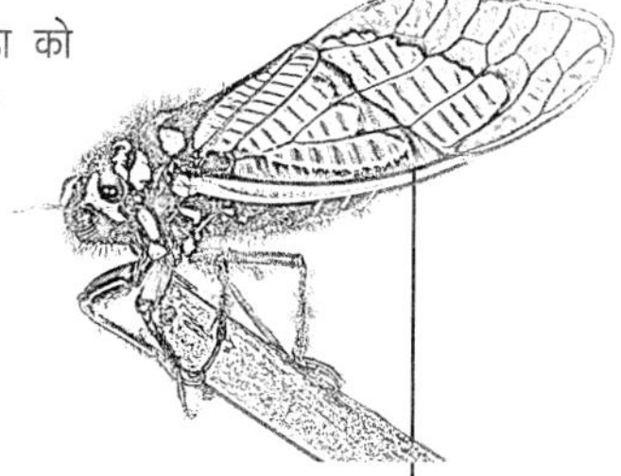

6. यलो–स्पॉटेड ग्रासहॉपर (Yellow-spotted Grasshopper) *Aularches miliaris*

प्लेट । 42

ग्रासहॉपर ऑर्थोपटेरा (Orthoptera) ऑर्डर के अंतर्गत आते हैं जिसमें क्रिकेट या टिड्डे शामिल हैं। ग्रासहॉपर्स और क्रिकेट अपने आरीदार पैरों को अपने पंखों से रगड़कर तेज आवाज करते हैं। यलो–स्पॉटेड ग्रासहॉपर्स तेज रंगों वाले होते हैं। हालांकि उड़ते समय ये और भी सुंदर रंगो के दिखाई देते हैं और ये अपने शत्रुओं को हैरत में डाल देते हैं और उन्हें डरा देते हैं। कई ग्रासहॉपर इनके शत्रुओं को बेस्वाद लगते हैं और इसीलिये ये अपने शत्रुओं को अपने सुंदर रंग दिखाकर चौंका देते हैं। यलो–स्पॉटेड ग्रासहॉपर्स हिमालय और पश्चिमी घाट पर पाये जाते हैं। जब परिस्थितियां अनुकूल हों तो इनके झुंड, जिनको टिड्डियां कहा जाता है, बाहर निकल कर आ जाते हैं। ये टिड्डियां फसलों को बहुत नुकसान पंहुचाती हैं।

ड्रैगनफ्लाई और डैमसेफ्लाई कीटों के ओडोनाटा (Odonata) ऑर्डर के अंतर्गत आते हैं। ड्रैगनफ्लाई का शरीर गठीला होता है और इसके अगले व पिछले पंख एक समान नहीं होते और आमतौर पर ये अपने पंखों को चपटा करके रखते हैं। डैमसेफ्लाई का शरीर पतला होता है और इनके अगले व पिछले पंख एकसमान होते हैं और ये अपने पंखों को अपने शरीर के ऊपर मोड़कर रखते हैं। ड्रैगनफ्लाई की उड़ान डैमसेफ्लाई की अपेक्षा बहुत शक्तिशाली होती है। डैमसेफ्लाई और ड्रैगनफ्लाई दोनों की आंखे बड़ी होती हैं जिनका उपयोग ये उड़ान के दौरान कीटों को पकड़ने के लिये करते हैं। डैमसेफ्लाई और ड्रैगनफ्लाई दोनों ही अपने अंडे पानी में देती हैं और इनके बच्चे भी पानी के अंदर ही पलते बढ़ते हैं।

7. ब्लैक स्ट्रीम ग्लाइडर ड्रेगनफ्लाई (Black Stream Glider Dragonfly) *Trithemis festiva*

प्लेट । 43

ब्लैक स्ट्रीम ग्लाइडर एक साधारण ड्रेगनफ्लाई है जो तालाबों और जल धाराओं के आस–पास पाई जाती है और चट्टानों पर लौटने से पहले इधर–उधर घूम–घूम कर अपना शिकार करती है। यह पूरे हिमालय की तलहटी पहाड़ियों में पाई जाती है।

8. स्ट्रीम ज्वैल डैमसेफ्लाई (Stream Jewel Damselfly)

प्लेट । 43

ब्स्ट्रीम ज्वैल डैमसेफ्लाई एक नाजुक सा कीट है जिसके पंख चमकीले काले हरे रंग के होते हैं। यह हिमालय के जंगलों के नहरों में 1,500 मी तक की ऊँचाई तक पाया जाता है।

एरैकनिड्स के अंतर्गत बिच्छू, मकड़ी, किलनी (tics) और माइट्स (mites) जैसे जीव आते हैं। इनके चार जोड़ी पैर होते हैं जो इनको कीटों (जिनके तीन ही जोड़ी पैर होते हैं) से अलग करते हैं।

9. जायंट वुड स्पाइडर (Giant Wood Spider) *Nephila pilipes = (Nephila maculata)*

प्लेट । 43

यह बड़ी काले और पीले रंग की मकड़ी एक छोर से दूसरे छोर तक 5 इंच की होती है और इनके जाले 5 फीट तक चौड़े हो सकते हैं। जायंट वुड स्पाइडर उन कीटों को खाती है जो इसके जाले में फंस जाते हैं। लेकिन इसको छोटे पक्षियों को खाते हुये भी देखा जा सकता है। जिस बड़ी मकड़ी को आप जाले में देखते हैं वह मादा मकड़ी होती है। नर मकड़ा छोटा लाल रंग का मकड़ा है जिसको अक्सर जाले के किनारे पर देखा जा सकता है। यह मकड़ी अक्सर मानसून के मौसम में अगस्त से सितंबर के महीने में दिखाई देती है यद्यपि कुछ मकड़ियां बाद के महीनों में भी दिखाई देती हैं। यह पूरे भारत में तलहटी पहाड़ी से लेकर 1,000 मी तक के जंगलों में पाई जाती है।

क्या आप जानते हैं...... कि रसायनिक क्रिया है जिसे बायोल्यूमिनिर्सेस (bioluminescence) कहते है जिससे फायरफ्लाइस प्रकाश उत्सर्जित करते हैं। लगभग 90 प्रतिशत ऊर्जा जिसे जुगनू प्रकाश उत्सर्जित करने के लिये प्रयोग करते हैं वह दृश्य प्रकाश में परिवर्तित हो जाती है। एक सामान्य प्रकाश बल्ब में लगभग 10 प्रतिशत ऊर्जा दृश्य प्रकाश में परिवर्तित होती है जबकि 90 प्रतिशत ऊष्मा के रूप में बदल जाती है। अतः ये छोटे कीट हमें अपनी ऊर्जा की प्रभावशीलता के विषय में भी बताते हैं।

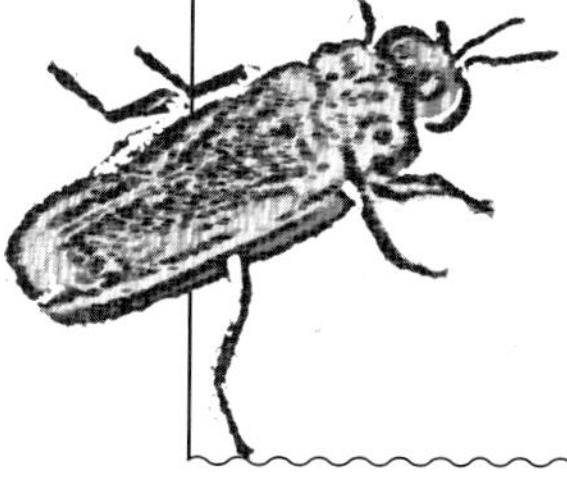

10. स्कॉर्पियन्स (Scorpions)

प्लेट । 43 **बिच्छू**

बिच्छू भी एरैकनिड है। इसकी पूंछ के ऊपरी सिरे पर डंक होता है। बिच्छू विषैले होते हैं और इनके डंक से काफी दर्द हो सकता है यद्यपि ये घातक नहीं होता। ऐसा बहुत कम हुआ है कि बिच्छू के डंक से किसी व्यक्ति की मृत्यु हुई हो। बिच्छू अपने विष का प्रयोग अपने शिकार को ढूंढने में करते हैं या फिर अपने से बड़े शत्रुओं से बचने के लिये करते हैं। अधिकांश बिच्छू रात को दिखाई देते हैं। ये घरों में, चट्टानों के नीचे और तलहटी क्षेत्र से लेकर हिमालय की 2,500 मी तक ऊंची पहाड़ियों के जंगली क्षेत्र में पाये जाते हैं।

11. सेंटीपीड और मिलीपीड (Centipedes and millipedes)

प्लेट । 43

सेंटीपीड और मिलीपीड के कई पैर होते हैं। सेंटीपीड शब्द का अर्थ है सौ पैर और मिलीपीड शब्द का अर्थ है हजार पैर। हालांकि इन दोनों प्राणियों के कई पैर होते हैं परंतु अभी तक हजार पैर वाले कोई मिलीपीड नहीं मिले हैं और न ही कोई सौ पैर वाला सेंटीपीड मिला है। मिलीपीड की अपेक्षा सेंटीपीड के कम पैर होते हैं और इनके शरीर की प्रत्येक विभाजन रेखा (Segment) पर एक जोड़ी पैर होता है। मिलीपीड के शरीर की प्रत्येक विभाजन रेखा पर दो जोड़ी पैर होते हैं। अधिकांश मिलीपीड शाकाहारी होते हैं और जड़ वाली वनस्पतियां खाते हैं। अधिकांश सेंटीपीड मांसाहारी होते हैं और केंचुए व अन्य छोटे जीवों को खाते हैं। जब कि मिलीपीड किसी प्रकार की हानि नहीं पंहुचाते हैं वहीं सेंटीपीड कई बार काट लेते हैं और इनके काटे हुये स्थान पर दर्द और सूजन हो जाती है। यद्यपि इनके काटने से मनुष्यों को कोई खतरा नहीं होता।

12. रेड वैल्वेट माइट (Red Velvet Mite) *Trombidium grandissimumi*

प्लेट । 43 **रानी कीड़ा, बीर बहूटी**

यह रेड वैल्वेट माइट एक लाल रंग का एरैकनिड है जो लाल बिंदी की तरह से दिखाई देता है। इसका रंग चटख लाल और शरीर मखमल की तरह से कोमल होता है। यह वर्षा ऋतु में दिखाई देते हैं अतः कुछ लोग इसे रेन माइट भी कहते हैं। लाल रंग का होने के कारण यह दिखावा करता है कि यह खाने योग्य नहीं हैं। इसके शत्रुओं को इसका स्वाद अच्छा नहीं लगता है। छेड़े जाने पर यह अपने शरीर को मोड़कर गेंद जैसा बना लेता है और छुपने की कोशिश करता है। माइट छोटे–छोटे जंतुओं और जमीन के नीचे जो अंडे होते है उनको खाता है। यह अंडे जमीन के अंदर देते हैं। यह लोगों का मानना है कि इसमें औषधियां बनाने के गुण है और पैरालिसिस के रोगियों के लिये दवाई बनाने में प्रयोग किया जाता है।

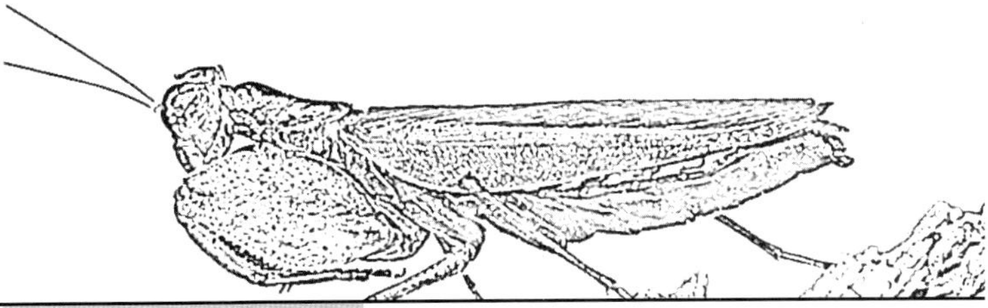

क्या आप बता सकते हैं ?

प्रश्न 1. कीट का जीवन चक्र कैसा होता है?

प्रश्न 2. क्या ड्रैगनफ्लाई और डैमसेफ्लाई जंगल की अच्छी सेहत का चिन्ह हैं?

उत्तर पृष्ठ 273 पर देखें।

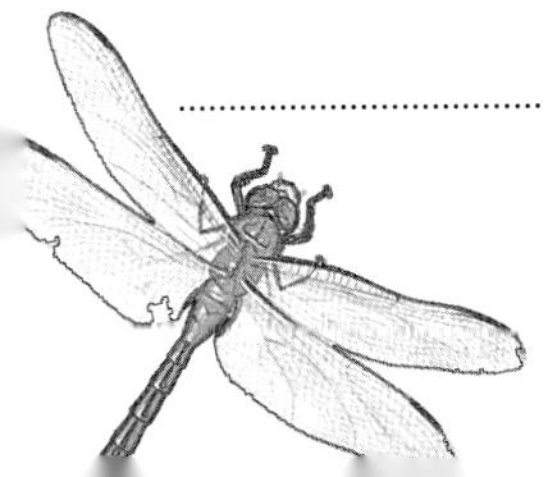

आर्थ्रोपोड्स

1. फायरफ्लाइ

2. प्लांटहॉपर्स, बटरफ्लाई बग

3. रॉबरफ्लाई

4. प्रेइंग मैंटिस

5. सिकाडा

6. यलो–स्पॉटेड ग्रासहॉपर

आर्थ्रोपोड्स

7. ब्लैक स्ट्रीम ग्लाइडर ड्रेगनफ्लाई

8. स्ट्रीम ज्वैल डैमसेफ्लाई

9. जायंट वुड स्पाइडर

10. स्कॉर्पियन

11. सेंटीपीड

12. रेड वैल्वेट माइट

वृक्ष

चीड़ पाइन (Chir Pine) *Pinus roxburghii*

वृक्ष

अंचल सोंधी

वृक्ष जीवनदाता हैं। वृक्ष और जंगल धरती को हरा भरा रखने, प्राण वायु (ऑक्सीजन) देने, मिट्टी का कटाव रोकने, कार्बनडाई ऑक्साइड का फैलाव कम करने में महत्त्वपूर्ण भूमिका निभाते हैं, सूची लम्बी है। यदि आप ट्री हगर *tree hugger* (जो वृक्षों से चिपककर उनकी रक्षा करते हैं), बनना चाहते है तो उत्तराखण्ड में साधारणतया पाये जाने वाले कुछ वृक्षों के विषय में पढ़ें।

वृक्ष और उनका महत्व

क्या आप वृक्षों के बिना जीवन की कल्पना कर सकते हैं? हमें जीवित रहने के लिये प्रति क्षण ताजा ऑक्सीजन की आवश्यकता होती है। जब हम ऑक्सीजन लेते हैं और कार्बनडाई ऑक्साइड छोड़ते हैं तो उसे पौधे सोख लेते हैं और बदले में ऑक्सीजन देते है। यह वृक्षों का सबसे महत्त्वपूर्ण कार्य है जिसके बिना हम आज जीवित नही होते। वृक्ष प्रदूषकों एवं गलियों में उड़ने वाले धूल के कणों को भी शोषित करते हैं और बदले में ताजी शुद्ध हवा देते हैं। वातावरण में छोड़ी जाने वाली कार्बनडाई ऑक्साइड की अधिक मात्रा को भी शोषित कर वृक्ष ''ग्लोबल वार्मिंग'' को कम करने में मदद करते हैं। कई वर्षो में बनने वाली, उपजाऊ व खाद्य पदार्थ व हुल मिट्टी की ऊपरी परत को जकड़ कर रखते हैं। इस प्रकार वे मिट्टी का कटाव रोकते हैं। नदियों एवं धाराओं के किनारे व पहाड़ियों पर उगने वाले वृक्ष भारी वर्षा और बाढ़ के कारण मिट्टी को बहने से रोकते हैं। वृक्षों से हमें नाना प्रकार के फल व पशुओं को चारा मिलता है। कई जंगली जानवर और चिडियायें भी इनके कोमल पत्तों, फूलों को खाकर जीवित रहती है। चिड़ियायें, गिलहरियाँ, बंदर, लंगूर व उड़ने वाली लोमड़ी (फ्लाइंग फॉक्स) वृक्षों पर आश्रय बनाते हैं। वृक्ष हमें घर बनाने के लिये काष्ठ व रेशा देते हैं। गाँवों में बाड़ बनाने के लिये सामान वृक्षों से ही मिलता है। हमारे फर्नीचर का बड़ा भाग वृक्षों की लकड़ियों से ही बनता है। उत्तराखण्ड के अधिकांश गाँव जलाऊ लकड़ी के लिये जंगल पर ही निर्भर करते है। हम स्वयं को स्वस्थ्य रखने के लिये कई प्रकार की दवाइयाँ वृक्षों से ही प्राप्त करते हैं। क्या गर्मी के गर्म दिनों में वृक्षों के बिना जीवन की कल्पना की जा सकती है? वे मनुष्यों एवं जानवरों को समान रूप से शीतल छाया प्रदान करते हैं। क्या आप वृक्षों या पौधों से रहित ''कंक्रीट के शहरों'' की कल्पना कर सकते हैं? जीवन कितना शुष्क व नीरस हो जायेगा। वृक्ष और पौधे हमारी नाड़ियों व आँखों को शांति, शीतलता प्रदान करते हैं और हमारे जीवन में सुंदरता का ताजा स्रोत सिद्ध होते हैं।

वृक्षों की पहचान कैसे करें ?

प्रकृति ने हमें इतने विविधतापूर्ण वृक्ष दिये हैं कि उनमें से प्रत्येक की पहचान करना हमारे लिये कठिन कार्य हो जाता है। परन्तु सौभाग्य से, किन्ही दो वृक्षों की पत्तियां (आकार) व फूल एक जैसे नहीं होते जिससे वृक्ष की पहचान करना हमारे लिये सम्भव हो जाता है। चूंकि वृक्ष ऊँचे हो सकते हैं अतः उनकी पत्तियों व फूलों की संरचना को देखना हमारे लिये शायद आसान नही हो। ऐसी स्थिति में फूलों, बीजों व छाल का निरीक्षण या वृक्ष के शाखान्वित होने का तरीका या कोई अन्य विलक्षणता उपयोगी सिद्ध होती है। वृक्षों के नीचे का तना जिसे बट्रेस (पृष्ठ 260, टी1), गिरी हुई पत्तियां, फूल, फल और बीज, वृक्ष का नाम जानने की दिशा में उपयोगी हो सकते हैं।

ऋतु विशेष में वृक्षों की पत्तियों, फूलों व फलों का निरीक्षण भी वृक्ष की पहचान करने में सहायक हो सकते हैं। वृक्षों की शाखाओं व तने से जड़ों का निकलना (Aerial roots) भी कुछ संकेत दे सकते हैं। यदि वृक्ष से पत्ती या शाखा तोड़ने पर सफेद दूधिया रस निकले तो वृक्ष फाइकस (Fig) की जाति का हो सकता है। पेड़ पर कोई छोटा से घाव करने पर गोंद निकलना व गोंद का रंग भी वृक्ष की पहचान में सहायक हो सकते हैं। उदाहरण के तौर पर सांदन पेड़ से लाल

रंग का गोंद निकलता है। शैशव अवस्था मे सेमल जैसे वृक्षों के तने पर शंकुनुमा कांटे होते हैं जो पशुओं को उनसे दूर रखते हैं। शंकुधारी वृक्षों की पहचान उनके शंकुनुमा आकार से की जा सकती है। सिल्वर फर व देवदार जैसे शंकुधारी वृक्षों की पत्तियां सुई के समान होती हैं। इनका शंकुनुमा आकार बर्फ को वृक्ष से फिसलने में सहायक होता है।

सदाबहार वृक्ष वे वृक्ष हैं जिनकी सभी पत्तियां एक साथ नहीं झड़ती। जैसे–जैसे पेड़ की पत्तियां पुरानी होती जाती हैं, गिरती जाती हैं, और साथ ही नई पत्तियां आने लगती हैं। जिस कारण पेड़ वर्ष भर हरे भरे रहते हैं।

पर्णपाती वृक्ष इसके विपरीत अधिकतर जाड़ा आने से पहले, या जाड़ों में या जाड़ों के बाद भी सभी पत्तियों को गिरा देते हैं और इस मौसम में पूरी तरह या लगभग पर्णरहित होते हैं। (पृष्ठ 260 टी 2) जब इन वृक्षों पर नई पत्तियां आती हैं तो वे सुंदर व ताजी होती है। उदाहरण के तौर पर कुसुम व मेपल के वृक्ष तब अद्भुत दृश्य प्रस्तुत करते हैं जब अधिकांश वृक्षों पर सूखी व नीरस पत्तियां होती हैं।

1. हिमालयन सिल्वर बर्च, बर्च (Himalayan Silver Birch, Birch) *Betula utilis*

प्लेट I 44 **भोजपत्र**

यह एक पर्णपाती वृक्ष है। तना सफेद, चमकीला व टेढ़ा होता है जिसकी छाल गुलाबीपन लिये सफेद होती है व पतली लम्बी परतों में निकलती है। उच्च स्थलीय वृक्ष होने के कारण तेज हवाओं व भारी बर्फ के चलते तना अधिकतर झुका हुआ होता है। तने की छाल को लम्बी पट्टियो के रूप में निकाला जा सकता है और लेखन के लिये उपयोग में लाया जा सकता है। हमारा पुराना अधिसंख्य संस्कृत साहित्य भोजपत्र की छाल पर ही लिखा गया था। इसकी पत्तियों का उपयोग जानवरों के चारे के रूप में किया जाता है। लकड़ी आसानी से टूट जाती है परन्तु ठीक से नहीं जलती व धुआं ज्यादा देती है। चूंकि ऊँचाई वाले स्थानों पर लकड़ी की कमी होती है, अतः जलावन के रूप मे इसकी लकड़ी का ही प्रयोग किया जाता है। जैसा कि इसका नाम ''यूटिलिस'' बताता है, यह एक उपयोगी वृक्ष है अतः इसके संरक्षण की आवश्यकता है। इसके फल अगस्त–अक्टूबर में पकते हैं व बीजों का विकिरण पिघलती बर्फ के द्वारा होता है। यह 3000 से 4250 मी ऊँचाई के मध्य पाया जाता है।

2. वैस्ट हिमालयन फर (West Himalayan Fir) *Abies pindrow*

प्लेट I 44 **मोरिंडा, स्पॅन, क्रॉक–कुंवर, रीघा**

यह एक विशाल सदाबहार वृक्ष है जिसका शीर्ष घना और शंकुनुमा व कालम के समान होता है। पत्तियां गहरी हरी, सुई के समान होती हैं। इसकी पत्तियों की निचली सतह पर सफेद या भूरी दो पंक्तियां होती है जिनके कारण इसे ''सिल्वर फर'' नाम दिया गया है। इसका काष्ठ अधिक उपयोगी नही होता फिर भी स्थानीय लोग

उपयोग में लाते हैं। यह 40 से 60 मी तक ऊंचा होता है और तने का व्यास 2 से 2.5 मी तक होता है। यह 2400 से 3000 मी तक की ऊँचाई के बीच पाया जाता है और अन्य शंकुधारी वृक्षों से पहचान में संशय पैदा करता है। इसके कोन नीले से होते हैं और शाखाओं पर ऊपर की ओर मुंह किये रहते हैं।

3. वैस्ट हिमालयन स्प्रूस (West Himalayan Spruce) *Picea smithiana*

प्लेट। 44 **मोरिंडा, राइ, रायर, राओ, कचलू, रोइ**

यह बहुत बड़ा, लटकती शाखाओं वाला सदाबहार वृक्ष है। इसकी पत्तियां सुई के समान तेज व नुकीली होती है। यह देवदार, फर, कैल (Blue pine), बांज व मेपल के साथ 2100 से 3300 मी की ऊँचाई के बीच पाया जाता है। केवल पत्तियों के आधार पर फर व स्प्रूस की पहचान करना थोड़ा कठिन होता है। फिर भी लटकती शाखाओं के सिरे पर लगे भूरे रंग के कोन से इसे आसानी से पहचाना जा सकता है। फर की तुलना में इस वृक्ष का छत्र (canopy) अधिक चौड़ा होता है। इसकी लकड़ी घर बनाने, क्रेट बनाने व फर्नीचर बनाने के काम लाई जाती है। वृक्ष की लकड़ी इतनी हलकी होती है कि उसका प्रयोग ''ग्लाइडर'' बनाने में किया जाता है।

4. हिमालयन सेडर, वैस्टर्न हिमालयन देवदार (Himalayan Cedar, Western Himalayan Deodar) *Cedrus deodara*

प्लेट। 44 **देवदार, दयोदार**

यह एक लम्बा, सीधा, सदाबहार, नीचे को झुकी व तने पर बेतरतीबी से निकलती शाखाओं वाला वृक्ष है। इसकी पत्तियां गहरी हरी व सुई के समान होती हैं। देवदार मिश्रित शंकुधारी वनो में या शुद्ध देवदार के वनों के रूप में उगता है। चूंकि देवदार के वनों में सूर्य की रोशनी जमीन तक कम ही पहुंचती है, अतः इनके नीचे जमीन पर वनस्पतियां कम ही उगती हैं। वन अनुसंधान संस्थान के संग्रहालय (museum) में 700 वर्ष से भी अधिक के देवदार के तने का कटा नमूना रखा है जिसका व्यास 2.5 मी है। यह इसकी वार्षिक वृद्धि (annual rings) जानने के लिये सुंदर नमूना है। यद्यपि देवदार साधारणतया 50 से 60 मी ऊंचे होते हैं परन्तु पड़ोसी राज्य हिमाचल प्रदेश में 68 मी ऊंचा देवदार का एक वृक्ष है जो कि लगभग कुतुब मीनार (73 मी) जितना ऊंचा है। आज तो ऊंचे व मोटे तने वाले वृक्ष पावन वनों (sacred groves) में ही देखे जा सकते हैं। संस्कृत में इसे ''देवदारू'' अर्थात् देवों का वृक्ष कहते हैं। यह 2100 से 2600 मी ऊँचाई के बीच पाया जाता है।

5. चीड़ पाइन, हिमालयन लॉंग नीडल पाइन *Pinus roxburghii*
(Chir Pine, Himalayan Long Needle Pine)

प्लेट । 45 **चीड़, चील**

एक विशाल सदाबहार (पर सूखी परिस्थितियों में पर्णपाती) वृक्ष है। पत्तियां स्पष्टतया हल्की हरी, 20–35 सेमी लम्बी, तीन के समूह में, बहुत पतली, सुई के समान होती हैं। छाल लाल भूरी, मोटी, तने के आधार पर फटी हुई और ऊपर छत्र की ओर पतले टुकड़ों में होती है। यह 50 मी तक ऊंचा व तना लगभग 2 मी व्यास पर कभी 3 मी व्यास तक हो जाता है। इसकी गिरी हुई पत्तियां जमीन पर एक चादर सी बिछा देती हैं जिन्हें लोग इकट्ठा कर जानवरों के नीचे बिछाते हैं। इसके लम्बे पतले छाल के टुक्ड़े पर्यटकों को प्रिय होते हैं, वे इन पर अपना नाम लिख देते हैं। तने पर हल्का घाव कर व्यावसायिक रूप से ऊंची गुणवत्ता का रेजिन प्राप्त किया जाता है। यह मुख्यतः 454 मी की कम ऊँचाई पर पाया जाता है पर 2200 मी तक की ऊँचाई पर भी पाया जा सकता है। पाइनस की दूसरी जातियों जैसे ब्ल्यू पाइन *Pinus wallichiana*, जिसे स्थानीय भाषा में कैल कहते हैं, से इसकी पहचान में भ्रम हो सकता है पर जैसा कि नाम से स्पष्ट है, कैल की पत्तियां नीली हरी होती है व पत्तियां तीन के बजाय पांच के समूह में होती हैं। पाइनस की एक अन्य अच्छी तरह जानी पहचानी जाति *Pinus gerardiana* का फल सूखे मेवे के रूप में खाया जाता है जिसे हिमाचल प्रदेश में चिलगोजा कहा जाता है।

6. मेपल (Maple) *Acer spp.*

प्लेट । 45 **पंगोई, किरमोला, कैंजू, कैंजली**

यह एक मध्यम से बृह्दाकार पर्णपाती वृक्ष है। मेपल की एक सी दिखाई देने वाली कई जातियां, जिनके नाम ऊपर दिये गये हैं, होती हैं, कुछ को हथेलीनुमा पत्तियों से आसानी से पहचाना जा सकता है। इसकी पत्तियां झड़ने से पहले पीली, सुनहरी, नारंगी और अंत में लाल हो जाती हैं जो विलक्षण दृश्य प्रस्तुत करती हैं। इसकी पहचान एक जोड़ा पंखों से युक्त फलों से की जा सकती हैं। यह अधिकतर वर्षा ऋतु में फलता है। अधिक ऊँचाई पर साधारणतया पाई जाने वाली जाति कैंजू है। चिनार (*Platanus orientalis*) से इसकी पहचान में दुविधा को सकती है जिसके फल छोटी गेंद के समान होते हैं।

7. एल्डर (Alder) *Alnus nepalensis*

प्लेट । 45 **पुजाला, कुनिस, उतिस**

यह नदी के किनारों या सूखे चट्टानी स्थानों पर बहुतायत से उगने वाला विशाल पर्णपाती वृक्ष है। पतले, लम्बे चमकदार सिल्वर ग्रे तने के कारण यह दूर से ही पहचाना जा सकता है। इसके फूल गुच्छों में लटकते हुये होते हैं। यह सूखी खड़ी ढलानो के साथ–साथ बहुत नम जमीन पर भी उग सकता है। इसे जमीन का कटाव रोकने के लिये व कटी जमीन को वापिस प्राप्त करने के लिये लगाया जाता है। यह एक तीव्रता से उगने वाली व भूस्खलन वाले स्थानों पर प्राकृतिक रूप से पहले उगने वाली वृक्षों की जाति है। यह 900 से 2700 मी तक की ऊँचाई वाली पहाड़ियों पर पाया जाता है।

8. ओक, ग्रे ओक, बन ओक *Quercus leucotrichophora (=Q incana)*
(Oak, Grey Oak, Ban Oak)

प्लेट । 45 **बांज, बान**

यह एक बड़ा सदाबहार वृक्ष है जिसकी पूर्णतया विकसित पत्तियां ऊपरी सतह पर गहरी हरी, निचली सतह पर सफेद या भूरी, व किनारों पर तेज दंतीली होती हैं। इसकी छाल स्लेटी रंग की, झिर्रीदार व बहुत खुरदुरी होती है। गर्म व सूखी पहाड़ियों पर यह अक्सर बौना रह जाता है। इसके फल (nut) जाड़े भर वृक्षों पर लगे रहते हैं और बंदरों, उड़ने वाली गिलहरियों, भालुओं व चिड़ियाओं (मुख्यतः नटक्रेकर्स व जेस) द्वारा बड़े चाव से खाये जाते हैं। इसकी लकड़ी का उपयोग जलाने, मकान बनाने व हल बनाने के लिये किया जाता है। बांज के जंगलों के ऐसे टुकड़े देखे जा सकते हैं जिनमें बड़ी मात्रा में, चारे के लिये बांज की पत्तियां काटी गई हों। यद्यपि इससे नई पत्तियों के आने पर ज्यादा फर्क नही पड़ता। बांज 1200 से 2400 मी ऊँचाई के बीच पाया जाता है। इसी के समान दिखाई पड़ने वाली जाति जैसे कि मोरू (*Q. dilatata*) मध्यम ऊँचाई, 1900 से 2700 मी के मध्य पाया जाता है, ब्राउन ओक, खर्सू (*Q. semecarpifolia*) 2600 से 3000 मी ऊँचाई के बीच उगता है। बांज की पत्तियां निचली सतह पर ''सिल्वरी व्हाइट'' होती हैं जबकि खर्सू की मखमली भूरी व मोरू की हरी व चमड़े जैसी।

9. रोडोडेंड्रॉन (Rhododendron) *Rhododendron arboreum*

प्लेट । 46 **बुरांस**

यह एक छोटा सदाबहार वृक्ष है जिसकी शाखायें टेढ़ी मेढ़ी व मॉस से ढकी होती हैं। बसंत से गर्मी प्रारम्भ होने तक इसके घंटी के आकार के लाल रंग के 15–20 फूलों, जिनके अन्दर काले धब्बे होते हैं, के गुच्छों को देखा जा सकता है। फूलों के गुच्छों के नीचे हरी चमकीली पत्तियों का चक्र होता है। ऐसा लगता है कि मानो वृक्ष पर लाल गुलाबों का गुलदस्ता लगा दिया हो। यह उत्तराखण्ड का राज्य वृक्ष है। इसके

फूलों की पंखुड़ियों से शरबत, चटनी और अचार बनाया जाता है जो सब स्वाद में खट्टे होते हैं। इसकी कोमल पत्तियों को पकाकर साग के रूप में खाया जाता है। फूल मंदिरों में देवताओं को अर्पित किये जाते हैं। इसकी लकड़ी मुख्यतः जलाने व कोयला बनाने के लिये प्रयोग की जाती है। ध्यान रखना होगा कि उत्तराखण्ड में बुरांस का व्यावसायिक कारणों से अत्यधिक उपयोग न हो, अन्यथा इसकी संख्या में कमी आ सकती है। यह 1200 से 3000 मी ऊँचाई के बीच लगभग हमेशा अंयार (*Pieris ovalifolia*) व बांज (*Quercus incana*) के साथ उगता है।

10. शीशम (Shisham) — *Dalbergia sissoo*

प्लेट। 46 — **शीशम, सिस्सू**

यह एक मध्यम से बड़ा पर्णपाती वृक्ष है। पत्तियां संयुक्त एवं पत्रक 3–5 होते हैं। टिम्बर के रूप में यह बहुत कीमती है और तेजी से उगने वाला व परिस्थितियों के अनुकूल स्वयं को ढालने में सक्षम है। इसी कारण सागौन के बाद सबसे अधिक लगाया जाने वाला टिम्बर वृक्ष है। इसका उपयोग फर्नीचर बनाने व पत्तियों का चारे के लिये किया जाता है। भूस्खलित जमीन को वापिस प्राप्त करने के लिये इसको लगाया जाता है। तोते इसके हरे फलों को चाव से खाते हैं। इसके फूलों से मकरंद लेकर मक्खियाँ स्वादिष्ट शहद बनाती हैं। यह उप हिमालयी क्षेत्रों में नदियों के किनारों पर पाया जाता है।

11. कत्था (Katha) — *Acacia catechu*

प्लेट। 46 — **खैर, कत्था, कहीर–बबूल**

यह एक कंटीला, छोटे आकार का पर्णपाती वृक्ष है। यह अक्सर टेढ़ा, पतले पंखनुमा छत्र व गहरे भूरे से लेकर काली सी छाल वाला होता है। कांटे तने व शाखाओं पर जोड़े में होते हैं। इसके तने के बीच की अन्दर वाली लकड़ी से कत्था व्यावसायिक रूप से निकाला जाता है जो कि रंगाई व चमड़ा उद्योग (tanning) में उपयोग होता है। परिणाम स्वरूप इस वृक्ष का अत्यधिक दोहन होता है। लुहार के कार्य के लिये यह वृक्ष सबसे अच्छा कोयला देता है। यह नदी नालों के बगल में उगता है।

क्या आप जानते हैं......

क्या आपने कभी भी पीपल या बरगद के वृक्षों पर फूल देखे हैं? इन दोनों के वृक्षों पर छोटे गोलाकार फल लगते हैं। वास्तव में ये वृक्ष के फल नहीं हैं इनको फिग कहा जाता है जिनके भीतर इस वृक्ष के बहुत से छोटे फूल होते हैं। इन फूलों का परागण बर्रे की एक विशेष प्रजाति द्वारा किया जाता है (जो हर वृक्ष का अलग होता है)। परागण होने पर ये फूल, फिग के अंदर छोटे छोटे फलों के रूप में परिवर्तित हो जाते हैं।

12. रोहिणी (Rohini) *Mallotus philippensis*

प्लेट । 46 **रोहिणी, रोइनी, रेनी, कामबेल, सिंदूर**

यह एक छोटा सदाबहार वृक्ष है जो फरवरी मार्च में फूलता है। इसके सफेद फूल छोटे, गोल फलों में बदल जाते हैं जो गहरे लाल रंग के बालों की पर्त से ढके होते हैं। यदि फलों को रगड़ा जाये तो उंगलियों पर ईंटों का सा रंग आ जाता है, इसी कारण इसे सिंदूर भी कहा जाता है। फलों से लाल रंग प्राप्त किया जाता है। हाथी इसकी पत्तियों व छाल को प्यार से खाते हैं जिस कारण इस छोटे से वृक्ष को कटी फटी दशा में देखा जा सकता है, वृक्ष के सभी भाग जैसे कि फल, पत्तियां छाल व जड़े दवाइयां बनाने में उपयोग होते हैं।

13. बाकली (Bakli) *Anogeissus latifolia*

धरूरा, बाकली, बकोली, बांकली

यह एक चिकनी हरी सफेद छाल वाला, लम्बा पर्णपाती वृक्ष है। जाड़े के आगमन के साथ ही इसकी पत्तियां बैंगनी लाल रंग में बदल जाती हैं जो फरवरी मार्च में झड़ने से पहले तक साल वन को अद्‌भुत दृश्य प्रदान करते हैं। इसकी लकड़ी का, निर्माण कार्यों में, फर्नीचर, कृषि उपकरण व सामान उठाने के लिये पोल के रूप में अत्यधिक प्रयोग होता है। वृक्ष से बहुत साफ गोंद प्राप्त होता है जो पानी में घुल जाता है और पत्तियां चमड़े के उद्योग में बहुत कीमती होती हैं। यह उप हिमालयी क्षेत्रों, तथा मध्य व बाहरी पर्वत श्रेणियों में 1200 मी की ऊँचाई तक पाया जाता है।

14. क्रोकोडाइल बार्क ट्री (Crocodile Bark Tree) *Terminalia elliptica (=T. tomentosa)*

सैन, ऐन, आसन, आईना, साज

एक विशाल वृक्ष जिसकी छाल मगर (क्रोकोडाइल) की खाल से मिलती है और इसी कारण इसे ''द क्रोकोडाइल ट्री'' कहा जाता है। इसका फल 1.5 से 2 इंच लम्बा और पांच पंखों वाला होता है। टसर सिल्कमॉथ के कैटरपिलर इसकी पत्तियों को खाते हैं। इसके तनों में एकत्रित पानी को अक्सर वनकर्मी गर्मियों में निकालते हैं व पीने के रूप में प्रयुक्त करते हैं। इसकी छाल अग्निरोधी होती है व लकड़ी का उपयोग कारपेंटरी व नाव बनाने में किया जाता है। यह अच्छी जलाऊ लकड़ी व बहुत अच्छा कोयला देता है। यह शुष्क व नम पर्णपाती वनों में 1200 मी की ऊंचाई तक पाया जाता है।

15. बहेड़ा, बेलेरिक माइरोबालान (Baheda, Bellaric myrobalan) *Terminalia bellirica*

प्लेट । 46 **बहेरा, बहेड़ा**

एक बड़ा पर्णपाती वृक्ष जिसका तना सीधा खम्भे के समान उगता है। इसका तना आधार पर बट्रेस्ड होता है। (इसे तसवीर पृष्ठ 260, टी 1 में देखे)। इसे

दूर से ही इसकी छाल, जिसमें बहुत सी खड़ी झिर्रियाँ होती हैं व चौड़े छत्र के द्वारा पहचाना जा सकता है। इसका फल एक इंच लम्बा, अण्डाकार आकृति वाला व बहुत छोटे भूरे मखमली बालों युक्त होता है व इसके अन्दर कठोर मोटी भित्ति वाला नट होता है। वृक्ष पर दिसम्बर–फरवरी के मध्य में फल लगते हैं। इसके फल हरड़ के फलों का भ्रम पैदा कर सकते हैं परन्तु हरड़ (*Harada*) *T. cheubla* के फल स्पष्टतया धारीदार और खुरदरे होते हैं। इसके फल बंदरों, बकरियों, भेड़ों, पशुओं व हिरणों का पसंदीदा आहार होते हैं। इसके फल ''त्रिफला'' नामक औषधि में हरड़ व आंवला के साथ मिलाये जाते हैं। लकड़हारे इस पेड़ को अंधविश्वास के कारण नही काटते। उनका मानना है कि इस पेड़ पर आत्मायें रहती हैं और इसे काटने से उनका नुकसान होगा। फिर भी इसकी लकड़ी मकान बनाने व पैकिंग केस बनाने के काम लाई जाती है।

16. हल्दू (Haldu) — *Haldina cordifolia (=Adina cordifolia)*

प्लेट । 47

हल्दू, हरदू, कादमी, करम

उत्तराखण्ड के पर्णपाती वनों के विशाल वृक्षों में से एक है। अत्यन्त विशाल होने के कारण यह बट्रेस्ड (पृष्ठ 260, टी 1) होता है। मई में पर्णरहित रहने के अतिरिक्त, अन्य समय में इसे अन्य वृक्षों की तुलना में अधिक ऊंचा होने व गहरे हरे छत्र के समान शीर्ष के कारण आसानी से ढूंढा जा सकता है। इसकी पत्तियां बहुत अलग होती हैं, ओवल व ह्रदयाकार तथा सिरे पर नुकीली होती हैं। इसकी नई पत्तियां एक खोल में बंद रहती हैं जैसा कि चित्र में दिखाया गया है। इसके पीले फूल जो कि गोल आकार के गुच्छे के रूप में होते हैं, जून के प्रारम्भ में पैदा होते हैं। इसका तना फ्ल्यूटेड (fluted) व शाखायें क्षैतिज्य (horizontal) होती हैं। ताजा कटी लकड़ी पीले रंग की होती है जो बाद में लाल भूरी हो जाती है।

17. कुसुम, द लाख ट्री (Kusum, The Lac Tree) — *Schleichera oleosa (=S. trijuga)*

प्लेट । 47

कुसुम

यह एक मध्यम से बड़ा पर्णपाती (कभी कभी सदाबहार) वृक्ष है। जाड़ों में इसकी पत्तियां गिरने से पहले पीली या सुनहरी हो जाती हैं। बसंत में जब नई पत्तियां निकलती हैं तो वृक्ष की सुंदरता स्तब्ध कर देने वाली होती है। इसकी पत्तियां पिन्नेट (Pinnate), लाल, नारंगी, मैरून व हरे रंगों के कारण सुन्दर होती हैं। लाख का कीड़ा इस वृक्ष पर अपना घर बनाता है जिस कारण इसका नाम ''द लाख ट्री'' पड़ा। इसके बीजों से प्राप्त तेल औषधोपयोगी होता है व जलाने, पकाने व साबुन में भी प्रयुक्त होता है, पत्तियां चारे के रूप में प्रयुक्त होती हैं।

18. इण्डियन एल्म *Holoptelea integrifolia (=Ulmus integrifolia)* (Indian Elm)

प्लेट । 47 **कंजू, पपड़ी, छिबिल**

यह एक बड़ा पर्णपाती वृक्ष है जिसकी छाल भूरी फफोलों से ढकी होती है। जाड़ों में जब वृक्ष पर पत्तियां नही होती तब इसके भूरे फल अपने अंदर बीज को समेटे, व सोने के सिक्के के समान प्रतीत होते हैं। गर्मियों में इसे हल्के हरे सुंदर फलों से आसानी से पहचाना जा सकता है। फलों को बंदर बड़े चाव से खाते हैं जिस कारण इसे ''मंकी बिस्कुट ट्री'' भी कहा जाता है। इसकी पत्तियों को मसलने पर दुर्गंध निकलती है। पत्तियों का चारे के रूप में उपयोग किया जाता है। यह हिमालय में 750 मी की ऊँचाई तक पाया जाता है।

19. सांदन (Sandan) *Desmodium oojeinense (=Ougeinia oojeinensis) (=O. dalbergioides)*

प्लेट । 47 **सांदन**

यह एक छोटी या मध्यम ऊँचाई वाला, पतली, राख जैसी भूरी या हलकी भूरी छाल वाला अर्द्ध पर्णपाती वृक्ष है। इसे काटने पर लाल रंग का गोंद माला के दानों के रूप में निकलता है। इसका तना टेढ़ा होता है। पत्तियां तीन पर्णकों वाली होती हैं मानो बीच में ब्रह्मा तथा पार्श्व में विष्णु व शिव हों। मार्च में जब पुष्प खिलते हैं तो अद्‌भुत दृश्य होता है। इसकी गुलाबी या हलके बैंगनी रंग के फूलों युक्त शाखायें साधारणतया मार्च से मई के बीच पर्णरहित होती हैं। यह साल के जंगलों में बहुतायत से पाया जाने वाला और चूना पत्थर युक्त मिट्‌टी का सूचक वृक्ष है। इसका काष्ठ उत्तम गुणों वाला होता है इसलिये खेती के उपकरण बनाने, मकान बनाने व फर्नीचर बनाने में प्रयुक्त होता है। इसका उपयोग जलाऊ लकड़ी के रूप में व पत्तियों का उपयोग चारे के रूप में होता है।

20. अमलतास, इण्डियन लेबरनम *Cassia fistula* (Amaltas, Indian Laburnum)

प्लेट । 48 **अमलतास**

यह एक चिकनी, पीली सफेद छालवाला, मध्यम ऊँचाई का पर्णपाती वृक्ष है। पत्तियां अप्रैल–मई में झड़ती हैं और तब वृक्ष पूर्णतया पत्ती रहित होता है। भरी गर्मियों में, पीले रंग के, पुष्पों से युक्त, अंगूर के गुच्छों के समान लटकती इसकी शाखायें अद्‌भुत दृश्य प्रस्तुत करती हैं। वर्षा की पहली बौछारों के साथ पुष्प नीचे गिर जाते हैं और वृक्ष के नीचे पीली चादर बिछ जाती है। फल लम्बी नली के समान, 50 से 60 सेंटीमीटर लम्बे होते हैं। फल पहले हरा, फिर गहरा भूरा और अन्त में काला हो जाता है। नली

के समान फल, वृक्ष पर अगले वर्ष फूल आने तक भी लटके देखे जा सकते हैं। जब फल जमीन पर गिरते हैं तो वे टूटते नहीं और खोल कठोर ही रहता है। बड़े जानवर जैसे जंगली सूअर, गीदड़ और भालू इस फल को खाने में सक्षम होते हैं और उनके मल के द्वारा इसके बीजों का विकिरण हो जाता है। इस वृक्ष के विभिन्न भागों से कई प्रकार के रोगो का निदान किया जा सकता है। फूलों की कलियों से स्वादिष्ट पकोड़े बनते हैं और सब्जी के रूप में भी इन्हें पकाया जा सकता है।

21. इण्डियन महोगनी, रेड सेडर (Indian Mahogany, Red Cedar) — *Toona ciliata (=Cedrela toona)*

प्लेट । 48 — **तून**

यह एक बड़ा, पर्णपाती व तेजी से उगने वाला वृक्ष है जो बसंत के समय सुबह के सूर्य के प्रकाश में गुलाबी या कत्थई रंग की नई पत्तियों के कारण सुन्दर दिखाई देता है। ये अंत में हरी हो जाती है और घना फैला हुआ छत्र बनाती हैं। मार्च–अप्रैल के महीनों में, छोटे, हल्के सफेद रंग के सुगंधित फूलों के लटकते गुच्छे कई प्रकार की मक्खियों को आकर्षित करते हैं। यह घाटियों या जंगलों में या साधारणतया नदियों के किनारों या दलदली स्थानों पर उगता है। इसे नहरों के किनारों या बाग बगीचों में रास्तों के किनारों पर भी लगाया जाता है। तुन अपनी सुगंधित लाल लकड़ी के लिये प्रसिद्ध है जिसकी फर्नीचर बनाने, भवन बनाने व सजावटी सामान बनाने के लिये बहुत मांग है।

22. साल (Sal) — *Shorea robusta*

प्लेट । 48 — **साल**

यह एक बड़ा पर्णपाती वृक्ष है जो कभी कभार ही पूर्णतया पर्णरहित होता है। साल के विशाल वृक्ष फरवरी मार्च में सुन्दर लगते हैं जब इनकी पुरानी पत्तियां पीली पड़ जाती हैं और साथ ही गुलाबी लाल या नारंगी–कांसे के रंग की नई पत्तियां आने लगती हैं। यह उत्तर भारत का इमारती लकड़ी देने वाला, बहुत महत्वपूर्ण वृक्ष है। वृक्ष के तने को हलका घाव देने से गोंद निकलता है जिसे हिन्दू धार्मिक अवसरों पर खुशबू के लिये जलाते हैं।

23. कचनार, माउंटेन एबनि (Kachnar, Mountain ebony) — *Bauhinia variegata*

प्लेट । 49 — **कचनार, गुरियाल**

यह एक मध्यम ऊँचाई का पर्णपाती या अर्द्ध पर्णपाती वृक्ष है जिसकी पत्तियां ऊंट की कूबड़ के समान होती है। जुड़वां पत्रक बीच में कुछ दूरी तक जुड़ी होती हैं। इसमें फूल मार्च–अप्रैल में आते हैं। इसके फूल गुलाबी, हल्के बैंगनी या कभी सफेद

रंग के होते हैं। पंखुड़ियां पांच होती हैं (एक पंखुड़ी चौड़ी व औरों से गहरे रंग की होती है)। यह उप हिमालयी क्षेत्र में 1200 मी की ऊँचाई तक पाया जाता है और जलाऊ लकड़ी व चारे के लिये गांवों में लगाया जाता है। फूलों की कलियां सब्जी के रूप में भी उपयोग की जाती है।

24. सेमल, रेड सिल्क कॉटन (Semal, Red Silk Cotton)

Bombax ceiba

प्लेट I 49

सेमल, सेमुर, शिंबल

यह एक विशाल पर्णपाती वृक्ष है जिसके आधार पर सहारे के लिये बट्रेस होती है। (पृष्ठ 260 टी 1) इसके तने से चार या पांच शाखायें धरातल के समानांतर निकलती हैं। 1.5 से 1.8 मी के बाद चार या पांच शाखाओं का दूसरा समूह निकलता है। छोटे वृक्षों के तने शंकुनुमा कांटो से भरे होते हैं जो वृक्ष बनने के बाद नष्ट हो जाते हैं। बसंत ऋतु में वृक्ष पूर्णतया पर्णरहित हो जाता है और गहरे लाल या नारंगी रंग के बड़े फूलों से वृक्ष भर जाता है। बहुत सी चिड़ियायें जैसे कौए, मैना, तोते, बुलबुल और ड्रोंगो गिलहरियों के साथ मिलकर मकरंद या पंखुड़ियों के आहार का आनन्द लेते हैं। इन जीवों का मकरंद के लिये आपस में लड़ना एक मारधाड़ से भरपूर दृश्य होता है और इसी दौरान कई फूल नीचे गिर जाते हैं जिन्हें हिरण या जमीन पर विचरने वाले अन्य जानवर खा लेते हैं। इसकी कोमल पुष्प कलियों को शाक के रूप में पकाया जाता है। इसकी पत्तियां 5–7 पर्णकों वाली होती हैं जो हथेली से उंगलियों के समान एक स्थान से निकलती हैं। बीजों पर सिल्क के समान रेशे होते है जो इनके विकिरण में सहायक होते हैं। इस रेशे को एकत्रित कर लोग तकियों या रजाइयों में भरते हैं। यह वृक्ष उप हिमालयी क्षेत्र में उगता हैं।

क्या आप जानते हैं......

कि आंध्र प्रदेश के गोट्टे बायुलु गाँव में विश्व का सबसे बड़ा बरगद का पेड़ है जो 2 हैक्टेयर में फैला है। दूर से यह वृक्ष एक बंद जंगल सा दिखाई पड़ता है। स्थानीय लोग इसे 700 वर्ष पुराना बताते हैं। क्या आप अनुमान लगा सकते हैं कि इसकी छाया में कितने लोग खड़े हो सकते हैं? जी हाँ लगभग 20,000 लोग इसके नीचे एक साथ खड़े रह सकते हैं।

25. बरगद, बनयान (Bargad, Banyan) *Ficus benghalensis*

प्लेट I 49 **बड़, बरगद**

यह एक अत्यंत विशाल सदाहरित वृक्ष है जिसकी शाखाओं से जड़ें लटकी रहती हैं। ये जड़ें पृथ्वी में पहुँचकर स्तम्भ के समान वृक्ष की मुख्य शाखाओं को सहारा देती है। जब इसकी पत्तियों को तोड़ा जाता है तो दूधिया पदार्थ निकलता है। वृक्ष के फूल रेसेप्टेकल (Fig) के अन्दर छिपे होते हैं। फिग पर अक्सर ततैयों के द्वारा किये गये छोटे छिद्र होते हैं जिनमें वे अंडे देते हैं। अंडे देने की अवधि में ततैये परागण कर देते हैं। ग्रामीण इस वृक्ष के नीचे बैठकर ताश के पत्ते खेलते हैं, गप्पें लड़ाते हैं या सामाजिक मेल–मिलाप करते हैं। हिन्दू इसे धार्मिक महत्व का वृक्ष मानते हैं तथा लकड़हारे इसे काटने से बचते हैं, ऐसा न हो कि इसे काटने पर उनके ऊपर पाप की छाया पड़ जाये।

क्या आप अनुमान लगा सकते हैं ?

प्रश्न 1. उत्तराखण्ड का राज्य वृक्ष कौन सा है ?

प्रश्न 2. जिस वृक्ष के तने पर बाघ या टाइगर अपने पंजे पैने करते हैं क्या आप उसका उसका नाम बता सकते हैं ?

प्रश्न 3. बिना किसी नापने के साधन से किसी वृक्ष की ऊंचाई किस प्रकार से नाप सकते हैं ?

प्रश्न 4. विश्व का सबसे ऊंचा वृक्ष कौन सा है ?

प्रश्न 5. उत्तराखण्ड के लोकप्रिय, गर्मियों में फल देने वाले वृक्ष का नाम बताइये जिसके फल लाल काले होते हैं ?

अतिरिक्त सहायता के लिये प्लेट 49 (26 क. और 26 ख.) का संदर्भ लें।

उत्तर पृष्ठ 273 पर देखें।

वृक्ष

1. हिमालयन सिल्वर बर्च

2. वैस्ट हिमालयन फर

3. वैस्ट हिमालयन स्प्रूस

4. वैस्टर्न हिमालयन देवदार

वृक्ष

5 क. चीड़ पाइन

5 ख. ब्ल्यू पाइन

6. मेपल

7. एल्डर

8. बन ओक

वृक्ष

9. रोडोडेंड्रॉन

10. शीशम

11. कत्था एवं कत्था के कांटे

12. रोहिणी एवं रोहिणी के फल

टी 1. बट्रेस्ड युक्त वृक्ष

टी 2. पर्णपाती वृक्ष

15. बहेड़ा और बहेड़ा के बीज

वृक्ष

16 क. हल्दू

16 ख. हल्दू पत्ती

16 ग. हल्दू फल

17. कुसुम

18. इण्डियन एल्म

19 क. सांदन पत्ती

19 ख. सांदन फूल

वृक्ष

20 क. अमलतास

20 ख. अमलतास, पत्ते व फूल

20 ग. अमलतास के फल

21 क. इण्डियन महोगनी, फूल

21 ख. इण्डियन महोगनी, पत्तियां, सूखे बीज फटने के बाद, फल

22 क. साल का जंगल

22 ख. साल के पेड़, फल

वृक्ष

23 क. कचनार

24 क. सेमल

23 ख. कचनार का फल व फूल

24 ख. सेमल की पत्ती फल व फूल

25. बरगद की कोमल पत्तियां लटकी जड़ो के साथ, फिग

26 क. 26 ख.

छायाचित्र आभार

स्तनपायी

©***अनूप शाह*** – बाघ, तेंदुआ, हिम तेंदुआ, ढोल, चीतल, जेकॉल, सांभर, हिमालय थार, कस्तूरी मृग, जंगली सुअर, काला भालू, नील गाय, सेरो, रेड जायन्ट फ्लाइंग स्क्विरल
©***अपराजिता दत्ता*** C/O एन.सी.एफ. – लार्ज इण्डियन सीवेट
©***आशीष कोठारी*** – फ्लाइंग फॉक्स, स्मॉल इण्डियन मंगूस
©***अतुल धमनाकर*** – इण्डियन पाम सीवेट
©***बीवाश पाण्डव*** – हिमालयन घोरल, स्मूथ–कोटेड ऑटर
©***सी. श्रीनिवासूलू*** – इण्डियन पिपिस्ट्रल
©***धनन्जय मोहन*** – स्वैम्प डियर
©***धर्मेन्द्र कण्डाल*** – स्ट्राइप्ड हाइना, इण्डियन वुल्फ, इण्डियन हेजहॉग, स्लॉथ बेअर
©***हुकुम चन्द्रा***– ब्लैक–नेप्ड हेयर
©***नानक ढींगरा*** – जंगल कैट
©***ओट्टो फीस्टर*** – बीच मार्टेन
©***रोहन पंडित*** – लैपर्ड कैट
©***संजय सोंधी*** – एशियन एलीफेन्ट, हॉग डियर, मुंटजैक, रीसस मॅकाक, हनुमान लंगूर, येलो–थ्रोटेड मार्टेन, हिमालयन वीज़ल, इण्डियन ग्रे मंगूस, पिग्मी श्रू, फाइव स्ट्राइप्ड पाम स्क्विरल
©***सचिन राय*** – इण्डियन फॉक्स, इण्डियन पोरक्यूपाइन
©***सैली पलांदे*** – इण्डियन पैंगोलिन
©***सुजाता पद्मनाभन*** – हिमालयन मरमॉट, रेड फॉक्स
©***टी.आर.ए. अरंथावसेलवन*** – स्मॉल इण्डियन सीवेट
©***विद्या अत्रेया*** – रस्टी स्पॉटेड कैट
©***यश सोंधी*** – लार्ज इयर्ड पिका

पक्षी

©***अनूप शाह*** – मोनाल, चीर फीजेंट, कोकलास, रस्टी–चीक्ड शिमिटर बैबलर, रेडबिल्ड ब्ल्यू मैगपाइ, लॉन्ग टेल्ड मिनीवेट, पैराडाइज फ्लाइ कैचर, ग्रीन बैक्ड टिट
©***अमित वर्मा*** – लिटिल ग्रेब, एशियन ओपनबिल, सारस क्रेन, हुप्पू, क्रेस्टेड किंगफिशर, इण्डियन पित्ता, स्पेंगल्ड ड्रोंगो, ब्लैक–हुडेड ओरियोल, स्केली ब्रेस्टेड मुनिया
©***के. रमेश*** – वैस्टर्न ट्रैगापोन

©***नानक ढींगरा*** – ब्लैक-नेक्ड स्टॉर्क, क्रेस्टेड सर्पेन्ट ईगल, रेड जंगल फाउल, खलीज फीजेंट, इण्डियन पीकोक, ब्राउन फिश आउल
©***संजय सोंधी*** – पॉण्ड हेरॉन, कॅटल इग्रेट, ग्रेट कॉर्मोरेंट, लिटिल कॉर्मोरेंट, बार-हैडेड गूज़, रडी शेलडक, ब्लैक काइट, ब्लैक-विंग्ड काइट, हनी बजर्ड, हिमालयन ग्रिफॉन, इण्डियन मूरहेन, ब्लैक फ्रैंकोलिन, व्हाइट-ब्रेस्टेड वॉटरहेन, रेड-वॉटल्ड लैपविंग, रॉक पिजन, ब्लैक-विंग्ड स्टिल्ट, वैज-टेल्ड ग्रीन पिजन, स्पॉटेड डव, रोज-रिंग्ड पैराकीट, स्लेटी-हेडेड पैराकीट, ग्रेटर कूकल, स्पॉटेड आउलेट, लार्ज टेल्ड नाइटजार, कॉमन किंगफिशर, व्हाइट थ्रोटेड किंगफिशर, ब्राउन हैडेड बार्बेट, ग्रीन बी ईटर, ग्रे हॉर्नबिल, ग्रेट हॉर्नबिल, ग्रेटर फ्लेमबैक, हिमालयन वुडपैकर, स्पेकल्ड पिक्यूलेट, यूरेशियन राइनैक, ऑरेंज–बैलीड लीफबर्ड, रेड–रम्प्ड स्वालो, ब्लैक ड्रोंगो, लॉग टेल्ड श्राइक, बैंक मैना, एशियन पाइड स्टार्लिंग, रूफस ट्रीपाई, यूरेशियन जे, लार्ज बिल्ड क्रो, रेड वेंटेड बुलबुल, ब्लैक बुलबुल, हिमालयन बुलबुल, ऐशी प्रीनिया, ग्रे-ब्रेस्टेड प्रीनिया, जंगल बैबलर, यलो-आइड बैबलर, स्केली ब्रेस्टेड रॅन बैबलर, रेड-बिल्ड लीयोथ्रिक्स, चेस्चनट-टेल्ड मिनला, स्ट्रीक्ड लाफिंग थ्रश, व्हाइट थ्रोटेड लाफिंगथ्रश, यलो-बेलीड फैनटेल, व्हाइट थ्रोटेड फैनटेल, वर्डिटर फ्लाइकैचर, स्मॉल नीलतवा, टेलर बर्ड, ब्राउन रॉक चैट, इण्डियन रॉबिन, ओरियंटल मैगपाइ रॉबिन, ब्ल्यू-फ्रंटेड रेडस्टार्ट, व्हाइट-कैप्ड वॉटर रेडस्टार्ट, प्लंबुअस वॉटर रेडस्टार्ट, ग्रे-बुश चैट, पाइड बुश चैट, कॉमन स्टोनचैट, ब्ल्यू व्हिसलिंग थ्रश, ग्रे विंग्ड ब्लैकबर्ड, वैलवेट-फ्रंटेड नटहैच, वॉल क्रीपर, पैडीफील्ड पिपेट, व्हाइट वैगटेल, क्रिमसन सनबर्ड, ओरियंटल व्हाइट आई, बया वीवर, कॉमन रोजफिंच, रसेट स्पैरो, यूरोपियन गोल्डफिंच, एल्पाइन एक्सेंटर, क्रेस्टेड बंटिंग
©***यश सोंधी*** – पाइड क्रेस्टेड कुक्कू, प्लम हैडेड पैराकीट

मछली

©समस्त छायाचित्र ***जे.ए. जॉह्नसन*** द्वारा दिये गये।

उभयचर जीव

©***संजय सोंधी*** – कॉमन इण्डियन टोड, इण्डियन बुल फ्रॉग, स्किटरिंग फ्रॉग, पैडीफील्ड फ्रॉग, स्टॉलिक्जाज फ्रॉग, डुबोइस फ्रॉग, मस्केइ बरोइंग फ्रॉग, ऑर्नेट नैरो माउथ्ड फ्रॉग, मार्बल्ड बॅलून फ्रॉग, दुधवा रीड फ्रॉग, कॉमन ट्री फ्रॉग
©***पंकज कुमार*** – असमीज कास्केड फ्रॉग

छायाचित्र आभार

सांप

©*इशान अग्रवाल* – इण्डियन रैट स्नेक, कॉमन वुल्फ स्नेक, स्ट्राइप्ड कील बैक
©*मनोज नायर* – कॉपर हेडेड ट्रिंकेट स्नेक
©*संजय सोंधी* – कॉमन क्रेट, रस्सेल्स वाइपर, हिमालयन पिटवाइपर, हिमालयन व्हाइट लिप्ड पिटवाइपर, रस्सेल्स कुकी स्नेक, चैकर्ड कीलबैक, ब्राह्मनी वर्म स्नेक, कॉमन ट्रिंकेट स्नेक, कौलर्ड ब्लैक हैडेड स्नेक, बर्मीज़ पाइथन
©*सत्य प्रिय गौतम भल्ला* – किंग कोबरा, स्पेक्टेकल्ड कोबरा, मोनोक्लेड कोबरा

छिपकलियां

©*संजय सोंधी* – नॉर्थर्न हाउस गेको, ब्रुक्स गेको, गार्डन लिजर्ड फीमेल, वैस्ट हिमालयन रॉक अगामा, शिवालिक फैन थ्रोटेड लिजर्ड, कुमाऊँ माउंटेन अगामा, कील्ड ग्रास स्किंक, हिमालयन रॉक स्किंक, व्हाइट–स्पॉटेड सपल स्किंक
©*आंचल सोंधी* – गार्डन लिजर्ड नर
©*बिवाश पांडव* – इण्डियन मॉनीटर लिजर्ड

कछुए और टर्टल्स

©*कार्तिक वासुदेवन* – इण्डियन फ्लैप–शेल टर्टल
©*मेर्विन फर्नांडिस* – ब्लैक पोंड टर्टल
©*सत्य प्रिय गौतम भल्ला* – यलो-हैडेड टॉर्टोइज, इण्डियन रूफ्ड टर्टल
©*चंदन जानी* – गैंजेटिक सॉफ्टशेल टर्टल
©*प्रत्यूश महापत्र* – ट्राइकैरीनेट हिल टर्टल

मगरमच्छ

©*सत्य प्रिय गौतम भल्ला* – समस्त छायाचित्र इनके सहयोग से प्राप्त।

तितलियां और पतंगे

©*संजय सोंधी* – समस्त छायाचित्र इनके सहयोग से प्राप्त।

आर्थ्रोपोड्स

©***संजय सोंधी*** – समस्त छायाचित्र इनके सहयोग से प्राप्त।

वृक्ष

©***राका सिंह*** – हल्दू पत्तियां एवं कली पत्तियां
©***राथीनासाबापथी भुवरागासामी*** – कुसुम बीज एवं पत्तियां
©***सतीश फड़के*** – सांदन पत्तियां और फूल
©***मनोज चन्द्रन*** – एल्डर, स्प्रूस कोन, बहेड़ा बीज
©***अंचल सोंधी*** – अन्य समस्त छायाचित्र इनके सहयोग से प्राप्त।

प्रश्नों के उत्तर

स्तनपायी

अ.1: सत्य। कई स्तनपायी जीव जैसे हिमालयन ब्लैक बेअर्, शीतकाल में हिमालय पर हाइबरनेट (शीतकाल में सुषुप्तावस्था में जाना) करते हैं।

अ.2: अंगुलेट का अर्थ है खुर वाले स्तनपायी प्राणी और इसके अंतर्गत बकरियां, भेड़, हिरन, बारहसिंघा और घोड़े इत्यादि आते हैं।

अ.3: असत्य। डकबिल्ड प्लेटिपस और एकिडना दो ऐसे स्तनपायी है जिनके बच्चे अंडों से निकलते हैं। अन्य सभी स्तनपायी अपने जैसे ही शिशुओं को जन्म देते हैं।

अ.4: भारत में सबसे छोटा स्तनपायी एटरूस्कैन पिग्मी (*Suncus etruscus*) संभवतया सबसे छोटा स्तनपायी है।

अ.5: चमगादड़ रात के समय अपने शिकार को ढूंढने के लिये एको–लोकेशन (echo-location) का प्रयोग करते हैं। यह कुछ इस प्रकार की ध्वनि उत्पन्न करते हैं जो इनके शिकार तक जाकर टकरा कर वापस आ जाती है। अपने बड़े कानों का उपयोग करके चमगादड़ जान जाते हैं कि उनका शिकार किस स्थान पर है। यह ध्वनि अत्यंत ऊंची पिच (pitch) की होती है लेकिन मनुष्यों को यह सुनाई नहीं देती।

पक्षी

अ.1: गिद्ध मरे हुये जीव जंतुओं को खाते हैं लेकिन यदि बचा–खुचा मांस ऐसे ही बिना खाये हुये रह जाता है तो इसके कारण रोग फैलने का भय रहता है।

अ.2: सारस क्रेन खुले, खेत खलिहानों और पानी वाले मैदानों और दलदल और झीलों में पाया जाता है। इनके वास स्थानों की मनुष्यों को रहने के लिये कृषि आदि के लिये आवश्यकता होती है अतः इनकी जनसंख्या में कमी आती जा रही है।

अ.3: गिद्धो की आबादी में कमी का एक अन्य कारण डिक्लोफैनेक नाम की पशुओं की दर्द निवारक दवा को भी माना जाता है क्योंकि गिद्ध पशुओं के मृत शरीरों को खाते हैं और विषाक्तता और किडनी के फेल हो जाने के कारण गिद्ध मर जाते हैं। इस कारण से इनकी आबादी धीरे–धीरे कम होती जा रही है।

अ.4: पक्षी प्रजनन काल में अपने साथी को आकर्षित करने के लिये गीत गाते हैं। ये अपने झुंड के साथियों के संपर्क में रहने के लिये (contact calls), खतरे में होने पर या अपनी इलाके को मार्क करने के लिये भी इस प्रकार की ध्वनि उत्पन्न करते हैं।

अ.5: असत्य। उड़ना पक्षियों का एक अंतर्जात गुण है यद्यपि शिशुओं को इसके लिये अभ्यास की आवश्यकता पड़ती है।

अ.6: मोनल फीजेंट (*Lophophorus impejanus*)।

अ.7: मसूरी वन्यजीव अभयारण्य एक छोटा अभयारण्य है जिसको बिनोग वन्यजीव अभयारण्य भी कहा जाता है। यहा पर तीव्र ढलानें और जंगली झाड़ियां हैं जो क्वेल को (रहने के लिये) बहुत पसंद हैं। ऐसा माना जाता है कि यह अब लुप्त हो चुकी है क्योंकि इसको आखिरी बार नैनीताल में वर्ष 1876 में देखा गया था। रहने के लिये इसका पसंदीदा स्थान मसूरी और नैनीताल की 2000 से 5000 मी ऊंचाई की तीव्र ढलानें हैं।

अ.8: हॉर्नबिल, बुलबुल, तोता जैसे पक्षी फल खाने वाले या फ्रूगीवोरस (frugivores) होते हैं। इनके भोजन में फल व बेर इत्यादि शामिल हैं।

मछलियां

अ.1: व्हेल शार्क, जो लंबाई में 65 फीट तक लंबी होती है और इसका वजन 30,000 किग्रा होता है। यह विश्व की सबसे बड़ी मछली है। विश्व में सबसे छोटी मछली *Paedocypris progenetica* है जो इंडोनेशिया के जंगलों के दलदलों में पायी जाती है।

अ.2: स्तनपायी जीवों की तरह से मछलियों के फेफड़े नहीं होते हालांकि उनको भी ऑक्सीजन की आवश्यकता पड़ती है। इनमें फेफड़ों के स्थान पर गिल्स नामक रचना गाई जाती है जो इनके मुंह के दोनों ओर पाई जाती है। मछलियां मुंह में पानी भर कर अपने गिल्स पर छोड़ती हैं। इनके गिल्स पानी से ऑक्सीजन को लेकर मछलियों को (जीने के लिये) देते हैं और वह सांस लेती है।

उभयचर जीव

अ.1: उभयचर जीव प्राणियों की आबादी में कमी के कई कारण हैं – इनके वास–स्थान का नष्ट होना, जल प्रदूषण, जलवायु परिवर्तन और कुछ रोग। उभयचर जीव जल एवं थल दोनों पर ही समान रूप से रह सकते हैं। अतः यह हमारे इको–सिस्टम (eco-system) में परिवर्तन के लिये अत्यंत संवेदनशील हैं।

प्रश्नों के उत्तर

अ.2: टोड के शरीर में कई काले सिरे वाले मस्सों जैसी रचना होती हैं। इसके अतिरिक्त इनके शरीर में आंख के पीछ एक सूजी हुई ग्रंथि होती है जिसे पैरोटिड ग्लैंड (parotid gland) कहते हैं लेकिन यह ग्रंथि मेंढकों में नहीं होती।

अ.3: मेंढक और टोड जमीन और पानी दोनों पर ही रह सकते हैं। अतः ये हमारे इको–सिस्टम (eco-system) के अच्छे संकेतक (indicator) होते हैं। ये फसलो को नुकसान पहुंचाने वाले कीट पतंगों को खाते है। इसलिए मेंढक और टोड किसान के मित्र होते हैं। इनको कई अन्य जंतु जैसे सांप, पक्षी, स्तनपायी आदि खाते हैं। अतः ये जीवन चक्र में निर्णायक भूमिका अदा करते हैं।

सरीसृप वर्ग या रेप्टाइल्स

सांप

अ.1: सांपों में दूध को पचाने वाले एंजाइम (enzyme) नहीं होते। ये पूर्णतया मांसभक्षी जीव हैं। ये दूध को पचा नहीं सकते हैं। अतः ये कहना कि सांपो को दूध पिलाया जाता है बिल्कुल असत्य है।

अ.2: सांप, कृतंक प्राणी, छोटे सांपों और अन्य छोटे जंतुओं का शिकार करते हैं। इनमें से कुछ जंतु खासकर कृतंक प्राणी फसलों को और संग्रहित अनाज को नष्ट कर देते हैं। अतः सांप कृतंक या रोडेंट्स प्रजाति के जीवों की आबादी पर नियंत्रण रखते हैं। अतः ये निश्चित रूप से किसान के मित्र हैं। इसके अतिरिक्त सांप पक्षियों, पशुओं और अन्य सांपों का भोजन भी हैं।

छिपकलियां

अ.1: शीतरक्त धारी प्राणी वह होते हैं जो अपने शरीर के ताप को स्वयं नियंत्रित नहीं कर पाते हैं। इसके लिये इनको सूर्य की गर्मी की या उनके आस–पास के वातावरण की गर्मी की आवश्यकता पड़ती है। मेरूदंड धारी प्राणी वह होते हैं जिनके शरीर में रीढ़ की हड्डी होती है।

अ.2: छिपकलियों का मुख्य भोजन कीट पतंगे होते हैं जैसे मच्छर, मक्खी, पतंगे, ग्रासहॉपर आदि। छिपकलियां भी कीट पतंगों की आबादी पर नियंत्रण रखने का काम करती हैं और इस प्रकार से हानिकारक कीटों से फसलों को बचाकर किसानों की सहायता ही करती हैं।

मगरमच्छ

अ.1: घ).

अ.2: घ). क्रोकोडाइल उछल नहीं सकते हैं क्योंकि उनके छोटे–छोटे पैर इतने बलशाली नहीं होते। परंतु वे ऊंचे उठ कर चल सकते हैं जिसमें वे अपने पेट को जमीन से उठा कर चलते हैं।

कछुए

अ.1: इनके हल्के और स्ट्रीमलाइन्ड (streamlined) शल्क इनको तैरने में सहायता करते हैं जब कि टॉरटॉइज के कठोर शल्क इनके शरीर से डिहाइड्रेशन (dehydration) या जलवाष्पन को रोक देते हैं क्योंकि टॉरटॉइज जमीन पर रहने वाला प्राणी है।

अ.2: टर्टल के शरीर का गुंबदाकार भाग कैरापेस (carapace) और शरीर के नीचे का भाग प्लैस्ट्रोन (plastron) कहलाता है।

अ.3: टॉरटॉइज अपने भारी वजन के कारण पानी में नहीं तैर सकते।

तितलियां और पतंगे

तितलियां

अ.1: कई तितलियां जैसे रेडबॉडीड स्वॉलोटेल्स और डानिएडस, (क्रोज, टाइगर तितलियां) कैटरपिलर अवस्था में विष या टॉक्सिन को एकत्र करती हैं। इस विष के कारण तितलियां व इनके कैटरपिलर स्वाद में कड़ुवे हो जाते हैं अतः इनके शत्रु इनको खाना पसंद नहीं करते हैं। अन्य तितलिया अपनी सुरक्षा के लिये इनकी नकल करती हैं।

अ.2: चींटियां, कुछ तितलियों जैसे ब्ल्यूज के कैटरपिलर को शत्रुओं से सुरक्षा प्रदान करती हैं। इस सुरक्षा के बदले में कैटरपिलर चींटियों को मीठा द्रव्य पदार्थ खाने को देती हैं।

अ.3: तितलियां कीचड़ पर बड़ी संख्या में एकत्र होकर गीली मिट्टी या पशुओं के मल पदार्थ पर भोजन करती हैं और कीचड़ से खनिज पदार्थों को अवशोषित करती हैं। भारत में ऐसा मानसून के ठीक बाद में होता है जब कई नर क्रिसेलिस से बाहर निकल कर आते हैं। मादा तितली भी मड पडल (mud puddle) कर सकती है। ऐसा माना जाता है कि नर तितली मड पडल से जमीन से सोडियम को खींच लेते हैं जो इनके सफल प्रजनन में सहायता करते हैं।

प्रश्नों के उत्तर

अ.4: तितलियों का जीवन चक्र विभिन्न प्रकार का होता है जो कुछ सप्ताह से लेकर एक साल तक का होता है। कुछ तितलियां जैसे सिक्स–बार स्वोर्डटेल केवल 6–8 सप्ताह तक ही जीवित रहती है जबकि अन्य जैसे मोनार्क तितलियां प्रवास पर दूर तक जाती हैं और ये एक साल तक जीवित रहती हैं।

अ.5: छद्मावरण या कैमोफ्लाज, नकल करना या मिमिक्री, कड़ुवे स्वाद की हो जाना, पंखों के धोखा देने वाला पैटर्न और पूंछ आदि को तितलियां अपने शत्रुओं को धोखा देने के लिये उपयोग करती हैं।

पतंगे

अ.1: हम निश्चित रूप से नहीं बता सकते कि पतंगे प्रकाश की ओर क्यों आकर्षित होते हैं। एक सिद्धांत के अनुसार ये चांद को रास्ता दिखाने (navigation) के लिये प्रयोग करते हैं और प्रकाश को देखकर इन्हें चांद का भ्रम हो जाता है। एक दूसरे सिद्धांत के अनुसार अपने शत्रुओं से बचने के लिये पतंगे चांद की ओर उड़ते हैं और प्रकाश को चांद समझ लेते हैं। एक और सिद्धांत के अनुसार प्रकाश पतंगों की आंखों में एक प्रकार की रासायनिक प्रतिक्रिया करता है जिसके कारण वे प्रकाश की ओर आकर्षित हो जाते हैं। कहने का अर्थ यही है कि अभी भी हमें ठीक से मालूम नहीं है कि वे क्यों प्रकाश की ओर आकर्षित होते हैं।

अ.2: सत्य। अभी कारण तो स्पष्ट नहीं है परंतु पूर्णमासी के दिन चांदनी के प्रकाश में एक मॉथ स्क्रीन लगा लें। और आप देखेंगे कि इस पर कोई भी पतंगा नहीं है। ऐसा माना जाता है कि पूर्णमासी के दिन पतंगे प्रकाश को चांदनी नहीं समझते।

अ.3: कई पतंगों के कैटरपिलर्स फसलों के लिये हानिकारक होते हैं पतंगे रात को उगने वाले पौधों के परागण में सहायता करते हैं। इसके अतिरिक्त ये पक्षियों और जानवरों का भोजन भी होते हैं। कई पतंगे जैसे कि सिल्क के पतंगे की सिल्क के रेशे लिये खेती की जाती है।

अ.4: हां, कई पतंगे प्रवास (migrate) पर जाते हैं। स्पिंगिड्स पतंगे शीत ऋतु में अलग–अलग ऊंचाई पर भोजन की खोज में माइग्रेट करते हैं।

अ.5: बर्नेट (Zygaenids) जैसे पतंगे बेस्वाद तितलियों जैसे स्वॉलोटेल या क्रोज की नकल करते हैं। यह नकल करना या mimicry इनकी उत्तरजीवितता या सर्वाइवल की रणनीति है जिसके कारण ये अपने शत्रुओं से बचे रहते हैं।

ऑर्थ्रोपॉड्स– रेंगने वाले कीट या जन्तु

अ.1: कीटों का जीवन चक्र तितलियों और पतंगों (ये भी कीट ही हैं) की भांति होता है। नर से संसर्ग के बाद मादा पानी में, पत्तियों पर और जमीन के नीचे भी अपने अंडे देती है। अंडों को सेने के बाद इनसे कीट के लार्वा निकल आते हैं। पत्तियों को खाने वाले लार्वा केवल कुछ खास प्रजाति के पौधों की पत्तियों को खाते हैं जिनको लार्वल फूड प्लांट कहा जाता है। अन्य लार्वा जैसे ड्रैगनफ्लाई के लार्वा मांसभक्षी होते हैं। यह लार्वा विकसित होकर प्यूपा (उदाहरण के लिये ककून क्रिसेलिस) बन जाता है। जीनव चक्र को चलाने के लिये वयस्क पतंगा प्यूपा से निकलकर बाहर आ जाता हैं।

अ.2: ड्रैगनफ्लाई और डैम्सलफ्लाइ कि अवस्था पानी में लार्वा के समय और कीट के समय भूमि पर होती है। डैम्सलफ्लाइ की लार्वा अवस्था जलीय वयस्क अवस्था स्कलीय होती है। अतः ये हमें पानी ओर जमीन के स्वास्थ्य के विषय में अच्छी जानकारी देते हैं।

वृक्ष

अ.1: रोडोडेंड्रॉन *Rhododendron arboreum* (बुरांस)।

अ.2: टाइगर ट्री या बिशप वुड ट्री, *Bischofia javanica* (कैंण)।

अ.3: किसी पेड़ से कुछ दूर चले जाइये, अपने पैर फैला लें और नीचे झुक कर देखने का प्रयास करें कि क्या आपको पेड़ की फुनगी दिखाई देती है, यदि आप नहीं देख पाते तो थोड़ा और दूर चले जाइये और फिर ऐसा तब तक करें जब तक आपको पेड़ की फुनगी (Tip) दिखाई दे। अब घूम कर देखें और एक एक फट के कदम चलें। अपने कदमों को गिनें और नाक की सीध में पेड़ के आधार तक चल कर जायें, जितने भी कदम आप पेड़ तक पंहुचने के लिये लेते हैं वही पेड़ की लंबाई फीट में होती है।

अ.4: यूनाइटेड स्टेटस ऑफ अमेरिका के कैलीफोर्निया में जायंट सिकोइया वृक्ष विश्व का सबसे बड़ा जीवित वृक्ष है। यह वृक्ष 83 मी लंबा और 11 मी मोटा है (चार ट्रकों को यदि एक साथ खड़ा कर दिया जाय तो जो चौड़ाई होगी उसी के बराबर)।

अ.5: स्थानीय लोग इसे काफल कहते हैं जबकि वैज्ञानिक इसे *Myrica esculenta* कहते हैं।

साधारण नामों की विषयसूची

पृष्ठ संख्या, प्लेट संख्या बोल्ड में

स्तनपायी

पक्षी

साधारण नामों की विषयसूची

मछलियां

उभयचर जीव

रेप्टाइल्स या सरीसृप वर्ग

छिपकलियाँ

मगरमच्छ

कछुए और टर्टल्स

साधारण नामों की विषयसूची

तितलियां और पतंगे

तितलियां

पतंगे

आर्थ्रोपोड्स

वृक्ष

पढ़ने योग्य पुस्तकें

स्तनपाईयों पर पुस्तकें

The Book of Indian Animals (1980). S.H. Prater. Bombay Natural History Society.
भारतीय स्तनपाइयों पर पुरानी प्रसिद्ध पुस्तक। पहला प्रकाशन सन् 1948 में, व 1980 में नये प्रतिरूप में पुनर्मुद्रण हुआ। यद्यपि पुरानी है पर मूल्य पर खरी। (₹ 450.00).

Birds and Mammals of Ladakh (2004) Otto Pfister, Oxford University Press.
भारत के ट्रांस हिमालयन क्षेत्र में पाये जाने वाले पक्षियों और स्तनपाईयों की व्यापक जानकारी पर पहली पुस्तक। उत्तराखण्ड के उच्च स्थलीय क्षेत्रों में पाई जाने वाली प्रजातियों के अध्ययन हेतु रोचक पुस्तक।

Indian Mammals A Field Guide. (2014). Vivek Menon. Hachette Book Publishing.
एक उत्कृष्ट पुस्तक जो भारत में पाये जाने वाले सभी स्तनधारियों की जानकारी प्रदान करती है। (₹ 850.00).

पक्षी अवलोकन आरम्भकर्ताओं हेतु पुस्तकें

The Book of Indian Birds. 13th Edition (2012). Dr. Salim Ali. Bombay Natural History Society.
भारत के पक्षी विशेषज्ञ डॉ० सालिम अली द्वारा बर्डवाचिंग सीखने के इच्छुक लोगों हेतु पुस्तक। संशोधित संस्करण अध्यतन नामों सहित। बर्ड वाचिंग में रूचि रखने वालों हेतु उपयुक्त पुस्तक हांलाकि इसमें भारत में पायी जाने वाली सभी पक्षी प्रजातियों का वर्णन नहीं है। (₹ 600.00).

A Field Guide to the Birds of the Indian Subcontinent (2000). Krys Kazmierczak. Illustrated by Ber van Perlo. Pica Press, Sussex.
एक उत्कृष्ट पुस्तक जिसमें सभी पक्षी प्रजातियां है। कुछ पक्षी प्रजातियों पर अध्यतन जानकारी का अभाव किन्तु फिर भी बर्डवाचिंग में रूचि रखने वालों के लिए सर्वश्रेष्ठ पुस्तक (₹ 900.00).

Bird of the Indian Subcontinent A Field Guide (2011). Ranjit Manakadan, J. C. Daniel & Nikhil Bhopale. Bombay Natural History Society.
एक ऐसी पुस्तक जिसमें भारत में पायी जाने वाली सभी पक्षी प्रजातियां सम्मिलित हैं। पुस्तक में प्रयोग की गई प्लेट्स डॉ० सालिम अली एवं एस० ढिलन की पुस्तक Pictorial Guide of the Indian Subcontinent से ली गई हैं। (₹ 550.00).

पक्षी अवलोकन में गहन रूचि रखने वालों हेतु पुस्तकें

Bird of the Indian Subcontinent (1998). Richard Grimmet, Carol Inskipp and Tim Inskipp. Oxford University Press.
भारत के सभी पक्षियों का वर्णन। डॉ० सालिम अली की पुस्तक Handbook of Indian Birds पर अध्यतन जानकारी, उत्तम संदर्भ पुस्तक, भारी होने के कारण फील्ड ले जाने योग्य नहीं। घर में रखे जाने योग्य श्रेष्ठ संदर्भ पुस्तक। (₹ 1800.00).

Handbook of the Birds of India and Pakistan. Compact Edition (1983). Salim Ali & S. Dillon Ripley. Bombay Natural History Society & Oxford University Press.
भारतीय पक्षियों पर व्यापक जानकारी युक्त प्रथम पुस्तक। पुरानी किन्तु संदर्भ हेतु एक श्रेष्ठ पुस्तक।

Birds of South Asia: The Ripley Guide (2005). Volume 1 & 2. Pamela. C. Rasmussen. Smithsonian Institution & Lynx Edicons.
भारतीय उपमहाद्वीप में पायी जाने वाले पक्षी प्रजातियों (उप प्रजातियों सहित) पर एक उत्तम पुस्तक। महँगी (भारत में उपलब्ध नहीं) किन्तु गम्भीर बर्डवाचर्स हेतु एक आवश्यक पुस्तक।

Birds and Mammals of Ladakh (2004) Otto Pfister, Oxford University Press.
भारत के ट्रांस हिमालयन ज़ोन में पायी जाने वाले पक्षी तथा स्तनपाईयों पर व्यापक जानकारी युक्त पुस्तक। विशेषकर उत्तराखण्ड के उच्च स्थलीय क्षेत्रों में पायी जाने वाली प्रजातियों के अध्ययन हेतु रोचक पुस्तक।

उभयचरों एवं सरीसृपों पर पुस्तकें

Snakes of India, The Field Guide (2004). Romulus Whitekar & Ashok Captain. Draco Books, India.
भारत में पाये जाने वाले सांपों पर पूर्ण जानकारी युक्त सचित्र फील्ड गाइड। सांपों के अध्ययन में रूचि रखने वालों हेतु आवश्यक। (₹ 2200.00).

A Photographic Guide to Snakes and other Reptiles of India (2002). Indraneil Das. New Holland Publishers (UK) Ltd.
जेब के आकार की पुस्तक जिसमें सरीसृपों की 243 प्रजातियों का वर्णन है। ले जाने में आसान और सीखने वालों हेतु अच्छी पुस्तक। (₹ 400.00).

Amphibians and Reptiles of Northeast India-A Photographic Guide (2009). Firoz M. Ahmed, Abhijit Das & S. K. Dutta. Aaranyak, Guwahati, India.
जेब के आकार की उत्कृष्ट फील्ड गाइड जिसमें उत्तर पूर्व भारत के हर्प्स का विवरण है। मनमोहक चित्र युक्त पुस्तक। हर्प प्रेमियों हेतु आवश्यक पुस्तक (₹ 300.00).

Amphibians and Reptiles of Uttarakhand, India (**2010**). Wildlife Institute of India. Karthikeyan Vasudevan & Sanjay Sondhi.
उत्तराखण्ड में पायी जाने वाली अधिकांश हर्प्स के सचित्र विवरण युक्त पुस्तक।

A Naturalist's Guide to the Reptiles of India (2017). Indraneil Das and Abhijit Das. Prakash Books. New Delhi.
भारत के साधारणतया पाये जाने वाले 280 सरीसृपों (रेप्टाइल्स) का वर्णन। (₹ 350.00).

तितलियों एवं पतंगो पर पुस्तकें

Butterflies of India (2010). A. P. Singh. Om Books International.
तितलियों की 255 जातियों का प्लेट्स व फोटो सहित वर्णन। इनमें से अधिकतर पश्चिमी हिमालय में पाई जाती है। (₹ 995.00).

Butterflies of India (2016). Isaac Kehimkar. Bombay Natural History Society.
भारत में पाई जाने वाली तितलियों की 1000 जातियों का फोटो व प्लेट सहित वर्णन। यद्यपि शुरूआत करने वालों के लिये कुछ महंगी प्रतीत होती है पर एक अच्छी पुस्तक है। (₹ 2200.00).

Butterflies of Uttarakhand A Field Guide (2018). Sanjay Sondhi and Krushnamegh
उत्तराखण्ड़ मे पाई जाने वाली तितलियों की सभी 500 जातियों पर सम्पूर्ण पुस्तक। (₹ 695.00).

Birdwing Field Guide to Indian Moths, *1st Edition* (2018). V. Shubhalaxmi. Birdwing Publishers, India.
भारत में साधारणतया पाये जाने वाले मॉथ्स की 773 जातियों का वर्णन। (₹ 3500.00).

वृक्षों पर पुस्तकें

Forest Flora of the Chakrata, Dehra Dun and Saharanpur Forest Divisions, United Provinces (1928 3rd edition)**.** Upendranath Kanjilal and B. L. Gupta. Rep. 2011. Bishen Singh Mahendra Pal Singh, Dehradun, India.
शिवालिक व देहरादून क्षेत्र की एक स्तरीय "ट्री बुक", वृक्षो की रूचि रखने वालों के लिये आवश्यक। (₹ 275.00).

Trees of Delhi A Field Guide (2006). Pradip Krishen. Dorling Kindersley India.
वृक्षो की 250 जातियों की चित्र व फोटो युक्त अत्युत्तम पुस्तक। (₹ 995.00).

Jungle Trees of Central India (2013). Pradip Kishen. Penguin Books India.
मध्य भारत के वृक्षो पर अनुपम पुस्तक लगभग 2000 फोटो युक्त। (₹ 1499.00).

Plants of Kedarnath Wildlife Sanctuary, Western Himalaya: A Field Guide. (2017). Ishwari Datt Rai, Gajendra Singh, Gopal Singh Rawat. Bishen Singh Mahendra Pal Singh, Dehradun, India.
केदारनाथ वन्यजीव अभयारण्य की 575 जातियों पर अत्युत्तम फील्ड गाइड। (₹ 695.00).

मछलियों पर पुस्तकें

Ichthyology of the Central Himalaya (2006) S.P. Badola. Transmedia publication, Srinagar, Uttarakhand: 206.
उत्तराखण्ड में ताजे पानी में पायी जाने वाली अधिकांश मछलियों की पहचान करने में सहायक पुस्तक।

आर्थोपोड्स पर पुस्तकें

Satpada Our World of Insects (2009)**.** Rebecca Thomas & Geetha Iyer. Rishi Valley Education Centre. Krishnamurti Foundation India.
कीड़ों में रूचि रखने वालों हेतु एक अच्छी पुस्तक। आरम्भकर्ताओं एवं अनुभवि लोगों हेतु उपाख्यान सहित सरल भाषा में लिखी गई पुस्तक।

फील्ड नोट्स

फील्ड नोट्स